„Griechenland, wieder Herr des eigenen
Geschicks, bestand darauf, daß alle Kunstwerke,
die die Habsucht der römischen und byzantinischen Kaiser, die Neugier der venezianischen
Nobili, die Barbarei der griechischen Kalk-
brenner und Baumeister sowie die Dummheit der
Schatzsucher auf und unter seiner Erde belassen
hatten, nun der eigenen Kontrolle unterstehen
sollten. Man hat es oft bedauert, daß die Griechen
so lange damit warteten, die archäologische
Untersuchung ihres Landes in großem Umfang
selbst in die Hand zu nehmen.
Ich kann mich diesen Beschwerden jedoch aus
den folgenden Gründen nicht anschließen.
Die aktive Archäologie, die Archäologie mit Hacke
und Schaufel, ist etwas, was gelernt sein will,
oder sagen wir besser, eine Wissenschaft mit ihren
Regeln, und diese Regeln wurden erst seit der
Mitte des 19. Jahrhunderts erstellt.

Grabungen, die von jungen Archäologen ohne die
Unterstützung eines Architekten unternommen werden
und nur dazu dienen, soviel Hausgerät und Nippsachen
wie möglich zu finden und an einen sicheren Ort zu
bringen, ähneln einer organisierten Plünderung.
So ist es besser, daß sich Griechenland verfrühter und
dadurch riskanter Unternehmen enthielt; schließlich ist
die Erde, die die Ruinen bedeckt, ein guter Schutz. "

Theodor Reinach, Abgeordneter,
Präsident der Vereinigung zur Förderung der griechischen
Studien in Frankreich, in „La Grèce retrouvée par les Grecs"
(Das von den Griechen wiederentdeckte Griechenland), 1907

Roland und Françoise Etienne haben von 1972 bis 1976
in Griechenland gelebt. Roland Etienne hat an den Grabungen
der Ecole française in Athen teilgenommen und über eine der
Kykladeninseln, Telos, promoviert. Roland und Françoise Etienne
lehren heute Geschichte an der Universität von Lyon
und unterrichten an einer Schule. Ob für ihre Forschung oder
als Gegenstand der Lehre, beide begeistern sich für das antike
wie auch das moderne Griechenland.

Deutsche Textfassung: Eva Sulzer
Wissenschaftliche Bearbeitung:
Silvia Reißner-Jenne, Archäologin, M.A.

Die Deutsche Bibliothek – CIP-Einheitsaufnahme

Griechenland: die Wiederentdeckung der Antike /
Roland Etienne und Françoise Etienne.
[Dt. Textfassung: Eva Sulzer. Wiss. Bearb.: Silvia Reissner-Jenne]. –
Ravensburg: Ravensburger Buchverl., 1995
Einheitssacht.: La Grèce antique, archéologie d'une découverte <dt.>
ISBN 3-473-42030-1
NE: Etienne, Roland; Etienne, Françoise; Sulzer, Barbara [Übers.];
Reissner-Jenne, Silvia [Bearb.]; EST

© 1992 und 1995 Ravensburger Buchverlag Otto Maier GmbH

Die Originalausgabe erschien unter dem Titel
„La Grèce antique, archéologie d'une découverte"
© 1990 Editions Gallimard, Paris

Redaktion der deutschen Fassung: Hjördis Fremgen

Alle Rechte dieser Ausgabe vorbehalten durch
Ravensburger Buchverlag Otto Maier GmbH
Satz: Eduard Weishaupt, Meckenbeuren
Printed in Italy by Soc. Editoriale Libraria

ISBN 3-473-42030-1

GRIECHENLAND
Die Wiederentdeckung der Antike

Roland und Françoise Etienne

Ravensburger Buchverlag

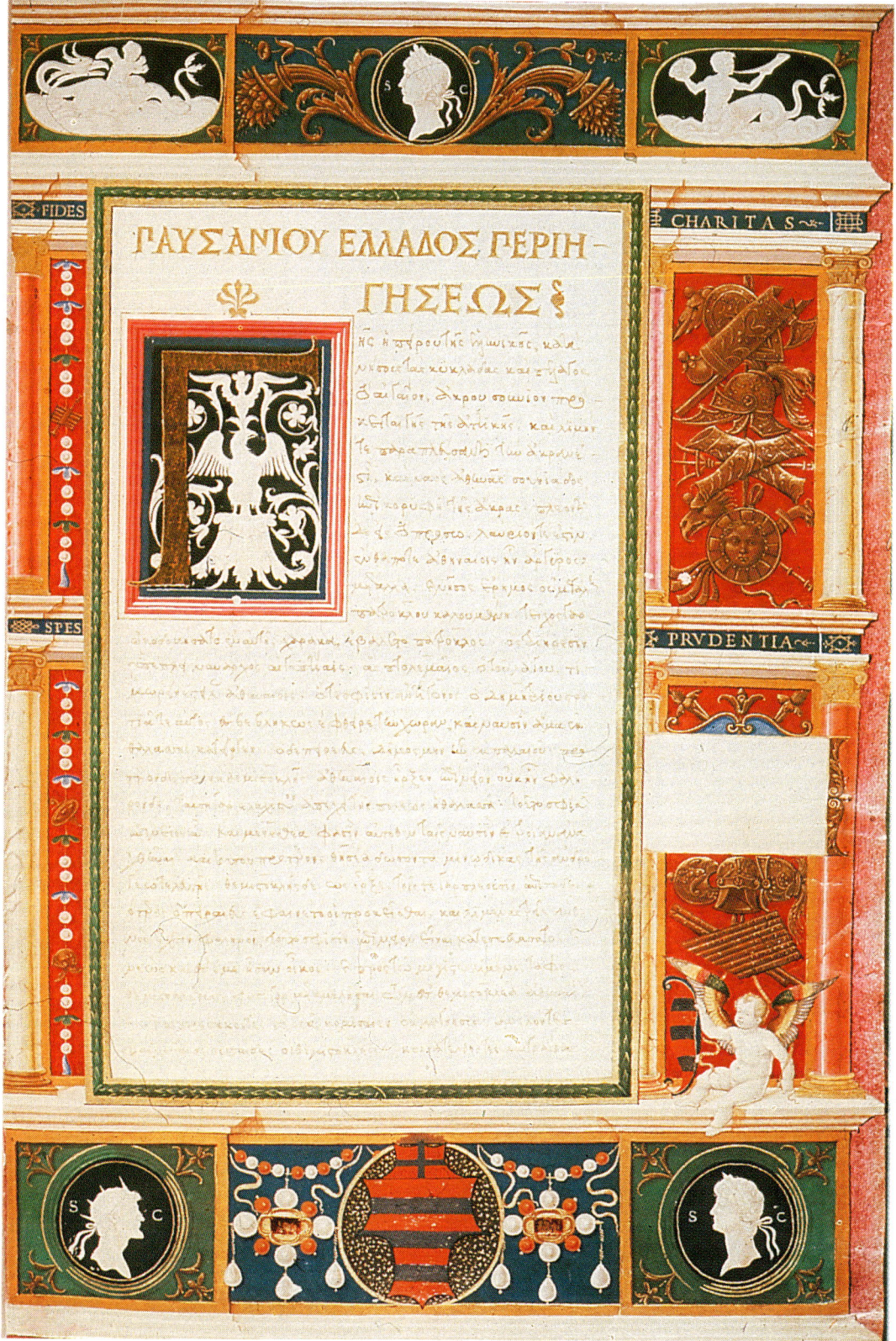

ERSTES KAPITEL

ROM ENTDECKT GRIECHENLAND

Cato prophezeite, daß die Römer ihr Imperium verlieren würden, wenn sie mit griechischer Literatur übersättigt seien. Die Zeit bewies jedoch die Haltlosigkeit dieser Behauptung, da Rom gerade dann auf dem Gipfel seines Wohlstandes anlangte, als es sich die griechischen Wissenschaften und die gesamte griechische Kultur zu eigen gemacht hatte."

Plutarch, 2. Jh. n. Chr.

Doryphoros, der „Lanzenträger", zählt zu den Meisterwerken des Polyklet (460–420 v. Chr.). Diese Statue wurde oft kopiert: hier die Kopfreplik, die der Bildhauer Apollonios aus Athen, der Sohn des Archias, geschaffen hat, wie die Inschrift bezeugt (1. Jh. v. Chr.). Auf der linken Seite das Titelbild einer Pausanias-Ausgabe.

Die griechische Archäologie entsteht sehr frühzeitig innerhalb eines Prozesses, der im 5. Jahrhundert v. Chr. einsetzt
und bereits ab dem 3. Jahrhundert v. Chr. in der hellenistischen Epoche zur Blüte kommt.

Die drei Beispiele
sind römische
Kopien von griechi-
schen Originalen und
stammen aus der Villa
der Papyri in Hercula-
neum, wo ein Ensemble
von 38 Statuen gefun-
den wurde, zu denen
auch der Doryphoros
der vorhergehenden
Seite gehört. Links eine
Athena Promachos
(„Vorkämpferin") in
archaisierendem Stil:
Zum Kampf bereit
schwingt sie eine Lanze.
Rechts eine Bronze-
statue, die eine der
Danaiden und den aus-
ruhenden Hermes dar-
stellt, den man Lysipp
(340–310 v. Chr.) zu-
ordnet.

Die Aufstellung der Statuen im Hausinneren folgte einem genauen Schema, das am Ende des 1. Jahrhunderts v. Chr. festgelegt wurde. Der Hausherr war ein Schüler des Epikur, wie die Texte auf Papyrus belegen, die man in diesem Haus fand. Man hat das Haus mit einem Gymnasium verglichen, mit dem der Besitzer ein Abbild des „Gartens der Seligen" geschaffen hatte. Er stellte Statuen bedeutender Männer seiner Wahl zusammen und wollte damit die Epoche des großen Epikur wiederaufleben lassen (Ende 4./Anfang 3. Jh. v. Chr.).

Kunst für Könige.

Die Eroberung des Persischen Reiches ab 336 v. Chr. durch Alexander den Großen und die Gründung von Königreichen im gesamten östlichen Teil des Mittelmeeres durch die Makedonen haben in dreifacher Hinsicht Folgen: Es entsteht ein Erziehungsideal, griech. „paideía" – zum ersten Mal bei Homer zum Ausdruck gebracht –, das sich an hervorragenden Menschen und Werken der Vergangenheit orientiert; es werden Kunstsammlungen angelegt, und Anfänge einer ersten Kunstgeschichte zeichnen sich ab, die die Werke klassifiziert und deren künstlerischen Wert festlegt. Gewiß stehen den kleinasiatischen Herrschern die finanziellen Mittel zur Verfügung, um Künstler zu engagieren und Kunstwerke zu bezahlen. Sie lassen sich allerdings auch nicht davon abhalten, Griechenland seiner schönsten Stücke zu berauben.

Rom plündert Griechenland.

Die Römer, reich geworden an der Ausbeutung der zivilisierten Welt, folgen ab Mitte des 2. Jahrhunderts v. Chr. diesem „königlichen" Weg und beginnen nun ihrerseits, Sammlungen aufzubauen, wodurch sie sowohl an der Aufwertung wie auch an der Plünderung des klassischen Griechenlands teilhaben. Auf verschiedene Art und Weise und mit mehr oder weniger Umsicht gelingt es Herrschern wie Augustus, Nero und Hadrian während der ersten beiden Jahrhunderte des Römischen Reiches, den Geschmack der Reichselite für alles Griechische am Leben zu erhalten und zu nähren. Beide, Augustus wie Hadrian, lassen die *Karyatiden* * des Erechtheion (auf der Akropolis) nachbilden; der eine für sein Forum in Rom, der andere für seine Villa in Tivoli.

Pausanias schreibt den ersten Reiseführer.

Griechenland ist zum Museum geworden, wie die zehn Bücher des Schriftstellers Pausanias (2. Jh. n. Chr.) bezeugen. Er schrieb eine „Periegesis", d. h. ein Werk, in dem er seine Leser zu einer gemeinsamen Rundreise zu allen interessanten Stätten einlädt. So entstand ein antiker Reisebericht, eine literarische Gattung, die bis ins 19. Jahrhundert für die Entdeckung Griechenlands eine große Rolle spielte.

Uunten eine Illustration von Hyacinthe Rigand für die Pausanias-Ausgabe des Abbes Gedoyn (1731). Mit etwas Phantasie rekonstruiert der Künstler das Hippodrom von Olympia und läßt dort einen großen Wettkampf stattfinden. Pausanias, der zwischen 144 und 175 n. Chr. schreibt, gibt uns sehr wenige Informationen über seine eigene Person. Er ist ein Grieche aus Kleinasien und stammt mit Sicherheit aus einer wohlhabenden Familie, sonst wäre es ihm nicht möglich gewesen, große Reisen vom Euphrat bis nach Italien zu unternehmen.

* *kursive Begriffe* **siehe Glossar Seite 199.**

Pausanias' Bedeutung ist groß, selbst wenn er weder der erste noch der einzige war, der diese Art von Führern schrieb. Aber sein Werk ist uns als einziges erhalten. Mit Pausanias in der Hand lernen die wissenschaftlich Reisenden des 18. und 19. Jahrhunderts Griechenland kennen. Aber ist Pausanias ein zuverlässiger Führer? Seine Verläßlichkeit wie auch sein Wissen wurden häufig in Frage gestellt – vielleicht zu Unrecht: Überprüft man nämlich seine Aussagen, stellen sie sich sehr häufig als wahr heraus. Dank Pausanias hat man erst vor einigen Jahren z. B. das Heiligtum von Onchestos in Böotien wiederentdeckt und dort gegraben. Der Tradition der Gelehrten des 2. Jahrhunderts v. Chr. folgend, schätzt er das klassische Griechenland über alles. Phidias ist für ihn der bedeutendste Bildhauer, gefolgt von Alkamenes. Er begegnet den archaischen Werken mit ehrfurchtsvollem Respekt, und es fällt ihm nicht schwer, durch Vergleiche die Hand eines großen Künstlers zu erkennen.

24 Jahre nach Pausanias' Tod wird ein Teil Griechenlands von Fremdvölkern verwüstet. 267 n. Chr. wird Athen von den Herulern ausgeplündert. Die Stürme der Zeit und die Entstehung eines christlichen Reiches leiten einen langsamen Zerstörungsprozeß ein und bewirken eine Verlagerung der Kunstzentren. Gleichzeitig tritt eine Wandlung des Zeitgeschmacks ein, der die Denkmäler der Griechen in Vergessenheit geraten läßt.

Die „Periegesis" behandelt nur einen Teil Griechenlands. Wir wissen nicht, warum er Landesteile wie Makedonien, Thrakien, Ätolien, Akarnanien und die Inseln ausläßt. Dagegen beschreibt Pausanias die Bauwerke zum Teil sehr detailliert, stellt Listen von Statuen auf und weist auf die lokale Traditionen hin, auf die er vielleicht durch einheimische Führer aufmerksam gemacht wurde. Sein Werk wurde in der Spätantike noch sehr wenig geschätzt.

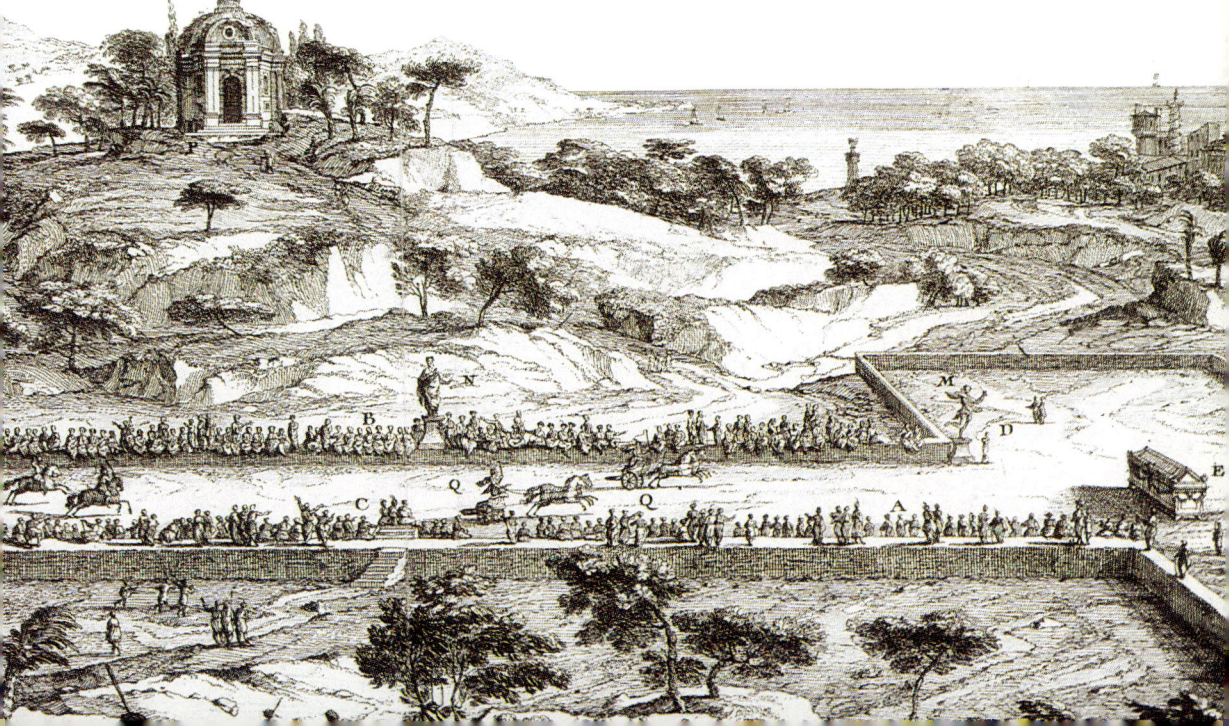

ADRIA

ITALIEN

MAKEDONIEN

Pella

Thermo

Olyn

Vergina

Aoos

Haliakmon

Axios

Strym

Peneios

Pherai

Dodona

Korfu

KORFU

EPIRUS

Arachtos

THESSALIEN

Dimini

Demetria

Sesklo

Acheloos

Spercheios

LEUKAS

ÄTOLIEN

PHOKIEN

BÖOTIEN

Delphi

Orch

Naupaktos

Chaironeia

Onchestos

IONISCHE INSELN

ITHAKA

GOLF VON KORINTH

Sikyon

Korinth

IONISCHES
MEER

KEPHALLENIA

PELOPONNES

Nemea

Epidau

Olympia

Mykene

Argos

Alphaios

Lerna

Tiryns

ZAKYNTHOS

Megalopolis

Eurotas

Bassae

Tegea

Mistra

MESSENIEN

Sparta

Modon

MANI

KYTHER

Nestos

THRAKIEN

Amphipolis

THASOS

SAMOTHRAKE

Hebros

PROPONTIS

PHRYGIEN

Troja

MYSIEN

LEMNOS

NÖRDL.
SPORADEN

ÄGÄIS

Pergamon

SKYROS

LESBOS

EUBÖA

Hermos

...nos Eretria

...pen Oropos

CHIOS

... Rhamnus

LYDIEN

Mäander

Eleusis Marathon

SAMOS

S

Athen

Piräus Brauron

ANDROS

IKARIA

P

Ephesos

ATTIKA

Sounion

O

ÄGINA

KEA

TENOS

R

Milet

...roizen

K

A

KARIEN

...YDRA

Y

DELOS

SÜDL.

D

KYTHNOS

SPORADEN

E

PAROS

L

NAXOS

N

SIPHNOS

A

KOS

D

AMORGOS

E

MELOS
(Milo ital.)

N

THERA
(Santorin)

Lindos

RHODOS

KARPATHOS

KRETA

Mallia

Knossos

Lato

Phaistos

Gortyn

Kato Zakros

0   100 km

soleat quibus inloris ampla pandebatur planities. Si aut adorionem accedes sil
mam. et iam brachium suum offendes. adorionem deniceg. insule neulte propa
lantur in quibus olim habitauere patres. nunc tandem. per insidias pyrateru3
ad desolationem deuenere.

OMEIS

Amtrachi   silua
sinu   maie
St mo
laue.

leucaia

panaia

plama et fertiliss.

O Stendimus Leucatam nunc ad dulichias transimus que olis itacha et nunc
   ual Idecompare nominatur a leis cupidis circumsepta que montuosa et
minilis. nisi innedio exiguis planicie a liquibs arbocibs castleg. habetur. et ric
cum diera portuosolis late deoriente ad ocidium popp. et in latitudine. iij. mil
amplatur. cuius quidem duo extrema. induobus aprementur coruuibs a nauite in
acte periculosis. fuit enim hic ut asserunt ille eloquentissimi grecorum Vlysses

ZWEITES KAPITEL

CYRIACUS VON ANCONA, PIONIER DER ARCHÄOLOGIE

Ein drängender Wunsch trieb mich, in die Welt zu ziehen, um die Bauwerke der Antike aufzusuchen, die seit so langer Zeit den Gegenstand meiner Studien darstellten. So konnte ich jene festhalten, die durch den Zahn der Zeit und durch die Nachlässigkeit der Menschen jeden Tag mehr zur Ruine werden und die einfach zu wertvoll sind, um in Vergessenheit zu geraten."

Cyriacus von Ancona (Cyriacus Angonitanus), 1441

Die Karte der Insel Leukas schmückt das „Liber insularum Archipelagi" von Buondelmonti (1420). Diese „Beschreibung der Griechischen Inseln" leitet die Tradition der Reiseberichte ein, die sich mit Geographie und antiken Denkmälern befassen.

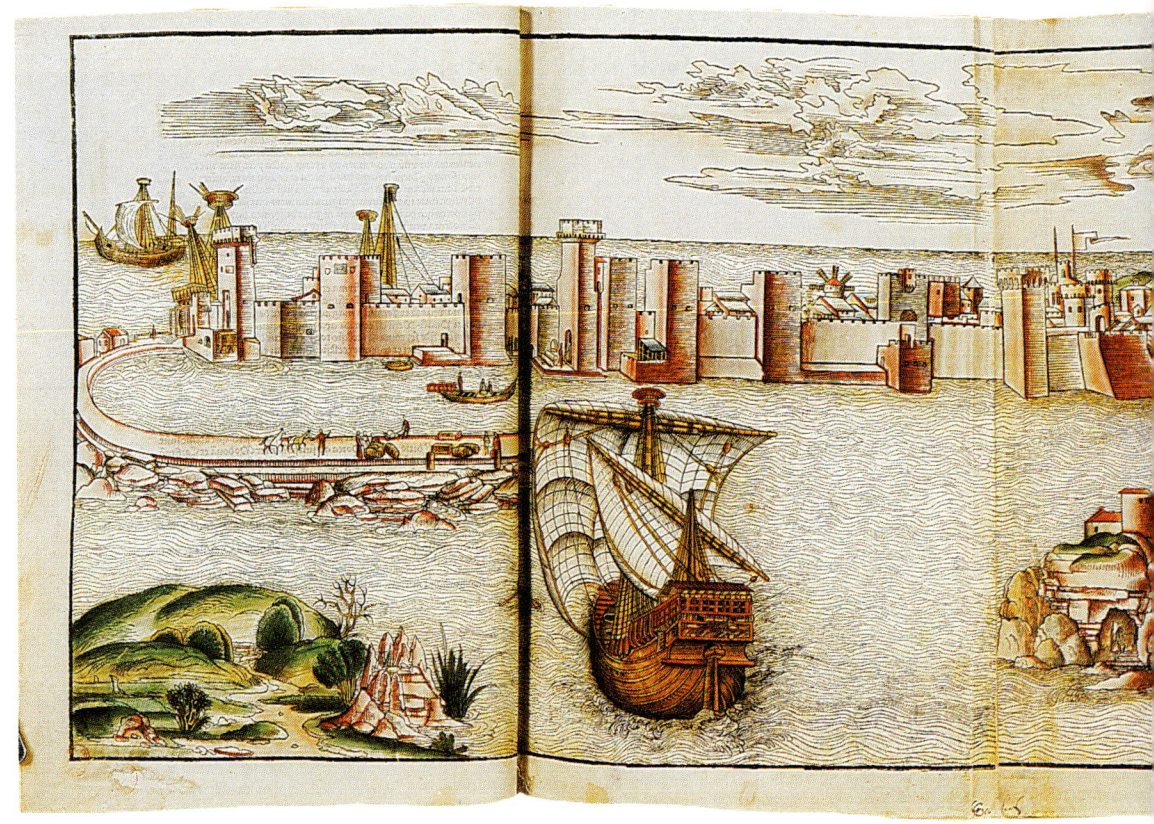

Nach der Teilung des Römischen Reiches 395 n. Chr. wird
Griechenland zu einer Provinz des Oströmischen oder
Byzantinischen Reiches. Der Schwerpunkt des griechischen
Lebens verlagert sich von Athen nach Konstantinopel.
Vom 6. bis zum 9. Jahrhundert herrscht in Griechenland
eine turbulente Zeit, die durch Einfälle von Balkanvölkern
gekennzeichnet ist, die sich in Makedonien und Thrakien
niederlassen und sich teilweise nach und nach hellenisie-
ren. Mit der Einnahme Konstantinopels während der
Kreuzzüge im Jahr 1204 gerät Griechenland unter die Herrschaft der Vormacht des Westens, die mit einem Sammel-
begriff als „die Franken" bezeichnet werden. Dieses Ereignis
steht am Anfang der langen Zeitspanne von sechs Jahrhunderten, in denen sich die Griechen fremden Herren unterwerfen müssen.

Das unbekannte Griechenland.

Das Mittelalter hat über Jahrhunderte hinweg das antike
Griechenland nie vollkommen in Vergessenheit geraten lassen. Aus religiösen und kulturellen Gründen aber wurde es

Die Stadt Methoni, die auf einem sich bis ins Meer erstreckenden Vorgebirge am südlichsten Ausläufer von Messenien liegt, gehört genauso wie seine Nachbarstadt Koroni zu den Besitztümern, die den Venezianern während der Aufteilung des Byzantinischen Reiches 1204 überlassen werden. Methoni hat im venezianischen Reich und bei dessen Handel mit dem Orient eine Schlüsselfunktion inne. Die „Serenissima" verteidigt die Stadt eifersüchtig gegen jegliche Angriffe von griechischer wie türkischer Seite. Sie ist auch Zwischenstation auf dem Landweg ins Heilige Land. „Methoni ist eine Stadt mit mächtiger Artillerie und von einem Mauerring umgeben. Vor der Stadt öffnet sich ein schöner kleiner Hafen, wo Galeeren und Schiffe vor Anker liegen. Die Stadt wird von starken Bollwerken gesichert, an denen sich die Wellen des Meeres brechen." Dieser Bericht eines anonymen französischen Pilgers von 1480 stammt aus der gleichen Zeit wie die abgebildete Stadtansicht.

immer schwieriger, Zugang zu dieser Kultur zu finden. Der mittelalterliche Zeitgeist ist vom christlichen Glauben durchdrungen, und per Definition ist die griechische Kultur, die als Synonym für das Heidentum steht, der christlichen Ideologie entgegengesetzt. Die Schließung der Philosophenschulen durch Justinian im 6. Jahrhundert n. Chr. markiert den Triumph des Christentums und den Bruch mit der antiken Vergangenheit ebenso wie der Umbau von Tempeln in Kirchen: Der Parthenon wird der Heiligen Jungfrau geweiht, das „Theseion" dem hl. Georg. Die christlichen Griechen nennen sich über lange Zeit hinweg nicht mehr Hellenen, sondern Römer.

Im Westen weckt die Welt der Griechen weder Interesse noch Neugier, im Gegenteil, nach der Kirchenspaltung von 1054 begegnet man ihr mit Mißtrauen und Feindseligkeit. Behauptet nicht Papst Innozenz III., daß die gespaltenen Griechen „schlimmer als die Sarazenen" seien? So nehmen die Kreuzfahrer die Stadt Konstantinopel skrupellos ein und teilen das Reich unter sich auf.

Nur scheinbar löst die Ansiedlung von Römern die Griechen aus der Isolation. Traditionsgemäß verlaufen die

Pilgerwege und die Handelsverbindungen mit dem Osten entlang der Südküste der Peloponnes und durch die Inselwelt, berühren aber das Landesinnere nicht. Die *Portolane*, seit dem 13. Jahrhundert in Gebrauch, ermöglichen eine einigermaßen exakte Aufzeichnung des Küstenverlaufs. In diesen Schiffshandbüchern erscheint Athen unter dem Namen „Setines" –, eine phonetische Abwandlung von Athina – da die Mauern der Akropolis vom Hafen von Piräus aus sichtbar sind. Allerdings geben diese Karten wenig Aufschluß über das Landesinnere.

Das Interesse der Pilger gilt ausschließlich den Reliquien. Gleich, ob sie auf dem Landweg über Korinth oder auf dem Seeweg nach Griechenland kommen, sie machen keinen Abstecher, um die Monumente heidnischen Götzendienstes zu besuchen.

Genua und Venedig, die beiden mächtigsten Handelszentren, sichern ihre Interessensphären: Genua in der Nordägäis und im Schwarzen Meer, Venedig in südlicheren Gebieten, in Beirut und in Alexandria. Im Vergleich zu den großen Handelsachsen bleibt das griechische Binnenland unbedeutendes Randgebiet.

Die Wiederentdeckung Griechenlands.

Um die Wende zum 14. Jahrhundert holen zwei Pioniere Griechenland aus der Jahrhunderte dauernden Vergessenheit und leiten seine Wiederentdeckung ein: Cristoforo Buondelmonti und Cyriacus von Ancona, zwei Italiener und Mitglieder der humanistischen Bewegung, die in Italien viele Anhänger hat. Während jedoch die humanistische Bewegung fast ausschließlich an Texten antiker Autoren und der Erforschung neuer Manuskripte interessiert ist, hegen unsere beiden Reisenden eher den Wunsch, das Land zu erforschen, und sind sehr darauf bedacht, genau festzuhalten, was dort zu sehen ist. Buondelmonti, einem Florentinermönch, verdanken wir den ersten Versuch einer

Links: Karte der Insel Astipalaia: „In der Mitte wird die Insel sehr schmal, verbreitert sich aber zu ihren Enden hin, wo die Ruinen mehrerer befestiger Städte zu finden sind." Rechts: Santorin. „Die Insel galt als sehr fruchtbar und dicht bevölkert. Pluto veranlaßte jedoch, daß die Hälfte der Insel von den Fluten des Meeres überspült wurde. Im Meer sehen wir einen Teil der kalkweißen Insel, der sichelförmig wie der Mond ist und den wir Therasia nennen", erklärt Buondelmonti.

historischen Kartographie Griechenlands. Als Geograph und Schriftsteller bereist er auch die Ägäischen Inseln.

Cyriacus der Kaufmann.

Das Werk Cyriacus' ist breitgefächert und umfassend. Zu Recht betrachtet man den unermüdlichen Reisenden als den Begründer der Archäologie. Cyriacus di Pizzicolli kommt 1392 in Ancona, das zu der Zeit zu den geschäftigsten und wohlhabendsten Hafenstädten gehört, zur Welt. Er stammt aus einer Kaufmannsfamilie, die sich auf den Fernhandel spezialisiert hatte und ergreift selbst in jungen Jahren den Beruf des Kaufmanns.

Als repräsentative Persönlichkeit seines Standes und seiner Epoche, mit viel Unternehmungsgeist ausgerüstet, risikofreudig und nach Reichtum dürstend, wird er bald tief in die politischen Ereignisse jener Zeit verwickelt. So wird er mit diplomatischen Missionen und unterschiedlichen Gesandtschaften beauftragt, die ihn mit einflußreichen Persönlichkeiten in Kontakt bringen. 1438 trifft man ihn beim Konzil von Ferrara an, wo über die Beendigung des griechisch-römischen *Schismas* beraten wird. Im Jahr 1444 beteiligt er sich in Konstantinopel an den Vorbereitungen zum Kreuzzug von Varna, der gegen die Türken geführt werden soll. Dort propagiert er einerseits aus kommerziellen Gründen den Kreuzzug, denn durch

Wie die Mehrzahl der italienischen Händler des 15. Jahrhunderts treibt Cyriacus von Ancona Handel mit Manuskripten und kleinen Antiquitäten, die er im Orient einkauft. Mit großem Gewinn setzt er Medaillen, Münzen oder Gemmen bei reichen Mäzenen oder Kunstliebhabern ab. So wie diese wertvolle Gemme aus Bergkristall, auf der Athena dargestellt ist. Die eingravierte Inschrift entziffert der Anconer 1445 an Bord einer venezianischen Galeere: „Eutyches, Sohn des Diokourides aus Aigai hat sie gemacht."

ihn könnten die türkischen Märkte wiedergewonnen werden – darüber hinaus aber scheint ein Hintergedanke die Erhaltung der antiken Welt gewesen zu sein, die durch das Vorrücken der Türken bedroht war.

Cyriacus der Archäologe.

Wie kommt es, daß dieser kluge Händler im Alter von etwa 30 Jahren zu einem Pionier der Archäologie wird? Seine Ausbildung hatte ihn gewiß nicht dazu vorbestimmt, denn nie hat er eine Universität besucht. Vielmehr waren es seine ersten Reisen, die sein Interesse für die Bauwerke der Vergangenheit anregten. 1420 beginnt er, Inschriften in Pula und Rom zu kopieren, und er eignet sich autodidaktisch auf archäologischem wie auf *epigraphischem* Gebiet beachtliche Kenntnisse an. Dadurch kommt er bald zu der für jene Zeit neuen Erkenntnis, daß „die Bauwerke und Inschriften die zuverlässigeren Zeugnisse der klassischen Antike sind; sie sind dies in viel stärkerem Maße als die Texte der antiken Autoren". Diesem Prinzip folgend, beschließt Cyriacus, alle Zeugnisse der Antike, die er auf seinen Fahrten findet, in einem Buch zusammenzustellen. Dieses Buch mit dem Titel „Antiquarum rerum commentaria" ist leider bis auf wenige Fragmente verlorengegangen.

Auf diese Skizze eines Nymphenreliefs schreibt Cyriacus in Samothrake die Namen der Musen in griechischen Buchstaben über die Figuren. Erst als er bereits in seinen Vierzigern ist, beginnt er, das Altgriechische zu studieren und macht dabei schnell Fortschritte. Seine Lateinkenntnisse bleiben lückenhaft. Er schreibt fehlerhaft und in schlechtem Stil. Außerdem hat er Grundkenntnisse in Geometrie, Arithmetik und Kartographie.

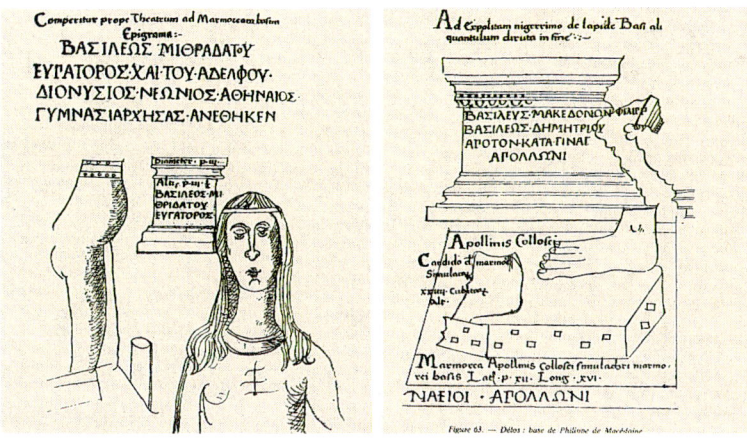

Figure 63. — Délos : base de Philippe de Macédoine

Diese Dokumente stammen aus Delos, wohin Cyriacus 1445 kommt. Der Anconer hat offenbar Mühe mit den Zeichnungen, die recht naiv geraten. Seine langhaarige Frauenstatue und das Bein des Kolosses der Naxier (links) sind äußerst unvollkommene Skizzen. Dagegen kommt die Skizze der seitlichen Basis des Kolosses – mit einem Fuß darauf, der heute verschwunden ist –, der Realität schon näher. Alle Inschriften werden sorgfältig wiedergegeben, auch wenn das Abgelesene unvollständig ist. Man erkennt die Widmung, die die Naxier an Apollon machen, zwei Gaben für den König Mithridates vom Bosporus und einen Weihespruch Philipps V. von Makedonien.

Wer glaubt, daß sich Cyriacus nun ausschließlich der Forschung und Archäologie widmet, der irrt. Seine Handelstätigkeit schränkt er keineswegs ein, im Gegenteil, seine Geschäftsreisen werden seine archäologischen Forschungen erleichtern. Sie dienen ihm als Vorwand, um in unbekannteren Regionen auf Abenteuerreise zu gehen, verlassene Dörfer aufzusuchen, Inschriften zu kopieren und Monumente zu zeichnen.

Aus Briefen an seine Freunde weiß man, daß er seine Rundreisen wissenschaftlich vorbereitete. Außer Karten und Portolanen dienen ihm einige Bücher als Führer: Die Geographie des Ptolemäus, die Naturgeschichte des Plinius und eine Strabon-Ausgabe. Ein Manuskript des Pausanias besitzt er offenbar nicht. Dank seiner Kenntnisse der modernen griechischen Sprache und dank der guten Beziehungen, die er zu den lokalen Machthabern hat, findet sich Cyriacus ohne Schwierigkeiten in Griechenland zurecht. In Athen wohnt er am Hof der Herzöge Acciaioli, den Winter verbringt er beim Herrscher von Mistra. Zwischen 1434 und 1435 macht Cyriacus eine große Reise durch Griechenland. Während dieser und zweier weiterer Reisen, die 1447 und 1447/48 folgen, besucht er fast alle Gebiete, die zum heutigen Griechenland gehören.

Der Verlust des Hauptteils der „Commentaria" ist unersetzlich. Dennoch kann man sich durch Fragmente und Briefe, die noch erhalten sind, eine recht genaue Vorstellung von der Forschungsmethode des Kaufmanns aus Ancona machen. Die Zeichnungen der Funde, die er in Delos gesehen hat, sind zum Teil von großer Genauigkeit, wogegen die Kopien der Inschriften zu wünschen übriglassen – sei es, weil er sich verlesen hatte oder weil das Original schwer zu entziffern war.

Trotz des Umfangs seiner epigraphischen Arbeiten hat er keine Skrupel, auch Fälschungen anzufertigen. Zu Recht zweifelt man an der Authentizität der Orakelabschriften, die er angeblich in Delphi angefertigt hat. Mit einigen kleinen Varianten entsprechen sie genau jenen des Herodot. Ganz offensichtlich hat er sie direkt von diesem Schriftsteller übernommen. Ähnlich gab Cyriacus vor, in Stein gemeißelte kleine Gedichte und Epigramme gelesen zu haben, die er jedoch tatsächlich aus der Anthologie des Planudes abgeschrieben hat. Zu seiner Entschuldigung muß gesagt werden, daß es damals noch kein strenges wissenschaftliches Berufsethos gab. Auf die Wiedergabe der Quellen wurde weniger Wert gelegt.

Wenn man Cyriacus' Arbeiten nach modernen Kriterien in Augenschein nimmt, so schneidet das Werk des Wissenschaftlers gar nicht so schlecht ab. Als erster mißt Cyriacus bei der Erforschung einer Zivilisation den Überresten von Bauwerken eine vorrangige Rolle zu und erkennt ihren historischen Wert. Es wird einige Jahrhunderte dauern, bis sich diese Erkenntnis durchsetzt.

Cyriacus der Träumer.

Am Ende seines Lebens wird es Cyriacus bewußt, daß er den Untergang der Antike durch das Vordringen der Osmanen miterlebt. Er schickt sich an, rasch so viele antike Überreste wie möglich zu sammeln, solange Griechenland noch zugänglich ist. Der tiefere Grund seines Aufrufs zum Kreuzzug ist die Hoffnung, dadurch die Vernichtung der griechischen Kultur aufzuhalten.

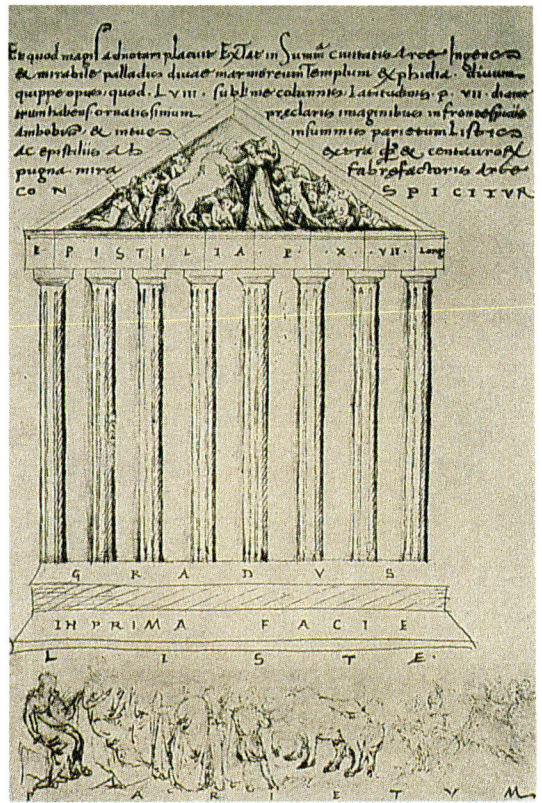

ЄΡΜΗC · MERCVRIVS ·

Seine humanistischen Zeitgenossen sind überrascht, zuweilen auch amüsiert, wenn sie ihn dabei beobachten, wie er Hirngespinste wie z. B. die Auferstehung der Antike nährt. Nicht ohne Ironie schreibt der Historiker Pogge über ihn: „Cyriacus von Ancona, ein wortreicher und unermüdlicher Redner, brachte in unserer Anwesenheit immer wieder sein Bedauern über den Fall und die Zersplitterung des Römischen Reiches zum Ausdruck. Er litt offenbar schrecklich darunter."

Es ist wahrscheinlich, daß sich Cyriacus, der den Bezug zur Realität etwas verloren hat, zu einer Rettungsmission berufen fühlt. Eines Tages trifft ihn ein Priester in einer Kirche an, wo er Inschriften entziffert, und fragt ihn, was er hier tue. Cyriacus antwortet darauf: „Mein Beruf ist es, die Toten aus der Hölle auferstehen zu lassen. Ich habe diese Kunst von der Pythia, der Priesterin des apollinischen Orakels zu Delphi gelernt." Bei Cyriacus vermischt sich in der Formulierung seines Glaubensbekenntnisses Heidnisches mit Christlichem. Er stellt Christus Jupiter gleich und ruft seinen Genius Merkur an, von dem er auf Delos eine Zeichnung anfertigt und an den er bei seinem Weggang während eines Sturmes folgendes Gebet richtet: „Merkur, wohltätiger Vater der Künste, des Denkens, des Verstandes und der Redekunst, der Du mit Deiner heiligen Göttlichkeit unsere Seele und unseren Mut erwärmst und uns auf Meer und Land während unserer langen Reise durch Latium, Illyrien, Griechenland, Asien und Ägypten sicher leitest, schütze weiterhin, oh edler Geist, unser Denken, unseren Verstand und unsere Redekunst."

In der Zeichnung der östlichen Fassade des Parthenons (linke Seite, oben), die Cyriacus angefertigt hat, bleiben jegliche architektonische Proportionen unbeachtet. Die Anzahl der Säulen und der dorische Stil werden dagegen richtig wiedergegeben. Außerdem fehlen die *Metopen*, und der Unterbau ist auf zwei Stufen reduziert. Dieselbe freie Wiedergabe stellt man auch beim Giebel fest, der den Streit zwischen Poseidon und Athena um das attische Land darstellt. Von den beiden Protagonisten ist nur Athena im Zentrum dargestellt. Ihr Gewand erinnert eher an die Mode der Renaissance als an die der Antike. Cyriacus läßt Poseidon und sein Gespann weg und bevölkert den Giebel an deren Stelle mit kleinen, nackten, geflügelten Figürchen, was mit einer realistischen Darstellungsweise nichts zu tun hat.

Zwei Zeichnungen des Cyriacus von Ancona: unten links eine Büste des Aristoteles; oben ein Merkur in archaischem Typus aus Delos.

DRITTES KAPITEL

HERREN UND GELEHRTE

Wenn man in Griechenland unterwegs ist, sollte man den Pausanias zur Hand haben, um alles Bedeutsame zu finden. Pausanias hat diese Reise damals nämlich aus derselben Neugier heraus gemacht. Man sollte die Ansicht des Tempetals, des Parnaß, des Apollontempels von Delphi und der Ruinen Athens festhalten und überdies so viele Inschriften wie möglich sammeln."

Notizen zu den Beobachtungen, die man auf
Reisen durch die Levante machen kann,
1679 von Colbert an M. Galland übergeben

Zeichnung der Metopen und des Frieses des Parthenons, die man J. Carrey (1674) zuschreibt. Diese Abbildungen bilden eine unersetzliche Quelle für eine vollständige Rekonstruktion des skulptierten Tempeldekors, da viele Statuen und Teile des Reliefs schwer beschädigt wurden oder verschwunden sind.

Die Belagerung von Lemnos (links) illustriert den gewaltigen Vormarsch der Osmanen im 15. Jahrhundert. Nach Attika (1456) und Moräus (1460) kommen auch Euböa und Lemnos (1478) unter das türkische Joch. Diese Kriege machen aus dem östlichen Meer ein Blutmeer. In „Negroponte" (= Euböa = Eubias unter venezianischer Herrschaft) ist der Widerstand der Bevölkerung heldenhaft, als Muhammad II. mit einer riesigen Flotte angreift. Selbst Frauen kämpfen auf den Bollwerken. Die siegreichen Türken metzeln den männlichen Teil der Bevölkerung nieder und nehmen Frauen und Kinder als Sklaven nach Konstantinopel mit.

Lange vor dem Fall Konstantinopels im Jahr 1453 beginnen die Türken, die hellenischen Gebiete zu erobern. Es gelingt ihnen, innerhalb weniger Jahre das gesamte griechische Festland in Besitz zu nehmen. Im 16. Jahrhundert erobern sie Rhodos, Zypern und die Kykladen. Nur Kreta gelingt es bis ins 17. Jahrhundert, erfolgreich Widerstand zu leisten. Vergeblich versuchen die Venezianer, diese Expansion aufzuhalten. Der Sieg von Lepanto 1571 bleibt ohne Wirkung. Durch anhaltende Kampfhandlungen, Furcht vor Repressalien, Mißtrauen gegenüber den Türken, die sofort jeden Neugierigen der Spionage verdächtigen, und nicht zuletzt wegen des ständigen Risikos, von Piraten angegriffen zu werden, bleiben Reisende mit der Zeit fern.

Humanisten auf Reise.

Mittlerweile bewirken die neuen politischen Umstände jedoch, daß der Orient für die Bewohner der westlichen Welt leichter zugänglich wird. Die Unterzeichnung von Kapitulationen, die Einrichtung von katholischen Missionsstatio-

nen, vor allem durch Jesuiten und Kapuziner, begünstigen die Kontakte mit den hellenischen Ländern, nicht aber soweit, daß Griechenland selbst im 16. Jahrhundert zum Reiseziel wird. In der Regel besucht man es nur auf der Durchreise nach Jerusalem und Konstantinopel. So sind dort ständig viele Pilger, Händler und seit neuestem auch Diplomaten anzutreffen. Die größere Zahl von Reisenden hat zur Folge, daß man besser über das Land unterrichtet ist. Ihnen ist eine neue Geisteshaltung gemeinsam, die sich darin zeigt, daß sie nach Neuem Ausschau halten und sowohl Interesse für die geographischen Fakten – das Werk des Ptolemäus ist weit verbreitet –, als auch für die Geschichte der Antike zeigen. Kurz, die neuen Reisenden sind Anhänger der geistigen Strömung des Humanismus, die sich außerhalb Italiens entwickelt und die durch die Auswanderung byzantinischer Intellektueller in die westlichen Länder nach den türkischen Siegen großen Aufschwung erlebt.

Unter diesen Reisenden befinden sich Gelehrte wie der Naturwissenschaftler und Mediziner Pierre Belon, der 1546 aufbricht, um Pflanzen, Tiere und Mineralien der Inselwelt zu studieren und um die Erkenntnisse zu überprüfen, zu denen frühere Naturwissenschaftler und Geographen gekommen sind. Aber es gibt auch andere, die sich nur für aus dem Mittelalter übernommene Traditionen und für abergläubische Bräuche interessieren. Zu dieser Gruppe zählt André Thevet, Mönch und Geograph, der auf dem Heimweg seiner Pilgerreise ins Heilige Land auf einigen Inseln verweilt. Insgesamt sind jedoch die solchermaßen überlieferten Berichte sehr dürftig und oberflächlich und lassen über den damaligen Zustand Griechenlands keinen Aufschluß zu, nicht nur

Die drei Zeichnungen stammen von Nicolas de Nicolay, dem Kammerdiener und Hofgeographen König Heinrichs II. Nicolay gehört dem Gefolge des Herrn von Aramont an, der französischer Botschafter beim Türkischen Sultan ist. 1551 reist Nicolay durch Griechenland und sammelt viele Zeugnisse über das Land, seine Bewohner, Sitten und Gebräuche. Die lebendigen Skizzen, mit denen er seine Beschreibungen auflockert, verhelfen seinem Bericht zu großem Erfolg (unten links: griechischer „Edelmann"; oben rechts: Dame von Chios; unten rechts: griechischer Händler).

was das Landesinnere betrifft, sondern auch Athen. Es war so wenig bekannt, daß sich der berühmte Tübinger Hellenist Martin Krause mit Griechen in Konstantinopel in Verbindung setzt, um zu erfragen, ob Athen zerstört sei. Die Antwort von Theodor Zigomalas von 1554 bietet kaum genauere Informationen, auch wenn sie die Existenz einer bewohnten und an öffentlichen Bauten reichen Stadt bestätigt.

Sammelleidenschaft.

Die Ära der großen Griechenlandreisen beginnt erst im 17. Jahrhundert, finanziert und organisiert von Sammlern. Seit Kaiser Franz I. des Heiligen Römischen Reichs herrscht der Wunsch, seltene und wertvolle Stücke zu besitzen. Einerseits Prestigeobjekt, bekundet die Sammelleidenschaft

Tizian malt 1568 Jacopo Strada als römischen Bürger und Antikenhändler. Wie bei allen Sammlern seiner Zeit gilt sein besonderes Interesse Münzen und Statuen. Auf dem Tisch sieht man einige Münzen liegen. In seiner Hand hält er eine Statuette der Venus. Diese Gegenstände verkauft er an den Höfen von Bayern und Österreich mit großem Profit.

andererseits ein sachliches Interesse für die Vergangenheit, da diese nicht nur unter dem Gesichtspunkt der Seltenheit, sondern auch in ihrem Wert als wissenschaftliches Material gesehen werden. Bereits seit dem 16. Jahrhundert existieren in Italien beträchtliche Antikensammlungen. Am Beginn des 17. Jahrhunderts ist der Graf von Arundel in England Vorreiter auf diesem Gebiet; ihm eifern König Charles I. und der Herzog von Buckingham nach. Als kunstbesessener Diplomat plant der Graf von Arundel eine Reise nach Griechenland, um dort Skulpturen und Inschriften zu erwerben. Man sagt, er habe den Wunsch gehabt, „das antike Griechenland

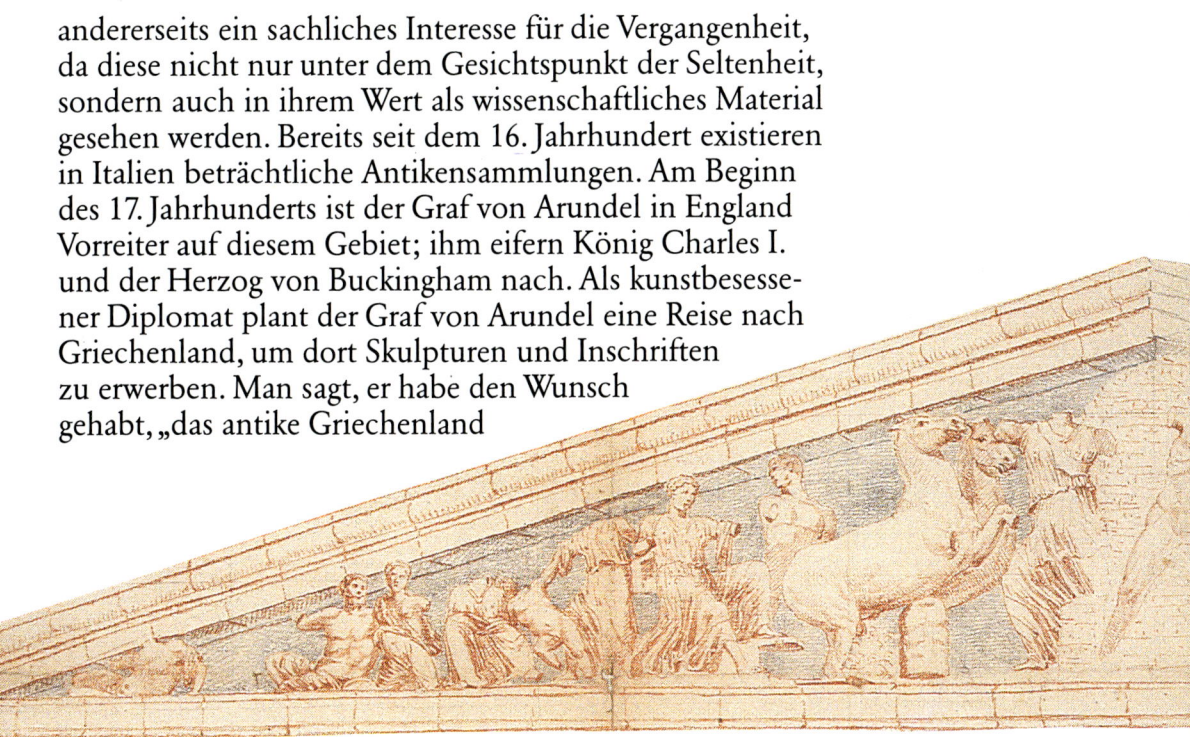

nach England zu verpflanzen". Zu diesem Zweck beauftragt er Unterhändler, die für ihn Antiken beschaffen. Sein Haus und seine Gärten formt er zu Museen um.

Die Odyssee eines Botschafters.

Auch Frankreich engagiert sich: Der französische Staatsmann Mazarin beauftragt die Botschafter in Konstantinopel, die Sammlungen und Bibliotheken zu erweitern. Ludwig XIV. und Jean-Baptiste Colbert folgen seinem Beispiel. Unter den beauftragten Agenten ragt der Marquis de Nointel heraus, ein Schöngeist und großer Antikenkenner von unersättlichem Wissensdurst, der einen großen Teil seiner Zeit als französischer Botschafter (1670 – 1679) auf Reisen verbringt. Seine große Orientreise, während der er sich lange auf den Kykladen aufhält, nutzt er zu ausgiebigen Studien. Im übrigen liegt dem Marquis sehr daran, diese Reise unter wissenschaftlichen Aspekten durchzuführen. In diesem Sinne bittet er die in Griechenland arbeitenden Konsuln und Missionare um Berichte über die Vergangenheit und den gegenwärtigen Zustand des Landes. Leider wird der Marquis zu einem regelrechten Schatzjäger. Wann immer er kann, sammelt er Stelen, Reliefs, Inschriften.

Zur Zeit des Besuches des Marquis de Nointel 1674 ist der Westgiebel des Parthenons noch fast vollständig. Seine Gesamtkomposition ist nur durch die Zeichnung von J. Carrey bekannt. Nach der Belagerung von 1687 läßt der Doge Morosini eine Gruppe ablösen, um sie nach Venedig zu bringen. Durch ein Mißgeschick zerbrechen die Skulpturen, die die Pferde und den Wagen der Athena darstellen.

Am 4. November 1674 zieht der Botschafter mit dem für ihn bei jeder Gelegenheit üblichen Pomp in Athen ein. Er genießt das Privileg, die Akropolis zu besuchen, was zu jener Zeit des bewaffneten Friedens zwischen Venedig und den Osmanen selten gestattet wird. Die Herrlichkeit der Bauten und ihr Schmuck beeindrucken ihn so tief, daß er sie als erster über die Bauwerke Roms stellt: „Niemand verfügte jemals über so viele Vergleichs- und Beweismittel zur Untersuchung all dieser Kunstreichtümer wie ich, und man kann sagen, daß die Reliefs und Statuen, die man hier auf der Burg um den Minervatempel herum sieht, denen von Rom überlegen sind. (…) Alles, was man noch über den Wert dieser Originale sagen kann, ist, daß sie beileibe verdienen, in den Gemächern oder Galerien Ihrer Majestät aufgestellt zu werden, wo ihnen die gleiche Protektion zuteil würde, wie sie dieser große Monarch den Künsten und Wissenschaften zu gewähren pflegt, die diese Werke hervorgebracht haben." Man möge dem Marquis de Nointel seine frevelhaften Absichten, die er übrigens mit anderen Zeitgenossen teilte, verzeihen, denn er fertigt auch Zeichnungen an, die für die Archäologie heute von höchster Bedeutung sind und denen der Marquis seinen Ruhm bis in unsere Zeit verdankt. Es handelt sich um Zeichnungen der 200 Giebelfiguren, der Metopen und Friese des Parthenons, von denen ein Teil bei der Bombardierung von 1687 unwiederbringlich zerstört wird.

Gelehrte und Missionare.

Im letzten Drittel des 17. Jahrhunderts setzt eine Forschungsbewegung ein, bei der die Franzosen die Führung übernehmen. Von den Arbeiten mit großem dokumentarischem Wert – darunter Zeichnungen des Parthenons – sind ein Stadtplan von Athen, der sogenannte Kapuzinerplan (1670), der Bericht des Pater Babin (1672) und der des Konsuls Giraud (1675) zu erwähnen. Diese inhaltlich zusammengehörigen Schriften und Karten stammen nicht von Reisenden, sondern von in Athen ansässigen Personen, die sich eine umfassende Kenntnis des Landes angeeignet haben. Zu diesen Ortskundigen zählt Konsul Giraud, ein gebildeter Mann, der des Griechischen wie des Türkischen mächtig ist. Jacob Spon, der von ihm die

Im 17. Jahrhundert ist die Akropolis eine Festung, die durch ein komplexes Verteidigungssystem gesichert wird, das den natürlichen steilen Felsabhang unterstützt. Eine tiefer gelegene Stadtmauer faßt das Theater des Herodes Attikus mit ein. Die darüberliegende Verteidigungslinie folgt den antiken Mauerzügen. Hinter diesen Zinnenmauern erheben sich der Frankenturm und links die *Propyläen*, die im Mittelalter erhöht und eingemauert werden.

Stadt gezeigt bekommt, ist überzeugt, daß niemand besser über die Altertümer Athens Bescheid weiß als Giraud. Der Konsul schreibt auch als erster die Skulpturen des Parthenons der Meisterhand des Phidias zu.

Die französischen Missionare, die nach Griechenland geschickt werden, kommen mit einer soliden Bildung und üben fördernden Einfluß auf die Erhaltung der Bauten und deren Erforschung aus. Die Kapuziner erwerben das Lysikrates-Denkmal, die sogenannte „Laterne des Demosthenes". Weil die Türken den Ausländern verbieten, Aufzeichnungen zu machen, nutzen die Patres ihre Stellung, um 1670 den ersten Generalplan der Stadt anzufertigen, der alle anderen Pläne der Epoche an Genauigkeit übertrifft.

Etwas später erscheint der ausführliche Bericht des Jesuitenpaters Babin, der als Missionar in Griechenland lebt. Seine Beschreibung Athens stimmt relativ genau mit dem Kapuzinerplan überein. Dem Gelehrten Jacob Spon erscheint sie ausreichend detailgetreu, um persönlich für ihre Veröffentlichung zu sorgen. Einige Jahre später macht sich Spon mit dem Reise- und dem kleinen Büchlein gepäck in die Stadt des bericht des Pausanias des Pater Babin im Reise- Perikles auf.

Die ebene Höhe der Akropolis ist mit Häusern zugebaut, in denen die Garnison untergebracht wird. Der Parthenon erhebt sich aus diesem Gewirr. Das Dach und der Ostgiebel werden nicht dargestellt, das Gebäude ist jedoch vollständig erhalten. Ein Minarett, das an eine Moschee erinnert, die 1460 errichtet wurde, dominiert den südöstlichen Winkel. Diese Zeichnung zeigt den Zustand der Akropolis im Jahr 1687, dasselbe Jahr, in dem die Katastrophe hereinbrechen wird.

Die Archäologie aus der Sicht Jacob Spons.

Im Kreis der Wissenschaftler, die an der Geburt der
Archäologie beteiligt sind, nimmt Spon einen zentralen
Platz ein. Im Vorwort seines Werkes über Inschriften
„Miscellanae eruditae antiquitatis" verwendet er zum ersten
Mal den Begriff „Archäologie". Spon vertritt die Ansicht,
daß der Beitrag der klassischen Philologie allein nicht mehr
ausreicht, die historischen Wissenschaften voranzubringen.
Für ihn ist es wichtig, auch auf andere Quellen wie Inschriften und Bauwerke zurückzugreifen. Die antiken Überreste
sind wie Bücher, „deren Seiten aus Stein und Marmor bestehen und die mit Hammer und Meißel beschrieben wurden". Die systematische Auswertung von Inschriften, der
unaufhörliche Vergleich zwischen Texten und den sichtbaren Bauzeugnissen im Gelände bilden bei Spon Grund-
regeln einer kritischen Methode. Diese Methode wendet er
auf einer Reise nach Griechenland, Italien und Kleinasien
an, die er ohne offiziellen Auftrag wegen seiner Vorliebe
für Antiken zusammen mit dem englischen Botaniker
George Wheler unternimmt. Über die Durchquerung dieser
Landstriche hat Spon uns nur einige kurze Aufsätze hinter-

Im Lauf seiner Reise
kopiert Spon mehr als
tausend griechische und
lateinische Inschriften.
Hier sieht man ihn in
Ephesus, vertieft in die
Entzifferung. Aber die
Archäologie beschränkt
sich nicht nur auf das
Studium von Münzen
und Inschriften, son-
dern sie gewinnt „auch
durch die Gebrauchsge-
genstände dieser alten
Völker Kenntnisse über
Religion, Geschichte,
Politik, Kunst und Wis-
senschaft".

lassen. Schließlich war er ja mehr damit beschäftigt, überall wo er hinkam – z. B. in Delos, Delphi und Smyrna – Inschriften zu suchen und zu kopieren.

1676: Aufenthalt in Athen.

In Begleitung von Wheler führt Spon in Athen die erste größere archäologische Forschungsarbeit durch. Die Stadt des 17. Jahrhunderts ist längst nicht mehr so, wie sie Pausanias gesehen hat. Wohngebiete haben sich ausgebreitet, byzantinische Kirchen, Moscheen und neue Ruinen sind entstanden. Auf der Akropolis drängen sich baufällige Häuser, in denen Soldaten hausen, dicht an dicht zwischen den Baudenkmälern. Forschung auf diesem schuttbeladenen Terrain ist fast unmöglich. Ständig ist mit Überwachung durch die Garnison und der Feindseligkeit der Bevölkerung zu rechnen. Trotzdem sind die antiken Bauwerke zahlreicher und besser erhalten als heute. Sie haben unter der osmanischen Besatzung nicht allzusehr gelitten. Den Moslems war es nämlich verboten, die Skulpturen des „Götzentempels", wie sie den Parthenon nannten, anzurühren.

Unter der Leitung von Konsul Giraud – zweifellos eine der drei Figuren, die auf dem Stich zu erkennen sind –, entdecken Spon und Wheler Athen. Indem sich Spon über Legenden und Traditionen hinwegsetzt „versöhnt er die Bauwerke mit der Geschichte". „In diesen Dingen geht man immer den sichersten Weg, wenn man sich nicht von der allgemeinen Meinung beeinflussen läßt, sondern sich durch eigene Untersuchung ein Urteil bildet, welches man dann mit Hilfe seiner Vernunft abwägt."

Auf seiner Fahrt bemüht sich Spon, Namen und Ursprung der Orte und Denkmäler zu rekonstruieren, indem er seine Beobachtungen mit den Zeugnissen früherer Schriftsteller und den wenigen Beschreibungen der zeitgenössischen Reisenden vergleicht. Außerdem gelingt es ihm, viele der früheren Vermutungen richtigzustellen. Er ist der erste, der den Tempel der Siegesgöttin Athena Nike – fälschlich auch Tempel der ungeflügelten Nike genannt –, der 1687 dem Bau der Befestigungsanlage weichen mußte, identifiziert. Er deutet das Lysikrates-Denkmal treffend als „Monument errichtet zu Ehren der Sieger eines der beliebten Chorwettbewerbe". Der Turm der Winde, im Volksmund als „Grab des Sokrates" bekannt, ist seiner Überzeugung nach eine Wasseruhr.

Aber der Archäologe irrt auch: Er hält die Karyatiden für die „Grazien des Sokrates", die Pausanias unterhalb der Propyläen gesehen hat. Vor dem Parthenon verleiht er seiner Bewunderung Ausdruck: „Sein Anblick flößte uns Ehrfurcht ein, und wir blieben lange vor ihm stehen, ohne unsere Augen davon abwenden zu können." Und dennoch unterlaufen ihm hier seine schwerwiegendsten Irrtümer. Er vertauscht die Giebel, da er nicht beachtet, daß der Tempel nach Osten hin ausgerichtet ist; er lehnt es ab, die Skulpturen dem Phidias zuzuschreiben und ordnet sie statt dessen der Epoche Hadrians zu, da er glaubt, die dargestellten Personen zu erkennen: „Die beiden letzten Statuen dieser Seite, der halbnackte Sitzende, das ist Kaiser Hadrian, und neben ihm seine Frau Sabina. Mir scheint, daß man bisher noch nie auf diese Besonderheit geachtet hat, die

besonderes Augenmerk verdient." Ein bedauerlicher Irrtum, der schnell akzeptiert und unverändert übernommen wird. Noch im 19. Jahrhundert, als Teile des Parthenons nach London kommen, hält man daran fest. Trotz dieser Fehler wird der Bericht Spons zu einem Ereignis. Sein Buch „Reise nach Italien, Dalmatien, Griechenland und die Levante" wird – in mehrere Sprachen übersetzt – zum Führer des gebildeten Reisenden bis ins Zeitalter der Romantik.

Ein unvorhergesehenes Unglück trägt weiter dazu bei, den Ruhm des Werks zu vergrößern, denn der Autor ist einer der letzten Europäer, der den Parthenon unzerstört gesehen und beschrieben hat. Während der Belagerung Athens durch die Venezianer trifft am 26. September 1687 ein Geschoß den Tempel, in dem die Türken ihre Munition lagern, und verwandelt ihn damit in eine Ruine. „Zweitausend Jahre hat dieses Bauwerk, das mit so großer Perfektion errichtet wurde, den Wirren der Zeit und der Barbarei der Menschen standgehalten. Wir werden nie aufhören zu bedauern, daß es durch das christliche Europa zerstört wurde." Dieses Urteil des Herzogs von Laborde über die Übeltaten der Italiener trifft ebenso Franzosen, Engländer und Deutsche, die in den folgenden Jahrhunderten den Parthenon demontieren und den Skulpturenschmuck der Bauwerke des klassischen Griechenlands in ihre Länder fortschaffen.

Diese Zeichnung des venezianischen Ingenieurs Verneda zeigt das Bombardement der Akropolis, das er als Augenzeuge miterlebt hat. Eine mächtige Explosion, gefolgt von einem Brand, verwüstet den Parthenon. Dabei wird die Bedachung zerstört, die Mauer der Cella, und zahlreiche Säulen stürzen ein. Übrig bleibt ein zweigeteilter Tempel. Ein Teil des Frieses des Phidias zerbricht in Stücke. Die Detonation ist so stark, daß die Gebäudeteile bis zum Belagerungsfeld geschleudert werden.

Viertes Kapitel

DER GRIECHISCHE MYTHOS

Als ich Paris verließ, um Griechenland zu besuchen, wollte ich nur einen Jugendtraum wahr werden lassen und die berühmtesten Landschaften der Antike kennenlernen. Eine brennende Neugier zog mich fort, all das Wunderbare von dort ganz in mich aufzunehmen; im voraus machte ich mir bereits das Vergnügen, durch diese bekannte und schöne Region zu streifen, indem ich mich in die Werke von Homer und Herodot vertiefte."

Graf von Choiseul-Gouffier, 1782

Die Reise und das illustrierte Buch des Malers J. Stuart und des Architekten N. Revett sind für die Wissenschaft im Hinblick auf die Bauwerke Athens von größter Bedeutung. Links: Selbstportrait von Stuart, „Der Athener", der das Erechtheion malt.

Im 18. Jahrhundert wird Griechenland zum Modeland und von Reiselustigen nur so überflutet. Zum traditionellen Besucherstamm gesellen sich nun auch Künstler und junge Leute aus wohlhabendem Hause, die nach abgeschlossenem Studium ihre Bildung durch eine Reise um das Mittelmeer, die sogenannte „Große Fahrt", abrunden möchten. Nach ihrer Rückkehr greifen viele zur Feder, und die Veröffentlichungen dieser Reiseberichte, die immer aufwendiger illustriert erscheinen, finden in den Buchhandlungen reißenden Absatz. Diese Schwärmerei entspricht ganz dem Zeitgeist. Die Philosophie der Aufklärung hat zwei große Interessengebiete: die Natur und den Verstand. So erklärt man ein für alle Male diese Begriffe zum Erbe der Antike und greift in der Zeit nach 1750 bevorzugt auf die Antike und ihre ästhetischen wie moralischen Werte zurück. Als „Heimat der Künste" und „Erzieherin des Geschmacks"

Diese Grotte in der Nähe von Vari an den Hängen des Hymettos wird von dem Thessalier Archedamos eingerichtet, der behauptet, hier von Nymphen inspiriert worden zu sein. Chandler und Pars lassen sich von dieser Mischung aus Naturschönheit und archäologischer Sehenswürdigkeit begeistern, wie es für die Menschen jener Epoche charakteristisch ist.

wird Griechenland zur Schule Europas. Noch auf einem anderen Gebiet tritt Griechenland aus seinem Schattendasein heraus: Es probt seinen Auftritt auf der politischen Bühne. Der Zerfall des Osmanischen Reiches, das durch innere Anarchie unterhöhlt wird, läßt Rufe nach den ehrgeizigen Großmächten laut werden, die die Ablösung und die Realisierung des „hellenischen Projekts", was soviel wie die Befreiung Griechenlands bedeutet, fordern. Rußland, das nach Süden hin expandieren möchte, bietet sich als Schutzmacht der orthodoxen Gemeinde an und schürt den Aufruhr. Die russisch-türkischen Kriege des 18. Jahrhunderts beschleunigen den Niedergang der *Hohen Pforte*.

Freieres Reisen.

Diese Situation verändert die Haltung der Türken gegenüber den Ausländern. Die Überwachung ist nicht mehr so streng; ein Umstand, den die Besucher nutzen, nun unbeschwerter durch das Land zu reisen, um es zu erforschen und tief ins Landesinnere, bis nach Makedonien, Thessalien und auf die Halbinsel Mani, vorzudringen. In dieser Zeit beginnt ein lebhafter Antikenexport, vor dem die Behörden die Augen verschließen.

Aber natürlich birgt auch jede Reise weiterhin ihre Gefahren. Um sich vor den Banden der „kléptes" (Räuber) zu schützen, ist es ratsam, sich von *Janitscharen* begleiten zu lassen; außerdem brechen immer wieder Pestepidemien aus. Aber das Zeitalter der gefährlichen Forschungsreisen geht seinem Ende entgegen, die romantische Reise beginnt.

Die Griechen ihrerseits lassen keine Gelegenheit aus, um aus der neuen Situation Profit zu schlagen, und bauen, gedeckt durch den Schutz Rußlands, ihre See- und Handelsmacht aus. Die verbesserte Wirtschaftslage erlaubt die Entstehung eines Bürgertums, und es entwickelt sich ein Nationalgefühl, das vor allem durch die Gedanken der Aufklärung und die Bemühungen Griechenlands in der Diaspora genährt wird. So kommt es, daß Adhamandios Corais in Paris griechische Schriftsteller veröffentlicht und damit das Neugriechische etabliert. Auch der ausländische Reisende hat seinen Platz in der Entwicklung eines Bewußtseins griechischer Identität. Durch den Kult, den er der Antike weiht, weckt er altüberlieferte Erinnerungen an ein unterdrücktes Volk.

Das Grabmal des Philopappos errichten die Athener im 2. Jahrhundert n. Chr. zu Ehren eines syrischen Prinzen, der sich der Stadt gegenüber sehr wohltätig erwies. Auf dem Hügel der Musen stehend, beherrscht es die umliegende Landschaft. Seine halbkreisförmige, mit Pilastern und Statuen geschmückte Fassade ist der Akropolis zugewandt. Sie hat viele Künstler inspiriert. Dieses Aquarell von Stuart gibt den Grabbau originalgetreu wieder.

Bis zum Ende des 18. Jahrhunderts besucht man Griechenland auf der Durchreise auf dem Weg in den Orient. Die Reisenden entdecken so auch die griechischen Ruinen Kleinasiens. Der Hellenist Chandler und der Maler Pars kommen 1765/66 am Orakelheiligtum des Apoll von Didyma, in der Nähe von Milet, vorbei. Mit großer Genauigkeit kopiert Pars ein Säulenkapitell des Tempels, das er allerdings in einen etwas exotischen Rahmen verlegt. Diese Mischung aus Präzision und Sinn fürs Pittoreske ist für die Gattung der Reisebeschreibungen bis ins 19. Jahrhundert üblich. Auch der Franzose Pouqueville (1770–1838) beherrscht diese literarische Richtung bis zur Perfektion. Ungefähr zur gleichen Zeit führt der englische Oberst Leake (1777–1860) den wissenschaftlichen Bericht ein und begründet die historische Geographie.

Gelehrte und Philosophen auf „Mission".

Nicht alles ändert sich im 18. Jahrhundert. Weiterhin werden offizielle „Missionen" in den Orient geschickt. Josef Pitton de Tournefort, einer der bekannten Naturwissenschaftler jener Zeit, bereist 1700 die griechische Inselwelt, um dort „vor Ort zu überprüfen, wie genau die Kenntnisse der Vorfahren über die Naturgeschichte – vor allem über Pflanzen – waren". Dieser Botaniker vernachlässigt dabei allerdings keineswegs die antiken Überreste. Er widmet sich ihnen mit kritischem Geist. Das Ziel der meisten anderen Missionen ist eher, antike Münzen und Manuskripte für die königliche Bibliothek aufzutreiben; so der Abt Fourmont, der unter Ludwig XV. eine heute noch umstrittene Expedition unternimmt. Dieser rühmt sich, Sparta zerstört zu haben, und er bringt eine große Ausbeute sowohl authentischer als auch gefälschter Inschriften mit. Ende des 18. Jahrhunderts führt Jean-Baptiste d'Ansse de Villoison, der große Hellenist der Aufklärung, die Nachforschungen nach antiken Inschriften fort. Dennoch ist inzwischen die Leidenschaft für antike Philologie ziemlich abgeebbt.

Tournefort unternimmt als einer der letzten eine große wissenschaftliche Reise. Oben eine weibliche Statue von der Insel Kea, die als *Nemesis* angesehen wird. Diese Zeichnung stammt von Aubriet, der Tournefort begleitet.

Inneres Cellator des Apollontempels von Naxos (6. Jh. v. Chr.). „Dieses Tor, das nur aus drei weißen Marmorblöcken besteht, zeugt in seiner Einfachheit von erlesenem Geschmack. Zwei Blöcke bilden die Pfosten, der dritte den Türsturz." Diese Beschreibung, die ganz der Art Tourneforts entspricht, wird hier durch ein Aquarell von Thomas Hope (um 1795) illustriert.

Der Einfluß englischer Architekten.

Die Architekten, die auf der Suche nach neuen Anregungen sind, öffnen den Weg für archäologische Studien. Der Impuls kommt aus Italien. Die Entdeckung von Herculaneum um 1710 und von Pompeji (1748) sowie die dortigen Grabungen revolutionieren das Wissen über die Antike. Gelehrte und Künstler stehen in Kontakt mit einer Zivilisation, die vom klassischen und hellenistischen Griechenland beeinflußt wurde. Zu den Funden zählen Kopien griechischer Skulpturen und Fresken, die zum Teil die verlorenen Bilder griechischer Tafelmalerei widerspiegeln. Parallel dazu erfolgt die Entdeckung des Tempels von Paestum in Süditalien, den Jacques Soufflot 1750 zeichnet. Dieser, wie auch die Tempel Siziliens, ist im dorischen Stil erbaut, der keine Säulenbasen verwendet, was die Architekten der Proportionen wegen in Verwirrung bringt und zunächst als primitiv abgestempelt wird. Eben in dieser Zeit weitet sich das Feld der Forschung auch nach Griechenland aus. Die beiden ersten, die sich dorthin begeben, sind Engländer: Der Maler James Stuart und der Architekt Nicolas Revett. Beide zeigen großes Interesse für die Archäologie und nehmen sich vor, die Altertümer Athens zu vermessen und zu zeichnen. Die Londoner Gesellschaft der „Dilettanti" unterstützt das Projekt und beauftragt sie, Teile der Bauornamentik zu sammeln und an englische Architekten weiterzuleiten.

Der korinthische *Portikus*, von einer *Attika* überragt, deren Säulen mit mythologischen Relieffiguren geschmückt sind (2. Jh. n. Chr.), befand sich im jüdisch-spanischen Viertel Thessalonikis, was die seltsame Form seines heutigen Namens erklärt („Las Incantadas" = die Verzauberten). In der Darstellung sieht man, wie Stuart und Revett vom Rabbiner begrüßt werden. Die Ruine wurde abgetragen und 1865 in den Louvre transportiert.

Stuart und Revett in Athen

Das „Theseion" (siehe Seite 50/51), der besterhaltene Tempel Athens (5. Jh. v. Chr.), liegt, als Stuart ihn 1751 malt, ein wenig außerhalb der Stadt am Rand der bebauten Felder. Obwohl er dem Hephaistos geweiht ist, wird er traditionell nach Theseus benannt, dessen Heldentaten auf den Friesen figürlich dargestellt sind. Zu einer Kirche umgebaut, wird er unter den Türken teilweise beschädigt. Im Vordergrund eine Szene aus dem Alltag: albanische Landarbeiter beim Getreideschwingen, wobei sie von einem türkischen Verwalter beaufsichtigt werden.

Der Hadriansbogen, ein monumentales Marmortor, grenzt die antike römische Stadt vom neuen Athen ab. Bis auf wenige Unterschiede sieht er heute noch so aus, wie ihn Stuart damals dargestellt hat: mit seiner Etagenfassade, einer unteren Arkade, die einen korinthischen Säulengang stützt, der wiederum durch drei Türöffnungen unterbrochen ist.

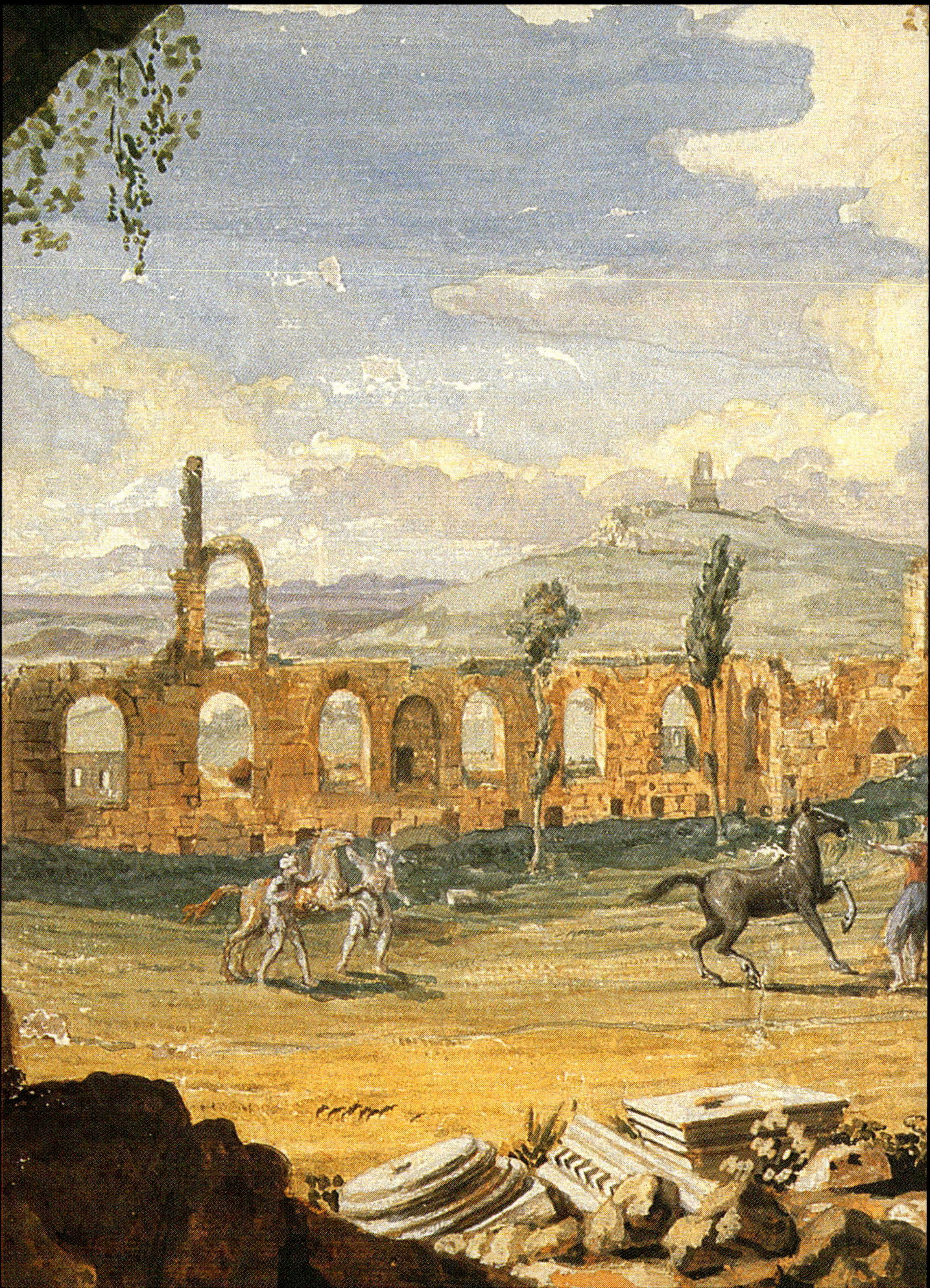

Das Odeion des Herodes Atticus von Stuart

Dieses Odeion hatte eine Doppelfunktion. Es diente als Konzertsaal und als Theaterhalle. Im 2. Jahrhundert n. Chr. läßt der „athenische Milliardär" Herodes Atticus das Gebäude im Südwesten der Akropolis errichten. Auch wenn schon in ruinenhaftem Zustand, hinterläßt es noch Mitte des 18. Jahrhunderts mit seiner Doppelarkadenreihe einen tiefen Eindruck. Stuart malt es von innen nach außen blickend und beschreibt es in seinem Buch „Die Altertümer Athens" wie folgt: „Das Prokenion, das Logeion und die Orchestra liegen heute versteckt unter Erde und Schutt. (…) Die Zeit hat den Teil, wo sich früher die Zuschauerreihen befanden, mit einer bewachsenen Erdschicht zugedeckt. Heute sät man dort Gerste, die die Pferde des Disdar Agha noch grün verzehren."

Dem ursprünglich mondänen Club, der 1733 vom Grafen Sandwich zur Förderung der schönen Künste gegründet wurde, treten zahlreiche Mitglieder bei, darunter die besten Kenner antiker Kunst. Dieser Club übt einen beträchtlichen Einfluß auf den englischen Geschmack aus, er vergibt Aufträge für Expeditionen und finanziert die Publikation der Resultate. So gelangen Stuart und Revett nach Griechenland, später auch Revett zusammen mit dem Hellenisten Chandler nach Kleinasien.

Die Jahre 1751 bis 1753 verbringen Stuart und Revett in Athen. Danach reisen sie zu den griechischen Inseln, wo sie ebenfalls Aufstellungen antiker Denkmäler verfassen. Ihre Aktivität ist beachtlich. Sie fertigen einen Plan der Akropolis an, zeichnen die Bauwerke mit sehr viel Sorgfalt und Präzision und liefern eine lehrreiche Analyse. Sie führen sogar Grabungen durch, um ihre Ergebnisse zu überprüfen. So untersuchen sie zum Beispiel die Fundamente des „Turms der Winde". Irrtümlicherweise sind sie der Überzeugung, Spon berichtigen zu müssen, und versetzen den Tempel der Athena Nike in den Südflügel der Propyläen. Beim Parthenon übersehen sie die Säulenneigungen und die Wölbung des *Stylobats* (Kurvatur). Ihre Arbeit findet jedoch große Beachtung und Anerkennung. Das Resultat ist ein grandioses Werk mit Stichen und Karten, wovon der erste Band 1762 erscheint. Kurz nach diesem Erscheinungsdatum schreibt der große italienische Archäologe Visconti: „Stuart offenbart als erster in Europa das wahre Empfinden für griechische Architektur."

Die pittoresken Ruinen David Le Roys.

Die weiteren Veröffentlichungen nehmen viel Zeit in Anspruch, und so kommt Julien David Le Roy, Architekt und Internatsschüler der französischen Akademie in Rom, Stuart und Revett zuvor. Zur gleichen Zeit wie die beiden Engländer macht er eine Studienreise nach Griechenland. Getrieben von übermäßigem Ehrgeiz beeilt er sich, 1758 vor seinen Rivalen die „Ruinen der schönsten Bauwerke Griechenlands" herauszugeben. In diesem Werk werden zum ersten Mal griechische Bauten reproduziert und die Entwicklung des griechisch-dorischen Stils anhand seiner Proportionen behandelt. Hatte man vorher nicht behauptet, daß die Architektur des Parthenons seiner Skulpturen nicht würdig sei? Le Roy stellt auch den ionischen Stil am Bespiel des Erechtheions vor. Nachdem er Professor an der

„Die Ideen, die mir diese Ruinen enthüllen, sind grandios", verkündet Diderot. Diese Haltung zeigen auch die Bilder Le Roys. Er fordert das Recht, Proportionen und Perspektive zu verändern, denn „so werden die Betrachter der Ruinen viel mehr in Bann gezogen. Nur so kann sich in ihrem tiefsten Innern jene Bewunderung breitmachen, die bei der Betrachtung dieser Bauwerke aufsteigt."

Akademie für Architektur in Paris geworden war, setzt er
sich intensiv dafür ein, griechische Modelle als Vorbilder
zu benutzen. Leider vermißt man bei den Zeichnungen
Le Roys Genauigkeit. Ganz offensichtlich wird Le Roy
durch sein Vergnügen an der Darstellung von Ruinen beeinflußt, was für das 18. Jahrhundert charakteristisch ist
und vor allem bei dem italienischen Baumeister und
Kupferstecher Giovanni Piranesi deutlich zum Ausdruck
kommt. Die Ruinen symbolisieren die Flüchtigkeit der
Welt, das Dahinschwinden der Kulturen sowie den Fortbe-
stand der Natur und laden immer wieder zu Meditation
und Träumerei ein. Die Künstler sind stets darauf bedacht,
eine „romantische" Atmosphäre zu schaffen und vernach-
lässigen deshalb gern die genaue Wiedergabe der griechischen Landschaft oder der Sehenswürdigkeiten.

Unten zwei ionische
Säulen, die ein
Gebälk tragen. Sie sind
das einzige Überbleibsel
des hadrianischen Aquä-
dukts über den Lykabet-
tos. 1778 werden auch
sie zerstört.

Das letzte veröffentlichte Monumentalwerk des 18. Jahrhunderts ist „Die pittoreske Reise" des Grafen von Choiseul-Gouffier, dem späteren französischen Gesandten in Konstantinopel. Wie sein Vorgänger, der Marquis de Nointel, unterhält er einen Stab von Forschern und Künstlern, zu denen unter anderem die Maler Favel und Cassas gehören. Sein Bericht erhebt zwar keinen wissenschaftlich-archäologischen Anspruch, er steckt jedoch voll wertvoller Informationen. Er spiegelt ein seiner ganzen Generation eigenes strahlendes Bild Griechenlands, das sich am Mythos orientiert und das sich durch Erziehung tief eingeprägt hat.

Kein Werk erregt allerdings in der Öffentlichkeit so viel Aufsehen wie das Buch „Die Reisen des jungen Anacharsis", das ein Abt Barthelemy 1788 veröffentlicht. Das Werk, halb Geschichtsbuch, halb Roman, hat in ganz Europa durchschlagenden Erfolg und wird als eines der ersten Bücher ins Neugriechische übersetzt. In ihm wird ein elegantes, feinsinniges, liebenswertes Griechenland beschrieben, das in gewisser Weise dem Geschmack der Epoche entspricht. Neben Bildern mit Szenen aus dem häuslichen Leben finden sich Darstellungen der Vorfahren und Bemerkungen wie „diese Reise eines Skythen ähnelt der eines Parisers überaus". Nicht, daß es dem Autor an Gelehrsamkeit fehlte, denn als Spezialist für alte Sprachen mangelte es ihm nicht an Kenntnissen über die alten Kulturen, noch

Panoramaansicht Athens von Cassas (1784). Im Zentrum befindet sich der Tempel des olympischen Jupiters (Olympeion) mit seinen beiden imposanten Säulengruppen, zwischen denen sich die Silhouette der Akropolis abhebt. An den Abhängen das albanische Viertel. Links die Arkaden des Odeion des Herodes Atticus, das „Theseion" und das Monument des Philopappos. Über dem Tempelarchitrav erhebt sich die Nische des Säulenheiligen, in der ein byzantinischer Eremit hauste.

sind ihm die klassischen Autoren fremd; aber er hat nie griechischen Boden betreten. Als Mensch des 18. Jahrhunderts gibt er ein konventionelles und falsches Bild Griechenlands wieder, was die Beurteilung Stendhals rechtfertigt: „Frankreich ist das Land, in dem am wenigsten über die Griechen bekannt ist, und schuld daran ist der Abt Barthelemy." Die großen Veröffentlichungen, die „Reise des jungen Anacharsis" sowie detailliertes Wissen über das tägliche Leben in Herculaneum und Pompeji, das Mobiliar der etruskischen Gräber, das zahlreiche griechische Vasen mit einschließt, lösen am Ende des 18. Jahrhunderts eine „Antikomanie" aus. Aber die Vorliebe für Griechisches ist nicht nur eine Mode, sondern entspringt einem Bedürfnis nach Erneuerung besonders der Literatur und der Kunst als eine Gegenreaktion auf das Ende des Barocks. Diese Revolution schlägt sich besonders in der Architektur sichtbar nieder. In England kündigt sie sich durch den Pavillon an, den Stuart im Hagley Park (Worcestershire; 1758/59) erbauen läßt, eine Nachbildung des dorischen „Theseion" in Athen. Revett baut in der Nähe von Salesbury einen Portikus von Delos nach. In Frankreich lebt der dorische Stil in der Kirche Sainte-Geneviève (Paris, Baubeginn 1757) wieder auf, die nach einem Entwurf Soufflots gebaut wird, ebenso am Gebäude der Charité (1786), das d'Antoine, ein Schüler Le Roys, entwirft.

Antikisierende Komposition, in der Hubert Rober, genannt „Ruinenhubert", künstlich architektonische und skulptierte Elemente vereinigt: eine Säule, ein zerbrochenes Basrelief, eine Minervastatue, Kapitellfragmente. Mehrere Figuren beleben die Szenerie. Im Vordergrund sitzt eine malende Frau. Die falschen pittoresken Ruinen wie auch die elegische Stimmung charakterisieren die vorromantische Antikomanie.

Neue Ansichten über Kunst.

Nicht nur die Architekten tragen zum Entstehen der Archäologie als moderner Wissenschaft bei. Zur gleichen Zeit leisten dafür zwei weitere Männer ebenfalls hervorragende
Arbeit: der Graf von Caylus und Johann Joachim Winckelmann. Beide, jeder auf seine Art, bringen die Erforschung
der Antike durch Kunstuntersuchungen weit voran, und
beide sind Griechenlandliebhaber. Allerdings betritt keiner
von beiden jemals griechischen Boden. Der Graf von Caylus spielt in der Archäologie eine ganz bedeutende Rolle.
Er bricht mit der philologischen Tradition, die davon aus-
geht, daß das schriftliche Zeugnis die einzig gültige Quelle
für die Rekonstruktion der Vergangenheit sei und daß Objekte und Monumente nur zum Verständnis der Texte bei-
trügen. Caylus schlägt vor, die „Bauwerke als Beweis und
Ausdruck des Geschmacks zu betrachten, der zu einem
bestimmten Jahrhundert in einem Land geherrscht hat".
Diese Methode wendet er in seiner Schrift „Sammlung
ägyptischer, etruskischer und gallischer Antiken" an. Durch
sein Interesse für Technik, Werkzeug und Materialien, die
für Caylus viel wichtiger als die ästhetische Beurteilung
sind, weist sein Werk in eine neue Forschungsrichtung.

Im Kabinett eines
Kunstliebhabers
untersucht eine beklei-
dete Affengestalt eine
antike Münze mit einer
Lupe. Dieses Bild soll
den Grafen von Caylus
(1692 – 1765) darstellen,
der den „griechischen
Kunstgeschmack wieder-
erweckt hat" und der als
„Anführer" der Antiken-
händler gilt. Der Maler
Chardin, der den Kon-
flikt zwischen den Philo-
sophen und Antiken-
händlern veranschauli-
chen möchte, karikiert
damit Caylus. Die Philo-
sophen sehen in den
Antikenhändlern nichts
als Verrückte und Pedan-
ten und bezeichnen die
Gegenstände ihrer Stu-
dien als „durchlöcherte
Kessel und zerbroche-
nen Vase".

Zur gleichen Zeit „erfindet" Winckelmann die griechische Kunstgeschichte. Er erfährt schon zu Lebzeiten erstaunlichen Ruhm. Revolutionäres bietet bereits sein erstes Werk, die „Gedanken über die Nachahmung der griechischen Werke in der Malerey und der Bildhauerkunst" (1755). Zu einer Zeit, in der die griechisch-lateinische Epoche als Einheit aufgefaßt wird, erkennt Winckelmann, daß eine eigene griechische Zivilisation existiert, die durch die römische nicht beeinflußt wurde. „Das allgemein vorzügliche Kennzeichen der griechischen Meisterstücke ist endlich eine edle Einfalt und eine stille Größe, sowohl in der Stellung als auch im Ausdrucke." Winckelmann gründet seine ästhetische Theorie auf die Suche nach dem idealen Schönen, das für ihn durch den Apollon vom Belvedere, den Laokoon und die Venus von Medici verkörpert wird. Den Künstlern rät er, diese Meisterwerke zum Vorbild zu nehmen: „Der einzige Weg für uns, groß, ja wenn es möglich ist, unnachahmlich zu werden, ist die Nachahmung der Alten, und was jemand vom Homer gesagt, daß derjenige ihn bewundern lernet, der ihn wohl verstehen gelernt, gilt auch von den Kunstwerken der Alten, sonderlich der Griechen."

In seinem Hauptwerk „Geschichte der Kunst des Altertums" (1764) fomuliert Winckelmann die Idee einer Evolution der Kunst, die „mit den Kulturen, in denen sie sich entwickelt, geboren wird, blüht und verwelkt". Er versucht, eine Ordnung der griechischen Kunst nach Stilmerkmalen aufzustellen. Er gliedert sie in die „antike oder archaische Periode", den „großen und hohen Stil" bis Phidias (5. Jh. v. Chr.), den „schönen Stil von Praxiteles an bis auf den Lysipp und Apelles" (4. Jh. v. Chr.) und zuletzt die Zeit des Niedergangs bis zur römischen Epoche. Diese Einteilung beruht auf Irrtümern: Winckelmann gründet seine griechische Kunstgeschichte auf das Studium römischer Kopien von griechischen Originalen, deren Entstehungsdaten ihm unbekannt sind.

Winckelmann ist als Archäologe auf vielen Gebieten tätig. Er veröffentlicht Antikensammlungen, er verfolgt die Ausgrabungen von Herculaneum und Pompeji aus nächster Nähe und kritisiert die dort angewandten Grabungsmethoden. Zuletzt träumt er sogar davon, selbst in Olympia zu graben. Als einer der ersten spricht er die Idee aus, Pausanias folgend in den Heiligtümern zu forschen, ein Vorhaben, das jedoch erst im 19. Jahrhundert verwirklicht werden wird.

Die Persönlichkeit Winckelmanns (1717–1768) hat, ebenso wie sein Werk, die Öffentlichkeit fasziniert. Weder seine bescheidene Herkunft noch seine schwierige Jugend, weder das verhaßte Theologiestudium noch seine untergeordneten Arbeitsstellen können seinen intellektuellen Elan bremsen und seinen Glauben an die Kunst erschüttern. Sein Erfolg in Rom, wo er Attaché am päpstlichen Hof wird, sein unbesorgtes Leben inmitten der Kunstwerke, seine Berühmtheit und schließlich sein tragischer Tod – er wird in Triest ermordet – haben ein dichtes Netz aus Legenden um ihn gesponnen.

FÜNFTES KAPITEL

DAS ZEITALTER DER GROSSEN RAUBZÜGE

Aber welcher war es von all den Plünderern Deines Heiligtums / dort auf den Höhen, auf denen Pallas Athene alleine zurückblieb, / da sie nicht flüchten konnte, / auf diesem letzten Überrest ihres alten Königtums, / wer war der letzte, schlimmste und törichteste Räuber? / Schande über dich, Kaledonien, denn dieser Mann war dein Sohn."

Lord Byron,
„Die Verwünschungen der Minerva",
Athen, 17. März 1811

Die Bayern kauften 1812 diesen Krieger aus Ägina. Frankreich erwirbt 1821 die Venus von Milo.

In den beiden letzten Jahrzehnten, die der griechischen Befreiung vorausgehen, erschüttern „Skandale" die Gesellschaft. Die Plünderungen antiker Kulturgüter werden inzwischen international in großem Stil betrieben. Sie bringen aber auch großartige neue Erkenntnisse über die griechische Bildhauerkunst. Selbst wenn man versucht, sich in die Denkweise der damaligen Zeit zu versetzen, rechtfertigt der Gewinn, den die Gelehrten daraus ziehen, keineswegs die Art und Weise, wie die Giebel des Parthenons, die Giebel von Ägina, der Fries von Bassai und die Venus von Milo in die Museen von London, München und Paris gelangen.

Dieses Fresko präsentiert Ludwig I. von Bayern in seiner Rolle als Kunstsammler. Er betrachtet gerade eine Reihe erstklassiger antiker Statuen, darunter ein Apollo mit Lyra, auf dessen Kopf Winckelmann seine Hand ruhen läßt. Weiter hinten drei berühmte Stücke: ein Krieger aus Ägina, der Barbarinische Faun und

Die Mächtigen Europas, die nicht mehr nur Griechenland plündern, beginnen nun auch, sich gegenseitig auszurauben. Die Archäologie wird Teil eines Kriegsspiels oder dient als Vorwand. So wird die Expedition Napoleons in Ägypten von einer wissenschaftlichen Delegation begleitet. Der einzige Gewinn dieses Krieges für die Franzosen ist die Entdeckung des Steins von Rosette 1799, durch den die Entzifferung der Hieroglyphen und damit wiederum die Geburt der Ägyptologie möglich wird.

die Athena Velletri. Von rechts kommt Haller von Hallerstein hinzu, der eine Vase hält. Der Architekt gräbt für Ludwig I. in Athen.

Gründung der großen europäischen Museen.

Ende des 18. und Anfang des 19. Jahrhunderts wird die Jagd nach Kunstschätzen durch den Bedarf der öffentlichen Museen, die immer zahlreicher entstehen, geschürt.

Es entsteht das Museum im Vatikan, dessen erster Katalog 1792 herausgegeben wird. 1753 wird das British Museum gegründet, 1801 das Napoleonische und 1830 die Glyptothek in München. Die Museen begehren besonders ausgesuchte Exponate, deren Bekanntheitsgrad dem Land, das sie sein Eigentum nennen kann, zu Ruhm verhilft. Daher hält sich Napoleon nicht zurück, aus den italienischen Sammlungen zu schöpfen und erwirbt mit dem Recht des Siegers 1797 angefangen vom Laokoon bis hin zum Sterbenden Gallier alle bedeutenden Exemplare griechischer Skulptur, auf denen Winckelmanns Kunstgeschichte aufbaut.

Der Einzug des Laokoon in den Louvre. Die Transporte von Kunstwerken rufen 1796 eine große Debatte hervor. Während Quatremère de Quincy Napoleon kritisiert, unterstützen andere die Aktionen: „Es ist Zeit, daß alle diese genialen Monumente der Griechen den Boden verlassen, der ihrer nicht mehr würdig ist. Sie wurden in einem freien Land geschaffen, und nur in Frankreich können sie sich heimisch fühlen." (J. Lebreton, Mitglied des Instituts)

Bis 1816 sind diese Statuen im Louvre ausgestellt, den Anspruch symbolisierend, daß aus Paris nun ein neues Rom und ein neues Athen geworden ist. In diesen „griechischen Sammlungen" fehlt es nur noch an Originalen, und die großen Mächte lassen nichts unversucht, um einige in ihren Besitz zu bringen. Noch heute belebt die Suche nach Originalen – offiziell oder unter der Hand – den Markt für antike Kunst.

Auch politische Faktoren stehen hinter den Antikenexporten aus Griechenland. Leider existiert keine Autorität, der es gelingen kann, die Plünderungen zu unterbinden. Die Hohe Pforte wird durch endlose Kriege mit Rußland, Frankreich und England in einem Ausmaß geschwächt, die dem Sultan in diesem Moment keinen Spielraum läßt,

seinem Protektor etwas zu verweigern. Von 1709 bis 1806 hat England die Beschützerrolle inne. In Griechenland selbst ist es nicht schwierig, eine Einwilligung der lokalen Behörden für Grabungen zu erhalten, d. h. zu kaufen. Die griechischen Gemeinden haben keinerlei Mittel in der Hand, um sich gegen das Verschwinden ihres Kulturerbes zu wehren.

Für die Touristen aus aller Herren Länder, vor allem jedoch für die Engländer, ist Griechenland zur großen Attraktion geworden. Die politische Situation behindert die Reisewelle in Richtung Griechenland nicht. Im Gegenteil, durch die Annäherung zwischen der Türkei und England wird der Verkehr begünstigt, als Italien durch die Kontinentalsperre für Engländer unzugänglich bleibt.

Lord Elgin im Orient.

Unter diesen besonderen Gegebenheiten ist Lord Elgin Botschafter in Konstantinopel. Nach der Aussage verschiedener Personen ergreift die britische Regierung die Initiative und trägt folglich auch die Verantwortung für

Nur sehr wenig ist uns von den Notizen und Zeichnungen Louis François Sébastien Fauvels überliefert. Der Mann, der die alten Kunstschätze Athens am besten kennt, veröffentlicht seine Arbeiten nicht. Als hervorragender Reiseführer leitet er die gebildeten Athenbesucher fachmännisch durch die Stadt und erzählt ihnen von seinen Forschungsergebnissen. Einige, wie z. B. Cockerell, haben dieses Wissen in ihren eigenen Schriften verwendet. Vor seinen Besuchern schimpft Fauvel rückhaltlos über die barbarischen Machenschaften Elgins, obwohl er selbst auch einige wertvolle Stücke für sich behält.

eine Mission in Griechenland, die einerseits den Erwerb von Kunstwerken zum Ziel hat und andererseits Frankreich daran hindern soll, den Antikenmarkt an sich zu reißen. Andere sehen dahinter eher einen persönlichen Plan Elgins, der begeistert ist von der sich ihm bietenden Chance, „sein Amt als Botschafter dem Wohl des Fortschritts der englischen Künste zur Verfügung zu stellen". Der französisch-

Fauvel wird 1803 französischer Konsul in Athen, wo er in diesem Haus an der antiken Agora wohnt. Er ist beim Malen dargestellt, umgeben von antiken Resten (rechts z. B. eine Parthenonmetope). Seine Sammlung wird während des Unabhängigkeitskrieges in alle Winde zerstreut.

englische Antagonismus spielt bei der Plünderung der Denkmäler Athens eine wichtige Rolle. Anfang des 19. Jahrhunderts waren die Marmorskulpturen der Akropolis sämtlich zur Ausfuhr nach England oder Paris bestimmt. 1784 schickt der Graf von Choiseul-Gouffier, der Botschafter der Hohen Pforte, den Maler Fauvel als einen seiner Agenten nach Athen. Während der Französischen Revolution muß Choiseul-Gouffier ins Exil, da er weiterhin auf der Seite des französischen Königshauses steht. Fauvel gründet in Griechenland sein eigenes Museum und beherrscht den Markt für antike Kunst, indem er die Ausländer daran hindert zu kaufen. Aber wie alle in Griechenland ansässigen Franzosen trifft auch Fauvel im August 1798 das Schicksal: Er gerät in Gefangenschaft, und seine Besitztümer kommen unter Zwangsverwaltung. Nun ist das Feld frei für die Engländer.

Die Plünderung der Akropolis.

Im Juli 1801 beginnt die Plünderung des Parthenons bzw. der ganzen Akropolis. Sie hält an, bis ihr 1805 durch ein Grabungs- und Mitnahmeverbot ein Ende gesetzt wird.

Handwerkertrupps unter der Leitung des italienischen Malers Lusieri, dem Prokuristen Elgins, bringen ein Dutzend Statuen, die in den Giebelfeldern angebracht sind, in ihren Besitz. Sie reißen 56 Friesplatten und 15 Metopen heraus, nicht hinzugezählt der Fries des Tempels der Athena Nike und eine Karyatide des Erechtheions, um nur die bedeutendsten Stücke zu erwähnen. Nichts scheint die Pläne der Engländer stoppen zu können. Hunt, der Kaplan Elgins, schlägt sogar vor, das Erechtheion abzutragen, um es in England wieder aufzubauen. In Mykene fällt sein Blick auf das Löwentor, aber glücklicherweise muß er diesen Plan verwerfen, da die Entfernung zum Meer und die Transport-

Zwei Ansichten des Parthenons, die das Ausmaß der Zerstörung illustrieren. Das erste Bild, gemalt von Gell, stammt aus dem Jahr 1801. Das zweite stammt von John Cam Hobhouse, dem Begleiter Byrons, der den Tempel 1810 sieht. Beide bestätigen den Bericht Dodwells: „Ich hatte das unaussprechliche Mißvergnügen, sehen zu müssen, wie der Parthenon seine schönsten Skulpturen verlor und wie viele architektonische Bauteile zu Boden stürzten. Ich sah, wie sich am Südostende des Tempels mehrere Metopen ablösten (…). Um bergen zu können, mußte man das phantastische Gesims zerschlagen, das auf ihnen lag."

Das Erechtheion ist das älteste Bauwerk der Akropolis (5. Jh. v. Chr.). In ihm sind die ältesten Kulte der Stadt angesiedelt. Seine Komplexität kommt im Aquarell Dodwells zum Ausdruck: die Karyatidenhalle, ein Zentralraum, der durch ionische Halbsäulen geschlossen wird, ein Teil des Nordportals. Das Innere wird durch den Bau einer Kirche, später den eines Harems zerstört. Der äußere Teil ist jedoch in relativ gutem Zustand, als das Team Elgins eintrifft. Lusieri läßt 1801 die zweite Karyatide entfernen und durch einen Ziegelpfeiler ersetzen. Dieser Stilbruch, der einstimmig bedauert wird, ruft in Athen einen Aufruhr hervor.

schwierigkeiten zu groß sind. Leider kommt nicht nur
Raub, sondern auch Vandalismus vor. Die Arbeit muß
immer unter Zeitdruck erledigt werden, und man schreckt
nicht davor zurück, architektonische Teile zu zerstören, um
Skulpturen aus dem Gefüge lösen zu können.

Reaktionen auf die Plünderungen.

Lange bevor noch der Marmor griechischen Boden verläßt,
sorgen die Plünderungen Elgins für eine Welle einstimmi-
ger Empörung. Die bissigsten Kritiker sind Nichtgriechen
wie Edward Dodwell, Gell und Clarke, die Zeugen der
Demontagen waren. Jene, die wie der französische Schriftsteller François René de Chateaubriand später nach Griechenland kommen, finden den Parthenon nur noch als
öde Ruine vor. In den Reihen derer, die die Feder zur Hand
nehmen, um die Verheerungen zu beklagen, sind leiden-
schaftliche Sammler, die selbst nicht zögern, wertvolle
Fragmente mitzunehmen. Chateaubriand gesteht unschul-
dig: „Als ich die Zitadelle (Akropo-
lis) verließ, nahm ich mir ein
Marmorstück aus dem Parthenon mit; auch vom Grab des
Agamemnon habe ich ein
Bruchstück an mich ge-
nommen; und schließlich
habe ich eigentlich von
allen Bauten, die ich bisher
besucht habe, immer ein
Andenken gesammelt. Es sind
nicht so schöne Erinnerungs-
stücke wie die, die der Graf
von Choiseul und Lord
Elgin mitgenommen
haben, aber mei-
nen Ansprüchen
genügen sie."
(Reisebeschrei-
bung: Von
Paris nach
Jerusalem,
1811) Aber es
ist Byron, der
dem Ansehen
Elgins einen

Noch bevor Byron
(links in orientali-
schem Gewand) zum
philhellenischen Helden
wird, entdeckt er Grie-
chenland auf seiner
„großen Fahrt". 1824
stirbt er in Missolonghi.
Über die Praktiken Fau-
vels und Lusieris und
über die griechenland-
feindliche Haltung der
Ausländer, die durch
Griechenland reisen, ist
Byron bestürzt.

schweren Hieb versetzt. 1811/12 erscheinen die Dichtungen „Junker Harolds Pilgerfahrt" und die „Verwünschungen der Minerva". Für die Nachwelt gilt Elgin fortan als „Räuber" und Frevler, der die „bedauernswerten Reste eines blutenden Landes" mitgenommen hat. Künftig sollte man sich fragen, mit welchem Recht die Starken die Schwachen ihrer Kunstschätze berauben.

„Sie sind römisch, Mylord!"

Die Marmorskulpturen Elgins rufen noch eine weitere Polemik hervor. Sobald sie in London eintreffen, ziehen sie alle unwiderstehlich an, die sich in der Stadt Künstler, Kenner und Mäzene nennen. Die Wirkung der Bildwerke auf die Kunstwelt ist ergreifend: „Die Marmorwerke Elgins sind den Schätzen aus Italien bei weitem überlegen." Seltsamerweise wird dieser Enthusiasmus von den Antiquitä-

Die Ankunft der Parthenonskulpturen in England spricht die Phantasie der Zeitgenossen besonders an, wie diese überaus freie Darstellung einer Sammlung verdeutlicht. Der Präsident der Kunstakademie schreibt an Elgin: „Dadurch, daß sie diese Schätze (…) nach London bringen ließen, haben sie ein neues Athen gegründet, als Vorbild und zur Nachahmung für die englischen Wissenschaftler."

tenhändlern und den Dilettanti nicht geteilt. Ihr Sprecher,
Richard Payne Knight, ein bedeutender Ästhetiker, fällt
sein Urteil: Die Werke sind von minderer Qualität. Keinesfalls könnten sie aus der Werkstatt des Phidias kommen,
nein, sie müssen römisch sein, aus der hadrianischen
Epoche stammen, wie schon Spon behauptet hat. Die
Dilettanti geben lediglich dem Geschmack der Zeit Ausdruck, wie er von Winckelmann formuliert wurde. Die
Nachbildung der Natur, der Realismus, der für die Friese
des Phidias typisch ist, schockieren und verletzen ihre
Vorstellung von Perfektion.

Diese Kontroverse droht das Projekt Elgins scheitern
zu lassen. Er möchte seine Sammlungen an den Staat
verkaufen, um seine Schulden abzuzahlen und den lau-
fend neu entstehenden Verpflichtungen zu entkommen.
Um seine Marmorskulpturen aufzuwerten, bittet er 1814
Luciano Visconti, ein Gutachten über sie zu erstellen. Für
diesen Kenner kommt eine solche Bitte überraschend, und
er schickt sich an, alle Bedenken Knights zu zerstreuen.
Ebenso wie Visconti sind der Bildhauer Antonio Canova
und später auch Quatremère de Quincy tief beeindruckt.
Letzterer schreibt: „Wer die Marmorskulpturen Elgins nicht
gesehen hat, hat nichts gesehen" und weiter, über die Giebelfiguren: „Sie sind so realistisch, daß sie einem geradezu
Angst machen." Der Befund solcher Experten hebt die

Ansicht des Saals im
Britischen Museum,
wo 1819 die „Elgin Mar-
bles" aufgestellt werden.
Rechts sieht man den
Dionysos des Ostgie-
bels, links einen Heros
aus dem Westgiebel.
Friese und Metopen
sind an den Wänden auf-
gestellt. Im Publikum
befinden sich auch
Künstler, die dem Genie
des Phidias Bewunde-
rung zollen.

Entscheidung der Kommission auf. Der Kaufpreis ist für Elgin enttäuschend. Im August 1816 werden die Skulpturen, die nun dem britischen Staat gehören, ins Britische Museum transportiert. Seit ihrer Aufstellung dort werden Zeichnungen, Abgüsse und Stiche der Kunstwerke verbreitet.

Vornehme Antikenjäger entdecken Ägina und Bassai.

Am 22. April 1811 werden die letzten Marmorwerke vom Parthenon in Richtung Malta verschifft. An Bord befinden sich auch Lusieri und Lord Byron. Im Piräus kreuzt das

Oben die Unterschriften der Mitglieder des Xeneion, links ein Portrait Cockerells, von Haller gezeichnet, rechts ein Portrait Hallers von der Hand Stackelbergs. P. O. Brönsted definiert die Ziele der Freunde folgendermaßen: „Wir, Haller, Linck, Stackelberg und ich, haben uns vereint, um Zeichnungen und Beschreibungen all dessen zu machen, was wir in den verschiedenen Regionen Griechenlands gesehen, gespürt und gelernt haben, vor allem durch Dokumente der Kunst und durch die Geschichte der hellenischen Antike."

Schiff den Kurs eines kleinen Bootes, das vier Freunde – Maler und Architekten – nach Ägina bringt: die beiden Engländer Robert Charles Cockerell und John Foster und die Deutschen Karl Haller von Hallerstein und Jacob Linck. Noch im selben Jahr entdecken sie die Giebel von Ägina und graben zusammen in Bassai (Arkadien).

So bildet sich die erste „internationale Archäologengesellschaft", die einige zu Unrecht als eine „Gesellschaft von Kunstdieben" bezeichnen. Tatsächlich betreibt keiner von ihnen den Handel mit Antiken. Alle gehören sie dem Kreis der Gelehrten und Künstler an, die große Griechenlandliebhaber sind. Haller von Hallerstein stammt aus verarmtem deutschem Adel und gilt als begabter Architekt. Er studierte in Berlin, wo er auch Leo von Klenze, den Architekten Ludwigs von Bayern, und Karl Friedrich Schinkel kennenlernte. Haller von Hallerstein ist ein eigenwilliger Charakter, der ästhetische und moralische Perfektion fordert. Die anderen beiden sind Dänen und der baltische Baron Otto Magnus von Stackelberg, der sehr sprachbegabt ist. Er beherrscht zehn Sprachen, gilt als großer Kunstliebhaber und veröffentlicht 1826 ein Werk über den Tempel von Bassai, das mit eigenen Zeichnungen illustriert ist.

1810 nehmen die Dänen ihre Freunde nach Griechenland mit. Sie benötigen viel Mut, um an ihr Ziel zu gelangen, denn unterwegs erleiden sie Schiffbruch und müssen den Engländern und einem tunesischen Piraten entkommen. In Athen treffen sie auf Foster und Cockerell, die beide aus wohlhabenden Architektenfamilien stammen. Sie gründen eine Gesellschaft, das „Xeneion", aus dessen Statuten hervorgeht, was sie alle zum Zusammenschluß bewegt: Die einzig wichtige Voraussetzung für die Mitgliedschaft ist „Begeisterung für Griechenland, die antike Literatur und die schönen Künste"; „zufällige Nationalitätenunterschiede werden abgeschafft". Ihre Absichten sind nobel, enden aber in einer Weiterführung des internationalen Konkurrenzkampfes, der alle Forschungsarbeit in Griechenland während des ganzen 19. und zweifellos auch während eines Großteils des 20. Jahrhunderts dominiert. Was die Skulpturen von Ägina betrifft, die die Freunde im April 1811 finden, so erklären sich Großbritannien, Frankreich und Bayern bereit, an der Versteigerung in Malta teilzunehmen. Aber den Deutschen gelingt es, unterstützt durch geschickte Verhandlungen von Martin Gropius – ein sehr umstrittener Mann, der abwechselnd von Großbritannien,

Ein Brief von J. Foster vom 25. September 1812 zeigt die Begeisterung über den Fries von Bassai („Griechen kämpfen gegen die Amazonen"): „Weder in Paris noch Rom existiert ein vollendeter Fries von solchem Rhythmus und solcher Schönheit. In vielen Partien sind die Glieder der Menschen, der Tiere und die der Kentauren vollplastisch vom Hintergrund losgelöst. Diese technisch meisterhaft ausgeführten Kunstwerke hinterlassen beim Betrachter einen tiefen Eindruck."

Dieses Aquarell von J. Foster zeigt den Zustand des Tempels von Bassai während der Grabungen, die Haller beschreibt: „Jeden Tag haben wir hier 50, 60 und mehr Arbeiter. Um das Gefühl zu verhindern, daß die Arbeit mühselig oder unangenehm sei, und um die Freude und Energie der Arbeiter zu erhalten, lassen wir sie ausruhen und Pausen einlegen; dazu wird Musik gemacht. Abends geben sie sich dann im Säulengang, der täglich weiter freigelegt wird, dem Tanz mit den schönen arkadischen Schäfermädchen hin."

Preußen und Österreich Konsul ist – die Statuen für 130 000 Goldfranken für Ludwig von Bayern zu erwerben. Für Originale ist diese Summe relativ gering, denn es handelt sich immerhin um 18 Statuen in recht gutem Zustand und um zahlreiche Fragmente. Frankreich zieht den Kürzeren, obwohl es ein höheres Angebot macht. Die Statuen werden von Malta nach Rom geschickt, wo sie in der Werkstatt des dänischen Bildhauers Bertel Thorvaldsen restauriert werden. Den Fries von Bassai, der im Juli 1812 freigelegt wird, reißen die Engländer an sich. Er wird dem Prinzregenten (dem späteren König George IV) für 300 000 Goldfrancs zugeschlagen.

Kopf der Athena aus dem Westgiebel des Aphaiatempels von Ägina (um 500 v. Chr.)

Alte und neue Ansichten.

Einige dieser spektakulären Unternehmungen erinnern stark an eine Auffassung von Archäologie, die mit Wissenschaft wenig gemein hat. Die Grabung wird als Schatzsuche erlebt, auch wenn wir es diesem Umstand verdanken, daß viele in der Erde verborgene Baureste freigelegt wurden.

Man sollte es diesen jungen Menschen nicht vorwerfen, die wenigen Gelegenheiten genutzt zu haben, die sich ihnen boten. Darf man ihnen verübeln, daß sie die Antiken verkauften, die sie gefunden hatten? Wir sollten bedenken, daß die Archäologie ihre merkantilen Aspekte seit dem Mittelalter noch nicht verloren hat, aber wir müssen uns auch eingestehen, daß diese Freunde der schönen Künste die Bauwerke erheblich beschädigt haben. Denn sie holen große Bauteile aus dem Boden, die bald als Brennmaterial für Kalköfen dienen. Das ist übrigens auch der Grund, warum man die Kapitelle von Bassai nur noch aus den Zeichnungen Hallers von Hallerstein kennt, die ionischen wie auch die korinthischen, die ja als Prototyp des korinthischen Stils gelten.

Auf eine weitere zeittypische Episode soll noch hingewiesen werden: Thorvaldsen hat vor den Marmorstatuen aus Ägina nicht den gleichen Respekt wie Canova vor den Parthenonskulpturen. Er sagt zu, sie entsprechend dem Zeitgeschmack zu vervollständigen, und unterstützt dadurch die Einstellung, daß die antike Statue vorrangig ein Schmuckobjekt ist und daß die Ansprüche des Kunstliebhabers den Forderungen des Wissenschaftlers übergeordnet sind. Allerdings beginnt die Forderung nach Authentizität bereits Verbreitung zu finden, da weder die Marmorskulpturen Elgins noch die Venus von Milo ähnlich restauriert werden. Ist es umgekehrt wirklich gerechtfertigt, daß zwischen 1966 und 1971 die Aufstellung der Ägineten in München nach der Konzeption des dänischen Bildhauers abgebaut wird, eine Aufstellung, die einmal dem Zeitgeschmack einer ganzen Epoche entsprochen hat? Die Tendenzen der zeitgenössischen Museographie bevor-

Die Zeichnung Cockerells zeigt alle Funde im Tempel des Apollo Epikurios in Bassai, der im 5. Jahrhundert v. Chr. gebaut wurde. Aus kompositorischen Gründen hat der Künstler die wichtigsten Stücke willkürlich im Inneren der Cella verteilt. Die korinthischen und ionischen Kapitelle sowie die Platten des inneren Frieses werden in den Vordergrund gerückt.

zugen die Ursprünge zum Nachteil einer Dokumentation der Entwicklung. Die Kunstgeschichte mag dadurch nicht unbedingt gewinnen.

Wie reagieren die Griechen auf die Plünderungen?

Für die Griechen sind die Statuen, die ihrem Heimatboden entrissen werden, von unschätzbarem Wert: Die Honoratioren der Dörfer bitten Cockerell, die Grabung einzustellen, denn sie befürchten, daß „sie Unglück über Ägina bringt". Mit Geldzahlungen bringt man die Klagen zum Verstummen. Geld ist ein Mittel, mit dem man nur zu leicht das entstehende Nationalgefühl beschwichtigt. Lenken wir daher unsere Aufmerksamkeit auf die Anstrengungen, die in dieser Richtung von der „Gesellschaft der Freunde der Musen" unternommen werden, die 1813 in Athen gegründet wird. Diese Gesellschaft hat sich die Erziehung der Jugend und den Schutz der antiken Denkmäler zum Ziel gesetzt.

Parallel zu den unerfreulichen Vorkommnissen jener Zeit beginnt die wissenschaftliche Beschäftigung mit Griechenland. Die Gruppe der „Xenioi" bereist das ganze Land, um Skizzen und Zeichnungen zu sammeln. Die Zeichnungen Hallers, von denen leider nur noch die von Bassai erhalten sind, bezeugen die minutiösen Ansprüche des Architekten, die nichts mehr mit den pittoresken Ansichten eines David Le Roy gemein haben. Die Monumentalwerke, deren Details sorgfältig ausgeführt und oft kommentiert sind, sind bereit für ihre Veröffentlichung.

Der Tempel von Ägina, hier in einer Rekonstruktionszeichnung von Cockerell, wird 1675 von Spon besucht und 1765 von Chandler gemalt. Der Skulpturenschmuck des Giebels zeigt Anklänge an die Vorklassik: „Überall läßt sich Unbeholfenheit, auf der anderen Seite jedoch auch Genialität erkennen", äußert sich Haller von Hallerstein darüber.

Farbenpracht griechischer Kunst.

Die Funde Hallers und seiner Freunde spielen für zwei Diskussionspunkte, die zu Beginn des 19. Jahrhunderts die Gelehrten beschäftigen, eine wichtige Rolle: die Bedachung der Tempel und die Farben, mit denen die griechischen Statuen und Bauten bemalt waren. Lange Zeit läßt man in den Rekonstruktionen von Tempeln eine große Öffnung im Dach für die Beleuchtung der Kultstatuen. In einer Abhandlung aus den Jahren 1805/06 entwickelt und behandelt Quatremère de Quincy, der „französische Winkelmann", diese Idee sehr ausführlich. Sie erweist sich aber in den meisten Fällen als völlig falsch. Allerdings sind ihm in diesem Zusammenhang die Beobachtungen von Wagners, dem Agenten Ludwigs von Bayern, und jene Cockerells über die Skulpturen Äginas, an denen deutlich Farbreste zu erkennen sind, weiterhin unerklärlich. Wenn auch die Diskussion um die Bemalung architektonischer Elemente immer noch im Gange ist, ist die Tatsache, daß die Skulpturen bunt bemalt waren, inzwischen allgemein anerkannt.

Gleichzeitig, um 1820, macht das Wissen über die griechische Kunst einen großen Schritt vorwärts. Die Erkenntnisse, die man durch die Originale aus den Werkstätten Äginas, der Werkstatt des Phidias und jener von Bassai – man glaubt sogar, daß die Venus von Milo von Praxiteles oder in dessen Atelier geschaffen wurde – gewinnt, stellen die Überzeugungen in Frage, die man hinsichtlich klassisch-griechischer Kunst hatte und zeigen, daß es an der Zeit ist, die Vorstellung von Kunstgeschichte, die bis dahin noch stark von den Ideen Johann Joachim Winckelmanns geprägt ist, zu aktualisieren.

Der griechische Neoklassizismus.

Noch vor der sich ankündigenden

Diese Aquarellzeichnung stellt den „olympischen Jupiter" dar. Quatremère rekonstruiert eine Statuengruppe aus Gold und Elfenbein mit Poseidon und Amphitrite auf einem Wagen. Die Gruppe war eine Weihegabe, die der reiche Athener Herodes Atticus, der Hauslehrer Kaiser Marc Aurels, dem Heiligtum des Isthmus in Korinth gestiftet hat. Die Gruppe ist nur durch eine Beschreibung von Pausanias bekannt.

Befreiung 1821 steht Griechenland im Zentrum von Kunst-
debatten und liefert Argumente für diejenigen, die wie
Quincy oder Leo von Klenze den Klassizismus verteidigen.
Den Prinzipien des „griechischen Geschmacks" entspre-
chend, entwirft der bayerische Hofbaumeister von Klenze
die Glyptothek in München und plant die Walhalla bei
Regensburg, die zum Gedenken an große Persönlichkeiten
Deutschlands gebaut wird.

In England sind seit 1790 die griechischen Säulen-
ordnungen in Mode, und William Wilkins entwickelt für
das Downing College in Cambridge – erbaut zwischen
1806 und 1811 – einen Stil, der sich peinlich genau an die
archäologischen Erkenntnisse hält. Wilkins und Cockerell
(Professor an der Königlichen Akademie bzw. Vorsitzender
des Königlichen Instituts für Architektur) vervollständigen
das Werk Stuarts und Revetts. Die Befreiung Griechenlands
im Jahr 1821 und die Einsetzung des bayerischen Königs-
sohns in Athen fördern die Verbreitung des griechischen
Geschmacks in Griechenland selbst.

Nach den Siegen der Deutschen über die Franzosen plant Ludwig I. von Bayern, in der Nähe von Regensburg einen Bau nach dem Vorbild griechischer Tempel errichten zu lassen: die Walhalla. Mit ihr soll großen Deutschen ein Denkmal gesetzt werden. Obige Skizze von Hallerstein zeigt, wie er sich von den Proportionen des Parthenons inspirieren läßt. Tatsächlich wird das Bauwerk zwischen 1830 und 1842 unter der Leitung von Leo von Klenze gebaut. In den Giebeln befinden sich die Darstellungen der Niederlage Napoleons bei Leipzig und die des Augustus im Kampf gegen die Germanen im Jahr 9 v. Chr.

L eo von Klenze
(1784–1864) beweist
mit diesem Gemälde
von 1846 seine Kennt-
nisse über den topogra-
phischen Zustand der
Akropolis, über den er
mit Ludwig Ross disku-
tiert hatte. Nur im Vor-
dergrund findet sich
eine pittoreske Szene
auf dem Hügel des Areo-
pags, wo der Apostel
Paulus spricht. Die
Gesamtansicht ist eher
für ein Architektur-
museum geeignet. Von
Klenze fungiert 1834 als
Berater des bayerischen
Königs in architektoni-
schen Fragen in Athen.
Nach Eduard Schaubert
und Stamantios Klean-
this schlägt er vor, das
nördliche Gebiet der
Akropolis als geschützte
archäologische Zone
auszuweisen. Diese
gewagte Idee wird je-
doch nicht realisiert.
Auf etwas unglück-
liche Weise läßt er die
Akropolis „säubern",
indem alle mittelalterli-
chen Bauten abgerissen
werden.

SECHSTES KAPITEL

DIE ZEIT DER PALIKAREN

Tapfere und großmütige Griechen, laßt uns die Freiheit des antiken Griechenlands, die Schlacht bei Marathon und bei den Thermopylen in Erinnerung behalten, und laßt uns über den Gräbern unserer Vorfahren kämpfen, die für unsere Freiheit gefallen sind."

Alexander Hypsilantis, 1821

Titelblatt zu „Wissenschaftliche Expeditionen von Moräus"(1831), wo zu Füßen der Karyatiden des Erechtheions Fragmente von Metopen des Zeustempels in Olympia aus dem Louvre zu erkennen sind. Diese Expeditionsgruppe war in drei Abteilungen unterteilt (Physik, Archäologie, Architektur und Skulptur) und wurde während der letzten Befreiungskämpfe ausgesandt.

Zu dem Zeitpunkt, als die Venus von Milo in Paris eintrifft, werden in Griechenland die ersten Putschversuche gegen die Türken unternommen, die den Freiheitskampf einleiten. Er wird sieben Jahre dauern und die internationale Diplomatie auf den Plan rufen, die durch die philhellenischen Komitees über alle Ereignisse bestens informiert ist. Zu ihren Mitgliedern zählen unter anderem Byron, Elgin und Chateaubriand. Liberale, Christen und Nostalgiker unterstützen den Aufstand. Die ungezähmten und tapferen Kämpfer im kurzen Männerrock der griechischen Nationaltracht – man bezeichnet sie als Palikaren – werden zu legendären Gestalten, die Marathon, die romantischen und klassischen Helden zugleich wiederaufleben lassen. Die Schlachten sind hart und blutig. Auf die Siege der Griechen in den ersten Jahren, von 1821 bis 1824, folgt 1824 bis 1827 der siegreiche türkische Gegenangriff. Dieser wird durch die Vernichtung der türkischen Flotte in Navrino/Pylos durch die verbündeten Großmächte Großbritannien, Frankreich und Rußland gestoppt. Erst 1829 wird die endgültige Unabhängigkeit erreicht. Von 1827 bis 1831 versucht eine griechische Regierung, an deren Spitze Joannis Kapidistrias steht, den Staat zu organisieren. Seine Ermordung und die darauffolgende Anarchie ermöglichen es den Großmächten, eine bayerische Monarchie zu etablieren. Der noch unmündige Prinzregent Otto trifft 1833 in Griechenland ein. 1862 wird er im Zuge einer Befreiungsbewegung abgesetzt.

„Hier, in wenigen Worten, die Kleidung eines Athener Palikaren: ein Hemd aus weißem Baumwollstoff mit großem Umlegekragen ohne Krawatte; eine kurze Baumwollunterhose, manchmal Kniestrümpfe, immer Gamaschen, die bis zum Knie reichen, ähnlich den „knemides" (= Beinschienen) der homerischen Krieger, rote Lederpantoffel, eine Fustanella, d. h. ein kurzer, sehr weiter Männerrock, der in engen Fältchen um die Taille gelegt wird; ein Gürtel und enge Strumpfbänder aus farbiger Seide, eine ärmellose Weste, ein rotes Käppchen mit blauer Quaste, ein breiter Ledergürtel, an dem das gestickte Taschentuch, die Geldbörse, das Tabaksäckchen, die Schreibutensilien und die Waffen hängen. Die Weste und die Gamaschen sind fast immer aus Seide und mit Gold bestickt. "

Edmond About, aus „Das zeitgenössische Griechenland", 1855

Die Griechen erobern ihr Erbe zurück.

Dieser historische Abschnitt trifft mit dem Augenblick zusammen, in welchem die Griechen selbst wieder beginnen,

„Wenn der König (Otto) in Palikarentracht durch die Straßen Athens reitet, auf einem feurigen Pferd, das er mit Grazie lenkt, täuscht er seine Betrachter oft. Seine Größe, Magerkeit und der etwas gestrenge, majestätische Gesichtsausdruck haben schon viele Fremde beeindruckt, die ihn nur aus der Ferne sahen. Seit zwanzig Jahren betrachtet ihn Europa nur aus der Ferne. "

Edmond About, aus „Das zeitgenössische Griechenland", 1855

sich mit der Antike zu beschäftigen. Sie rufen die erste archäologische Abteilung ins Leben und arbeiten eine Gesetzgebung gegen Antikenraub aus. 1833 wird Athen zur Hauptstadt erklärt. Den Bauwerken dieser Stadt gilt die haupsächliche Aufmerksamkeit einerseits der Griechen, denn sie bedeuten ihnen vergangenen Ruhm und Unabhängigkeit, andererseits der Deutschen, für die sie Symbole der neu errungenen Macht sind. In den 60er Jahren des 19. Jahrhunderts ist die Palikarengruppe verschwunden bzw. ersetzt. Auf das Pionierzeitalter folgt das Zeitalter der Gelehrten und Wissenschaftler.

Die Revolution hatte die Bauwerke nicht verschont. Die Akropolis wird von einer türkischen Garnison besetzt, die 1822 zum ersten Mal verlegt wird. Anschließend, während der türkischen Offensive von 1827, erleben die Griechen eine zerstörerische Belagerung, während der nach Augenzeugenberichten an nur einem Tag 124 Geschosse und 350 Kanonenkugeln auf das Felsplateau niedergegangen sein sollen. Das bedeutet, daß die Gebäude 1833, als die Türken den Ort endgültig verlassen, in schlechtem Zustand sind. Wieder leidet die Westflanke des Parthenons und das Erechtheion verliert eine seiner Karyatiden. Der Krieg hat aber offenbar nicht schlimmer gewütet als Elgin.

Der Schutz der Antiken.

Im Umfeld dieser ganzen Schwierigkeiten, die eng mit der Schaffung eines neuen Staates zusammenhängen, ergreifen die Griechen Schutzmaßnahmen für die antiken Denkmäler. Auf einer Versammlung 1827 in Troizen wird der Export von Antiken verboten. Auch ist alle Diplomatie Kapodistrias persönlich nötig, und Frankreich muß all sein Gewicht in die Waagschale werfen, um von der Versammlung die Zustimmung zur Ausfuhr der Metopen aus Olympia, die

Dieses Tafelbild Karl Friedrich Schinkels (1781 – 1841), das den Titel „Der Höhepunkt Griechenlands" hat, ruft in einer Zeit, in der Griechenland ein zentrales Thema ist (1825), großes Interesse hervor. Schinkel rühmt den moralischen Wert dieser romantischen und phantasievollen Darstellung Athens: „Die Landschaft läßt die ganze Fülle der Kultur eines Volkes erahnen, das äußerst gebildet war und geschickt jedes Naturelement zu nutzen wußte, um es dem erhabenen Vergnügen

heute im Louvre zu besichtigen sind, zu bekommen. Diese Metopen waren von einer wissenschaftlichen Delegation unter der Leitung von Abel Blouet, die sich in Moräus mit dem französischen Expeditionstrupp vereinte, gefunden worden. General Maison war beauftragt worden, die Türken von der Peloponnes zu verteiben.

In der Expedition von Moräus arbeitet Edgar Quinet, ein junger, sehr begeisterter und talentierter Hellenist, als Inschriftenexperte. Über seinen Griechenlandaufenthalt schreibt er den Bericht „Das moderne Griechenland", der 1830 erscheint, eines der letzten guten Bücher, die noch in der Tradition der pittoresken Reiseberichte geschrieben werden, wie sie einst Chateaubriand in Mode gebracht hatte. Das Genre der Reisebeschreibungen Griechenlands wird bald von einem anderen abgelöst, denn die Leser ermüden an der immer größeren Zahl der Reiseberichte, die alle der gleichen Route folgen.

eines einzelnen oder der ganzen Gemeinschaft zur Verfügung zu stellen. Durch dieses Bild ist es möglich, mit diesem Volk zu leben und es in all seinen rein humanen und politischen Aktivitäten zu verfolgen." Schinkel arbeitet mehr als Architekt denn als Maler, vor allem in Berlin, wo er Bauten im neogriechischen Stil errichtet.

Auch stellt der Reisebericht eine Form dar, die für wissenschaftliche Publikationen nicht geeignet ist, wie der deutsche Archäologe Ludwig Ross 1835 in seiner Einleitung zu „Inselreisen", einem der letzten Klassiker dieser Gattung, bemerkt. Als wesentlich interessantere Werke über Griechenland empfindet die Leserschaft mit der Zeit wissenschaftliche Erinnerungsberichte.

Die Organisation des Archäologischen Dienstes.

Ross ist von 1834 bis 1836 Vorstand des neu eingerichteten Archäologischen Dienstes, der aus drei Unterabteilungen besteht, die für das griechische Festland, die Peloponnes und die Inselwelt zuständig sind. Außerdem untersteht ihm auch das Zentralmuseum im Theseion von Athen. Zunächst arbeitet man an den Ruinen der Akropolis, wo Leo von Klenze 1834 symbolisch eine Säule des Parthenons restauriert, die zu diesem Anlaß mit Myrten- und Olivenzweigen geschmückt wird. Ein Jahr später verläßt die bayerische Garnison die Akropolis. Sie kommt nun ganz unter die Kontrolle des Archäologischen Dienstes. Die große Aufgabe in diesen Jahren stellt sich in der Wiedererrichtung des kleinen Tempels der Athena Nike, dessen Baumaterial

Dieser kleine ionische Tempel der Athena Nike (um 430 v. Chr.) existiert 1676 noch. Während der Besetzung 1687 wird er abgetragen, um einer türkischen Bastion Platz zu machen. 1835 richten ihn die deutschen Archäologen und Architekten Ross, Schaubert und Hansen wieder auf. Da Elgin die Reliefs des Nord- und Südfrieses mitgenommen hatte, mußten diese durch Abgüsse ersetzt werden.

aus den osmanischen Befestigungsanlagen zurückgewonnen wird. 1835 wird die Akropolis endgültig für den Tourismus zugänglich gemacht.

Aber es sind nicht nur die Deutschen, die sich aktiv in der Antikenpflege engagieren: Ross, der 27 Jahre junge und anscheinend etwas arrogante Wissenschaftler, verachtet zu Unrecht seine Vorgesetzten aus dem Ministerium, z.B. Alexander Rangabe und seine Untergebenen sowie Kyriakos Pittakis, die beide als würdige Vertreter der Pionierjahre gelten. Die beiden Griechen beschließen, sich des hochnäsigen Ross zu entledigen, der bis 1843 die archäologische Leitung in Athen innehat. Er muß schließlich das Land verlassen, da eine nationalistische Revolution bewirkt, daß Ausländer und Personen, die außerhalb Griechenlands geboren sind, aus der Verwaltung entlassen werden.

Ebenfalls der Zusammenarbeit Rangabes und Pittakis verdanken wir die Gründung der ersten griechischen Archäologenzeitschrift „Ephemeris Archaiologiki" (1837) und die Gründung der Griechischen Archäologischen Gesellschaft im selben Jahr, die zur Erforschung Griechenlands einen bedeutenden Beitrag leistet. Die Gesellschaft vereinigt Mitglieder, deren Geldbeiträge Grabungen sowie die Zusammenführung von Antiken ermöglichen, um die immer leere Staatskasse zu entlasten.

„Wegen seines Einsatzes für die Sicherung der Antiken während des Krieges muß M. C. Pittakis, der amtierende Konservator des Athener Museums, lobend erwähnt werden. Mit dem Gewehr der Palikaren in der Hand sah man ihn, wie er in den unruhigen Zeiten nach antiken Überresten forschte, sein Leben gefährdete, um sie gegen brutale Feinde zu schützen und sie sorgsam zu sammeln, um sie an einem sicheren Ort zu verstecken."
A. Rangabe, 1842

Französische Interessen.

Unter den ausländischen Archäologen entwickeln vor allem die Franzosen Aktivitäten in Griechenland selbst, während die Deutschen von Deutschland oder von Italien aus die Fundamente zu großen Sammlungen legen.

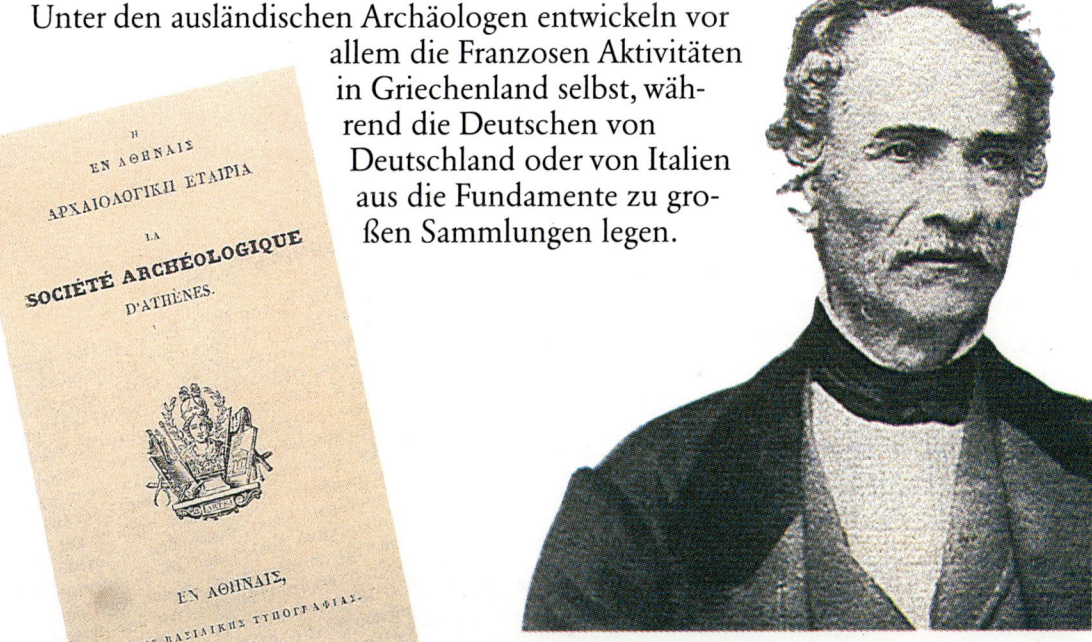

Von Frankreich gehen insbesondere zwei Initiativen aus: Man vergibt Aufträge an Architekten und gründet eine Hellenistenschule. Den preisgekrönten Architekten aus Rom wird ab 1845 angeboten, nach Griechenland zu kommen, um dort eingehend die Bauten zu studieren. Somit werden einige sehr wichtige Geländestudien möglich und Restaurierungsarbeiten an den Bauwerken Athens können durchgeführt werden.

Ab 1846 kommen diese Künstler im Haus der Französischen Archäologischen Schule Athens unter, die gegründet wurde, um junge Hellenisten zu betreuen. Die Französische Schule ist eine selbständige Einrichtung, in die man anfangs aufgrund der sehr großzügig formulierten Statuten leicht aufgenommen werden kann. Man muß lediglich bereit sein, zur „Vervollkommnung, zum Studium der Sprache, der Geschichte und der griechischen Altertümer" beizutragen. Außerdem soll der Einfluß Frankreichs auf diesem Gebiet gegen die Engländer

Dank der Makedonischen Mission von 1861 verfügt der Louvre über schöne Exponate. Das makedonische Grab von Pydna (unten), in den Boden gegraben und mit einem *Tumulus* überdeckt, besteht aus einem Gang, einer dorischen Fassade und einer Grabkammer.

gestärkt werden. Die Internatsschüler, die zwei bis drei Jahre in Griechenland bleiben, reisen während dieser Zeit auch umher, lesen antike Dichtung über die Akropolis, lehren kurze Zeit Französisch und befassen sich mit Archäologie.

Die deutsche Wissenschaft.

Die deutschen Wissenschaftler arbeiten vor allem auf zwei Gebieten: Sie geben Museums- bzw. Ausstellungskataloge und Dokumentensammlungen heraus.

In Rom wird 1829 das „Instituto di corrispondenza archeologica", das Römische Archäologische Institut eingerichtet. Dies ist eine internationale Gesellschaft, die von den Deutschen angeregt wurde, der aber auch eine französische Sektion bis 1848 angegliedert ist. Die Arbeiten dieses Instituts sind für Griechenland in zweierlei Hinsicht interessant. Erstens werden Wissenschaftler nach Athen geschickt, um eine Bestandsaufnahme des „Theseion" und der Privatsammlungen zu erstellen. Zweitens macht man vor allem durch Eduard Gerhard, der Seele des Instituts zu dieser Zeit, in der Vasenforschung große Fortschritte. Die griechischen Vasen, die man 1828 in den etruskischen Gräbern von Vulci in Italien findet, werden eingehend

Die Farben der architektonischen Bauteile entsprechen der Wirklichkeit, im Gegensatz zu den Rekonstruktionszeichnungen jener Epoche. Linke Seite oben: das Heiligtum von Delos, rechts oben das Gesims des Parthenons.

OLYMPIE

TEMPLE DE JV
COVPE — TRANSVE

RESTAVRATION DE L'ALTIS

Die bereits in den Ruhestand getretenen Architekten der Französischen Akademie in Rom rekonstruieren die Bauwerke Griechenlands. Dieser Querschnitt durch den Zeustempel in Olympia, den Victor Laloux 1883 angefertigt hat, kommt der Forderung nach strikter wissenschaftlicher Genauigkeit nicht nach. Die Öffnung im Dach zur Beleuchtung des Kultbildes, der ausschweifende Gebrauch von Farbe im Tempelinnern, dagegen eine zurückhaltende Bemalung der Bauteile spiegeln eher den Zeitgeschmack als ein präzises Studium der antiken Architektur. So fehlt auch der Rekonstruktion des delphinischen Heiligtums auf der folgenden Seite jede wissenschaftliche Genauigkeit, dafür jedoch erscheint das Bild voll Lebendigkeit vor dem Betrachter.

TEMENOS D'APOLLON

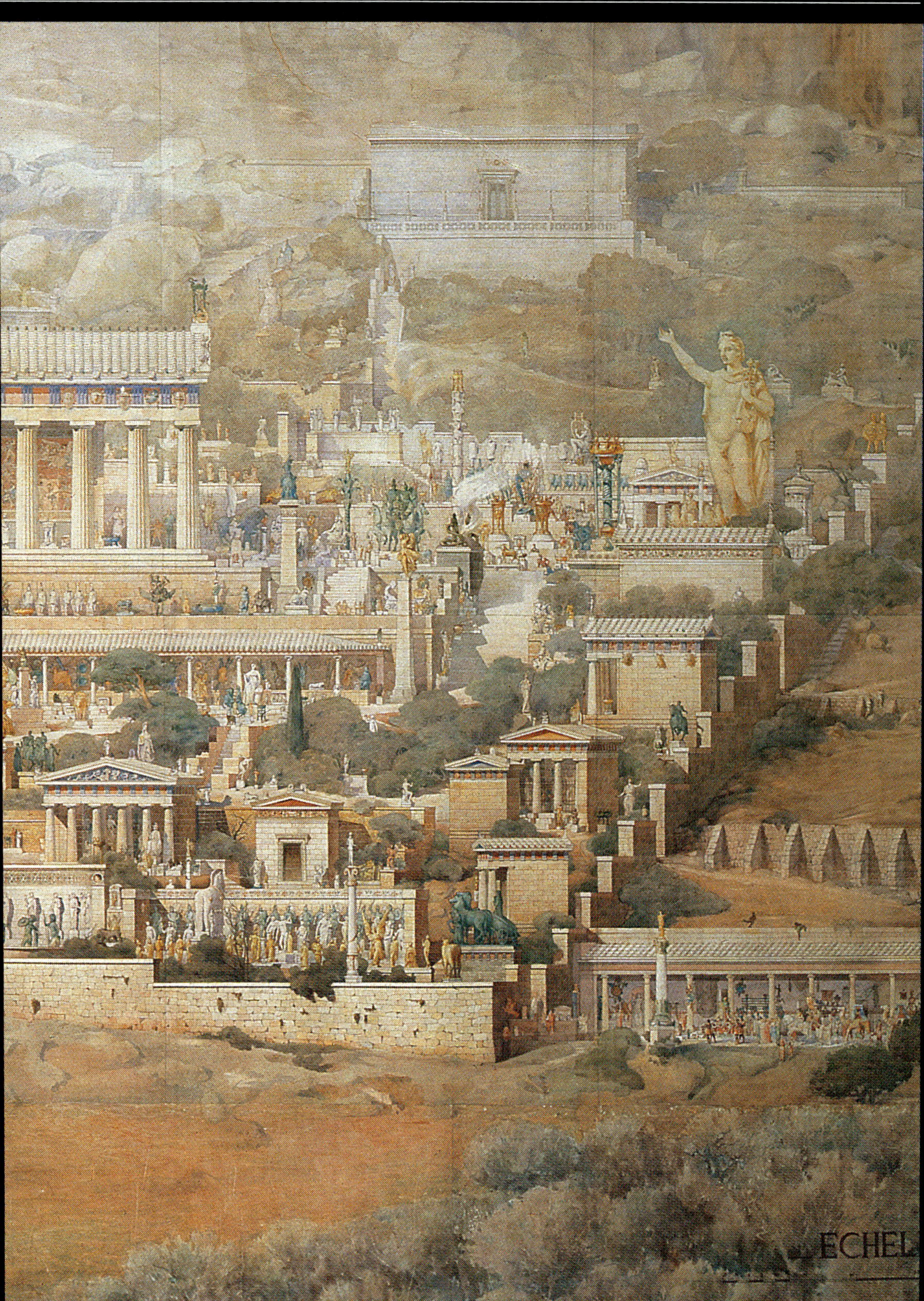
ECHEL

studiert. Bis zur Jahrhundertmitte ist die Herkunft der
Vasen (Korinth oder Athen) eine Streitfrage. Jedoch kann
man schließlich mittels Inschriftenuntersuchungen beweisen, daß die Vasen von Griechenland nach Italien impor-
tiert worden waren und nicht von in Italien lebenden
Griechen oder anderen dort ansässigen Völkern hergestellt
wurden.

Die Inschriftenstudien werden von den Deutschen
auf spektakuläre Art und Weise durchgeführt.
Die Akademie zu Berlin beauftragt
August Boekh, einen „Corpus",
eine Dokumentation aller bisher veröffentlichter Inschriften
anzulegen, deren Zahl schon
damals sechstausend übersteigt. Man sieht
vor, das Werk in mehreren Bänden in Zeitabstän-
den zu veröffentlichen. Seit dem Erscheinen des
ersten Heftes 1825 wird der Corpus für die Wissenschaftler unverzichtbar.

Die deutsche Philologie übt auf alle Forschungs-
einrichtungen großen Einfluß aus. Durch sie hört
man auf, sich auf dem Gebiet der Plastik für „das
Schöne" Winckelmanns zu interessieren. Man geht
von Texten wie denen Plinius' des Älteren aus, die
Beschreibungen der großen Meisterwerke enthalten.
Es wird versucht, unter den zahlreichen anonymen
Kopien die berühmten Originale zu identifizieren.
Mit dieser Technik kann herausgefunden werden,
daß der Apoxyomenos von Lysipp, der Doryphoros
und der Diadoumenos von Polyklet und die Eirene
mit dem Plutosknaben von Kephisodot, dem Vater
des Praxiteles, geschaffen worden sind. Diese Technik
der Identifizierung wird bis Anfang des 20. Jahrhunderts angewandt.

Ioner und Dorer.

Die Entdeckung der Skulpturen Griechenlands – die Giebel von Ägina können die
meisten erst nach der Eröffnung der
Glyptothek 1830 bewundern, die Metopen von Olympia erst 1829, als sie in
den Louvre kommen – nähren Diskussionen über die großen Stilrichtungen
in der griechischen Kunst.

Nebenstehend eine Metope vom Zeustempel in Olympia, die der Expeditionstrupp von Moräus in den Louvre bringt. Sie stellt Herakles dar, der gegen den kretischen Stier kämpft. Für manche Kunstkenner sind die geometrische Schlichtheit der Komposition und die ausdrucksvolle Muskelkraft des Helden spezifische Züge des „dorischen" Stils aus den Jahren um 460 v. Chr.

Unter dem Einfluß Karl Otfried Müllers und seiner Doktorarbeit über die Dorer unterscheidet man die dorische Kunst und Kultur (auf der Peloponnes, z. B. in Sparta) von einer ionischen (Beispiele in Athen, den Kykladen und Kleinasien). Diese Unterscheidung ist nicht völlig ungerechtfertigt. Aber die ethnischen „Beweise", die man dafür liefert, lassen jegliche Beweiskraft vermissen. Dennoch: Der dorische und der ionische Stil scheinen sich ziemlich eindeutig voneinander zu unterscheiden, und die Entdeckung einer Vielzahl archaischen Materials am Ende des Jahrhunderts bestärkt diesen Eindruck. Bis zu den 50er Jahren des letzten Jahrhunderts steht die griechische Kunst in den wissenschaftlichen Kreisen im Mittelpunkt; so sehr, daß die römische Kunst Gefahr läuft, in Vergessenheit zu geraten. Diese Vorliebe schlägt sich auch in der Architektur der Epoche nieder. Der griechische Geschmack – auch wenn seine Beliebtheit in England bereits in den 30er Jahren abflaut – bleibt in Schottland und Bayern länger in Mode, in Griechenland sogar bis 1890. Das griechische Vorbild beginnt zu verblassen, als durch die großen Grabungen beträchtliche Fortschritte im Wissen über griechische Kunst gemacht werden.

Links die Marmorstatue eines Athleten, der sich mit einem Schaber (Strigilis) reinigt. Sie wird 1849 in Rom in den Ruinen eines Hauses aus der Kaiserzeit entdeckt. E. Braun identifiziert sie sofort als eine Kopie des „Apoxyomenos" des Lysipp, eine Bronzestatue, die Plinius d. Ä. beschreibt. Das Original war nach Rom gebracht worden, wo es eine Zeitlang im Schlafzimmer des Kaisers Tiberius stand.

SIEBTES KAPITEL

DIE BLÜTEZEIT DER ARCHÄOLOGIE

Mit unendlich großer Freude kündige ich Ihnen, Eure Majestät, an, daß ich die Gräber gefunden habe, die der Überlieferung gemäß dem Agamemnon, der Kassandra, dem Eurymedon und deren Gefährten zugeordnet werden. In den Grabgruben habe ich riesige Schätze gefunden, alles sehr alte Gegenstände aus purem Gold."

Schliemann an Georg I.,
König von Griechenland, 1876

Charles Champoiseau entdeckt 1863 die Nike von Samothrake. Das Meisterwerk der Schule von Rhodos aus dem 2. Jahrhundert v. Chr. wird zuerst als minderwertiges Dekorationsobjekt angesehen, das aus einer unbedeutenden Epoche stammen muß.

Der große Schritt vorwärts.

Was wissen wir von der Archäologie der 60er Jahre des 19. Jahrhunderts? Gewiß werden wichtige Entdeckungen gemacht, aber sie decken nur ein schmales Feld der Geschichte ab. Noch gibt es keine systematische Ausgrabung eines Ortes. Man begnügt sich damit, den Boden auf der Suche nach Museumsstücken sporadisch etwas aufzuscharren. Weder von antiken Städten noch von Heiligtümern werden genaue *topographische* Karten angefertigt. Infolgedessen begeben sich die griechischen und ausländischen Wissenschaftler auf relativ jungfräuliches Gebiet. Innerhalb eines halben Jahrhunderts gelingt es ihnen, ihr Wissen zu vergrößern, aber viele Funde sind auch heute noch nicht bewertet und veröffentlicht.

　　Dieser Aufschwung der griechischen Archäologie, der sich die historische und geographische Weiterentwicklung für die jungen Humanwissenschaften zunutze macht, geht vor allem von Universitätsabsolventen aus. Aber es interessieren sich in dieser in mancher Hinsicht als „Pionierzeit" zu umschreibenden Epoche auch ungewöhnliche Persönlichkeiten wie Heinrich Schliemann und Arthur John Evans für Archäologie.

Edmond About karikiert in seinem „Bergkönig" die griechischen Banditen mit Humor. Die Illustrationen von Gustave Doré tragen zum Erfolg des Buches sehr viel bei. About ist der einzige Humorist, der die Französische Schule von Athen besucht. Sein wissenschaftliches Werk über Ägina, das er dort verfaßt, wird unterschiedlich aufgenommen.

Ein politisch instabiles Land.

Die Pionierzeit ist tatsächlich noch nicht vorüber, denn in Griechenland arbeiten bedeutet, sich Gefahren auszusetzen. Es ist ein relativ unsicheres Land. Sogar in der näheren Umgebung Athens ist es ratsam, sich von Soldaten begleiten zu lassen, will man nicht in Räuberhände fallen. Trotz des Schutzes einer Eskorte ereilt 1870 eine Gruppe von Engländern und Italienern just dieses Schicksal. Die Bestürzung über den Mord an diesen Gentlemen ist außerordentlich groß. Für die Öffentlichkeit bestätigen sich damit auf tragische Weise alle sarkastischen Äußerungen Edmond Abouts über das Land des Sokrates. Im Jahr 1909 muß Gustave Fougères im Vorwort des Reiseführers „Joanne", dem Vorläufer des Guide Bleu, die Reisenden nochmals beruhigen, indem er betont, daß sich die Reisebedingungen in den vergangenen 20 Jahren deutlich verbessert hätten. Trotzdem ist davon abzuraten, die Grenzprovinzen, vor allem die griechischen Gebiete, die noch unter türkischer Kontrolle stehen, zu besuchen. Denn dort wird eine offene Revolution im Namen der „Großen Idee" angestrebt, deren Ziel es ist, alle Gebiete mit überwiegend hellenischer Bevölkerung mit Griechenland zu vereinigen.

Diese Szene, die eine heimliche Ausgrabung in Korinth 1877 darstellt, könnte auch die Tätigkeit von Antikenräubern in Böotien illustrieren, wo von 1870 bis 1873 mehr als 8000 Gräber geöffnet werden. In diesen Gräbern werden ganze Reihen hellenistischer Terrakotten gefunden, die man Tanagrafiguren nennt.

Dank des Schiedsspruchs der Großmächte bekommt Griechenland 1864 die sieben Ionischen Inseln, die bis dahin unter englischem Protektorat standen, sowie 1881 Thessalien. Das seit 1897 autonome Kreta wird 1912 dem Königreich angegliedert, Makedonien wird 1913 zum ersten Mal aufgeteilt. Man irrt, wenn man glaubt, daß diese fortschreitende Befreiung wieder durch eine mächtige philhellenische Strömung begleitet wird. Die Zahl der französischen Philhellenen, die sich 1904 in einer Liga zusammenschließen, übersteigt kaum 20 Personen.

„Der Hellenismus muß unterstützt und verteidigt werden. Er verdient es wahrlich, gleich was die erbitterten Gegner und die enttäuschten Freunde dagegen einzuwenden haben. Es ist wichtig, dies für das Gleichgewicht der orientalischen Mächte zu tun wie auch für das allgemeine Interesse Europas", kann man im Programm der Liga nachlesen. In der komplexen Orientfrage ist die Rolle der Archäologie leider oft unpassenderweise diejenige, mit deren Hilfe Gebietsansprüche der Balkanländer geltend gemacht werden können. Parallel dazu beginnen die Großmächte, allen voraus Frankreich und Deutschland, nach dem Krieg von 1870/71, die Wissenschaft als Austragungsgebiet ihres Konkurrenzkampfes zu betrachten.

Diskussionen um Delphi.

Die Geschichte, wie die Franzosen zur Grabungserlaubnis in Delphi kommen, illustriert die internationalen und lokalen Bedingungen, die die archäologischen Arbeiten in Griechenland beeinflussen. Aufgrund der Tatsache, daß Müller 1840 in Delphi gegraben hat, können die Deutschen Anspruch auf Delphi erheben. 1861 und 1880 interessieren sich die Franzosen für das polygonale Mauerwerk, das die Terrasse des

Die Griechen sind ein sehr gastfreundliches Volk. Allerdings mißtrauen die Einwohner den Ausländern, die kommen, um in ihren Häusern zu graben. Das Apollonheiligtum von Delphi lag z.B. unter dem Dorf Kastri. Théophile Homolle, ehemaliges Mitglied der Französischen Schule und ihr Direktor, kann sagen: „Sind Sie in Delphi? Die ‚Eroberung' der polygonalen Mauer wird dreimal mehr Zeit und nicht weniger Angriffe, Arbeiten und Manöver erfordern als die Mauer von Troja." Links der Franzose Paul Fournier, der 1896 die Inschriften der Polygonalmauer kopiert.

Tempels stützt und das zahlreiche Inschriften trägt. Sie
bestehen darauf, daß die Deutschen den Grabungsort an
sie abtreten. Wegen der sich endlos hinziehenden Verhandlungen kann der Deutsche Hans Pomtow noch bis 1887
dort graben. Der griechische Premierminister Tricoupis,
träumt davon, die Überlassung des Grabungsortes mit pri-
vilegierten Zollrechten für Rosinen von Korinth, die nach
Frankreich exportiert werden sollen, zu verknüpfen. Die
Franzosen lehnen es ab, auf einen derartigen Handel einzu-
gehen, worauf Tricoupis den Grabungsort den Deutschen
anbietet. Obwohl einige Wissenschaftler, wie der in Straß-
burg lehrende Professor Adolf Michaelis, darauf hinweisen,
daß es vielleicht nicht sehr angebracht sei, daß Franzosen
Delphi ausgraben, nachdem sie bereits Delos ausgeplündert hätten, lehnt auch die Akademie zu Berlin Tricoupis'
Angebot freundlich ab. Die Amerikaner, die wieder in

Bei den Grabungen in
Delphi gibt es einige
spektakuläre Funde:
oben der Wagenlenker,
ein seltenes Bronzeorigi-
nal. Er wurde mit seiner
Basis gefunden, deren
Inschrift verrät, daß der
Quadrigaführer zu einer
Gruppe gehörte, die der
Tyrann Polyzalos von
Gela (Sizilien) anläßlich
des Sieges seines Ge-
spanns bei den pythi-
schen Spielen 475 v. Chr.
geweiht hatte.

Griechenland tätig werden wollen, sind neutrale Kandidaten, die sich ebenfalls um diesen Grabungsort bewerben. Schließlich bekommen die Franzosen den Zuschlag, ohne jedoch einen Kompromiß hinsichtlich des Rosinenhandels eingehen zu müssen. Unkosten bleiben ihnen dennoch nicht erspart. Das ganze Dorf Kastri, das aus etwa 1000 Häusern besteht, muß geräumt werden, da die Häuser direkt auf dem Grabungsgelände stehen. Das Dorf wird etwas weiter unterhalb wieder aufgebaut. Die Bewohner, wütend über die Gewalt, die ihnen angetan wird, wehren sich. Deshalb werden die Grabungen 1892 unter Armeeschutz begonnen. Glücklicherweise macht sich die Investition von 500 000 Goldfranc durch die Funde bezahlt. Aber noch geben sich die Deutschen nicht ganz geschlagen. Pomtow, der ein Buch über Delphi schreibt, hört nicht auf, wissenschaftliche Streitereien zu schüren.

Zunahme der ausländischen Schulen.

Welchen materiellen Gewinn ziehen die einzelnen Länder aus diesen kostenaufwendigen Unternehmungen? Die Antwort ist einfach: keinen. Die griechische Verfassung verbietet den Antikenexport. Zu Recht rühmen sich die Deutschen, 1875 mit den Griechen die erste Vereinbarung über „uneigennützige Tätigkeit" bei der Überlassung des Grabungsortes Olympia getroffen zu haben. Alle Funde bleiben in Griechenland, nur Duplikate können ausgeführt

Das französische Architekten- und Archäologenteam 1910 vor dem Grabungshaus in Delos. Man beginnt 1873 auf Delos mit der Freilegung des Apollonheiligtums. Die Arbeiten werden 1904 und 1914 dank der Subventionen des Herzogs von Loubat bedeutend intensiviert. Der Erfolg ist beachtlich, denn es gelingt, das Heiligtum wiederaufzubauen und die Stadt des 2.–1. Jahrhundert v. Chr. neu entstehen zu lassen.

werden. Bismarck läßt 1881 die Kredite kürzen. Der deutsche Kaiser und seine Nachfolger erkennen besser als der Kanzler, welcher Gewinn trotzdem aus der Archäologie zu ziehen ist, und finanzieren die Grabungen aus eigener Tasche: Wilhelm I. stellt die Finanzmittel für Olympia, seine Enkel für Korfu. Die Franzosen gründen eine Schule, die von ausländischen Studenten besucht werden kann.

Die anderen wohlhabenden Länder versuchen, Frankreich und Deutschland zu imitieren. Die Amerikaner gründen ihre eigenen unabhängigen Einrichtungen 1881, die Engländer 1885. Allerdings gehen die Gründungen in der Regel auf Privatinitiative zurück und stehen somit weniger in Verbindung mit staatlichen Interessen. 1898 gründen die Österreicher, 1909 die Italiener ihre eigenen Institute, deren Mittel allerdings mit denen der Franzosen und Deutschen in keiner Weise vergleichbar sind. So ist das letzte Drittel des 19. Jahrhunderts durch eine Welle von Gründungen ausländischer Schulen und durch eine sich ständig vermehrende Anzahl von Grabungsorten gekennzeichnet.

An der Geographie der Grabungen hat sich bis in unsere Zeit nichts Wesentliches geändert. Bis 1914 arbeiten die Franzosen in Delphi, auf Delos, Thasos und in der Stadt Argos, um nur die wichtigsten Orte zu nennen. Die Deutschen graben in Olympia, im *Kabirion* von Theben, auf Samos und auf dem *Kerameikos* in Athen. Die Amerikaner

Arbeiter der griechischen Grabungen im byzantinischen Kloster von Daphni im Jahr 1891. Die Bauwerke des Mittelalters ziehen nicht sofort die Aufmerksamkeit auf sich und werden sogar zerstört, sofern sie den älteren und „würdigeren" Bauten im Wege stehen (Parthenon, Hadriansbibliothek). In den 80er Jahren nehmen die Griechen die Grabung und Restaurierung von Daphni in Angriff (Mosaiken des 11. Jh.).

forschen in Korinth und im *Heraion* von Argos, die Engländer auf der Peloponnes (Megalopolis und Sparta), die
Italiener auf Kreta (Gortyn, Ida, Phaistos) und die Österreicher leisten in Samothrake Pionierarbeit. Dieser Grabungsort wird später von den Amerikanern übernommen.

Der Einsatz der Griechen.

Die Annahme, daß die griechische Archäologie allein von
Ausländern bestritten wird, wäre falsch. Die griechische
Archäologische Gesellschaft wird durch den bemerkenswerten Stephanos Koumanoudis ins Leben gerufen, der von
1859 bis 1894 als Sekretär fungiert. Danach übernimmt der
heftig umstrittene und sehr royalistisch gesinnte Panagiotis
Kavvadias diesen Posten. Von 1885 bis 1909 hat Kavvadias
außerdem das Amt eines Direktors der Antikenabteilung
inne. Die Gesellschaft schöpft bis Anfang des 20. Jahrhunderts aus einer relativ vollen Kasse, wodurch die Griechen
in der Lage sind, professionelle Archäologen zu beschäftigen und mehr Grabungsstellen in Angriff zu nehmen. Die
Griechen graben vor allem in Athen und Attika (Eleusis,
Rhamnus und Oropos) sowie in Epidauros (Ätolien), wo

Der Parthenon fällt
1894 einem Erd-
beben zum Opfer und
muß restauriert werden.
1905 wird beim ersten
internationalen Archäo-
logenkongreß die Frage
behandelt, wie weit man
bei einer Restaurierung
gehen darf. Die Künst-
lerwelt protestiert gegen
das Vorhaben der
Archäologen, Hand an
ein solches Wunderwerk
zu legen.

die bedeutendsten Funde gemacht werden. Dank dieser günstigen finanziellen Lage ist es möglich, in der Provinz viele Museen zu eröffnen, die dem Archäologischen Dienst zu Ruhm verhelfen. Auch können viele wichtige Restaurierungsarbeiten auf der Akropolis, in Bassai, am Löwen von Chaironeia (Böotien) und am Grabhügel von Marathon durchgeführt werden. Diese Aktivitäten werden durch eine „Lotterie zugunsten von Altertümern" finanziert. Später jedoch müssen die Geldmittel mit der Kriegsflotte geteilt werden, was natürlicherweise zu Einkommensverlusten führt. 1909 erreicht die finanzielle Lage der Gesellschaft durch die Umwälzungen der Revolution einen Tiefpunkt.

Kavvadias beginnt 1885, die Akropolis freizuräumen. Diese Kore aus Marmor wird 1886 mit 14 ähnlichen Statuen in einem Graben gefunden. Auf dem Gewand haben sich Spuren des gemalten Dekors erhalten (530 – 520 v. Chr.).

Unersättliche Gier nach Wissen.

Griechen wie Ausländer tragen zu einer „Explosion" des Wissens bei, eine Explosion, die zum Teil verwirrend wirkt, da kein Gesamtkonzept existiert, das die Wahl der Grabungsorte und der Arbeiten koordiniert. Bis 1914 gibt es dank der Ausdehnung des griechischen Königreiches kaum eine griechische Region mehr, in deren antiken Stätten nicht gegraben wird. Man sucht die Orte anhand der klassischen Autoren wie Pausanias aus und gräbt an früheren Grabungsstellen weiter, wobei man bevorzugt Plätze wählt, wo besonders viele Sachfunde und Inschriften zu erwarten sind. Deswegen sind die „klassischen" Grabungen in der Mehrzahl Grabungen in Heiligtümern wie Delphi, Epidauros, Olympia, Oropos, Samos, Samothrake…

Dadurch, daß über die einzelnen Orte mehr in Erfahrung gebracht wird, wächst auch das Wissen über die jeweilige Epoche. Die aufsehenerregenden Entdeckungen der Statuen auf der Akropolis, der Bildwerke in Delphi, Delos und der skulptierten Giebel auf Korfu revolutionieren das Wissen über archaische Plastik. Durch die Arbeiten auf Samothrake und Delos erhält man wichtige ergänzende Informationen über hellenistische

Kunst und Architektur. Auch wenn die Metopen im Louvre bereits eine vage Vorstellungen vom Reliefdekor des Zeustempels von Olympia geliefert haben, so vermag die Entdeckung der Giebel erst zu veranschaulichen, wie fortschrittlich die Gestaltungsmöglichkeiten der Bildhauer auf der Peloponnes um 460 v. Chr. waren. Dennoch sind es weniger die oben genannten Entdeckungen, die diese Zeit prägen. Es ist vielmehr die Wiederentdeckung von Kulturen, über die die schriftliche Tradition schweigt, bzw. neue Erkenntnisse über die Perioden, aus denen nur wenige Zeugnisse überliefert sind: das geometrische Zeitalter (10. – 8. Jh. v. Chr.), die mykenische und die minoische Kultur, die Kultur der Kykladen und der neolithischen Stätten wie Sesklo und Dimini in Thessalien. Die Vergangenheit Griechenlands erhellt sich mehrere Jahrtausende weit zurück. Bei diesen Entdeckungen treten zwei sehr unterschiedliche Persönlichkeiten in den Vordergrund: Heinrich Schliemann, ein Händler aus Mecklenburg, autodidaktisch gebildeter Archäologe und Romancier, und Sir Arthur John Evans, ein Liberaler aus großbürgerlicher Familie, der seine wissenschaftliche Ausbildung in Oxford erhält. Die beiden haben nur wenig gemeinsam: die Leidenschaft zur Archäologie der Hochkulturen und die Tatsache, daß beide ihr gesamtes Vermögen in die Grabungen in Griechenland investieren.

Schliemann: Mythos und Skandal.

Schliemann folgt einem durchdachten Forschungsplan, der ihn 1868 nach Ithaka und 1872/73 nach Hissarlik in der Türkei führt. Er versucht zu beweisen, daß es sich bei diesem Ort um die antike Stadt Troja handelt, und er fördert dort phantastische Schmuckgegenstände zutage, die als „Schatz des Priamos" oder „Juwelen der Helena" bezeichnet werden. Er schmuggelt den Schatz aus der Türkei nach Griechenland und muß sich dafür einem aufsehenerregenden Prozeß unterziehen, den die türkische Regie-

Der Pastorensohn Schliemann (links) hat dank seiner Sprachbegabung und seiner Skrupellosigkeit bald Erfolg mit seinen Handelsunternehmungen. 1868 realisiert er sein Vermögen, macht eine Weltreise und beschließt, sich fortan der Erforschung der homerischen Zivilisation zu widmen. Seine Verbindung zu Griechenland verstärkt sich, als er eine Griechin heiratet. Oben Sophie Schliemann, geschmückt mit „den Juwelen der Helena".

rung gegen ihn einleitet, dem sich Schliemann aber dank seines Geldes entziehen kann. 1874 kommt er nach Mykene, wo er durch einen Irrtum im Text des Pausanias auf einen Gräberkreis im Inneren der Akropolis stößt. Fünf der Gräber öffnet er, das sechste übersieht er. Dieses unberührte Grab wird später von den Griechen entdeckt. Schliemann offenbart der Welt der Wissenschaft und einer breiten Öffentlichkeit die atemberaubenden Schätze einer Kultur, die bis dahin unbekannt geblieben war: Totenmasken aus Gold, Gold- und Bronzekelche, Diademe, mit Gold und Silber ausgelegte Dolchgriffe sowie die ältesten skulptierten Grabstelen.

Diese Überlegungen Schliemanns über die Grabung in Olympia verraten ein wenig von seiner Auffassung: „Alle machen sie es falsch. Sie nehmen eine Schicht nach der anderen ab. Sie werden damit unendlich viel Zeit und Geld verschwenden. Man muß sofort in die Tiefe vorstoßen, dann wird man fündig." Das Ehepaar Schliemann überwacht allein etwa 120 Arbeiter in Mykene und ist auch auf sich selbst gestellt, als es darum geht, Konflikte mit dem Vertreter der griechischen Abteilung, Stamatakis, auszutragen (Löwentor in Mykene).

Alles wird nach kurzer Zeit ausgestellt und ebenso schnell werden die Entdeckungen in deutscher und englischer Sprache veröffentlicht. Schliemann kehrt nach Troja zurück und schenkt Deutschland 1881 seinen Anteil an den Ausgrabungsfunden, zu denen auch der Schatz des Priamos gehört. Danach gräbt er in Orchomenos in Böotien und eröffnet 1884 die Grabung von Tiryns. Ohne die Ratschläge Wilhelm Dörpfelds, dem ersten Sekretär des Deutschen Archäologischen Instituts in Athen, mit dem Schliemann seit 1882 zusammenarbeitet, hätte er die Ziegelmauern des mykenischen Palastes, die er als neuzeitliche Mauern ansah, zerstört. Aus diesem Grund behaupten einige, die beste Entdeckung Schliemanns sei Dörpfeld gewesen.

Eines muß man Schliemann zugestehen: Er besitzt eine „vermittelnde Art"; er läßt nichts unversucht, um sich durch Ausstellungen, Vorträge und Veröffentlichungen in allen europäischen Sprachen in der ganzen Welt bekannt zu machen. Indem er seinen eigenen Ruhm sichert, dient er gleichzeitig den Interessen Griechenlands und der Archäologie. Seine letzte Hinterlassenschaft in Athen sind zwei architektonische Meisterwerke im neogriechischen Stil der Jahrhundertwende: sein Haus und sein Grab.

Links eine Goldmaske, die zur reichen Ausstattung der Gräber aus dem 16. Jahrhundert v. Chr. gehört, die Schliemann in Mykene entdeckt. Diese Masken sind aus einer feinen Goldfolie gefertigt, der man ihre Form durch Hämmern über einer geschnitzten Holzplatte gab. Man kennt in der Ägäis kein Äquivalent zu diesem ersten Versuch eines Königsportraits. Ebenso beachtenswert sind die mit Kriegs- und Jagdszenen geschmückten Stelen, die auf die Gräber hinwiesen.

Dörpfeld (links) ist der erste der bemerkenswerten Architekten, die sich gleichzeitig als Archäologen betätigen. Nachdem er bei seinen ersten Ausgrabungen in Olympia Erfahrung gesammelt hat, leitet er von 1887 bis 1912 das Deutsche Archäologische Institut in Athen. Er steht den neuentwickelten Techniken wie Stratigraphie und Photographie sehr offen gegenüber und übt auf Schliemann großen Einfluß aus. Er leitet auch private Forschungen, vor allem in Athen und auf der Insel Leukas.

Sir Arthur Evans im Reich des König Minos.

Die Fügung des Schicksals führt Schliemann und Evans in Knossos auf Kreta zusammen, ein Gelände, das Schliemann nicht für sich sichern kann. Mehr Glück hat Evans, dem dies mit Hilfe von Josef Hazzidakis gelingt, der bei der unabhängigen Regierung Kretas für Archäologie und Erziehung zuständig ist. So wird die minoische Kultur von den Engländern entdeckt. Gegenüber Schliemann hat Evans den Vorteil, hervorragend ausgebildet und mit einem Familienerbe ausgestattet zu sein. Schliemann verkörpert den Handlungsreisenden eines expansiven Deutschlands, Evans die Bourgeoisie Englands, die von den Früchten der Industriellen Revolution profitiert. Evans reist 1893 durch Griechenland und findet bei Antiquitätenhändlern in Athen alte, gravierte Steine, die kretischen Ursprungs sind und hieroglyphische Zeichen tragen. So taucht die *minoische* Schrift zum ersten Mal auf. Evans beschließt in Knossos zu graben und bezahlt das Grabungsgebiet aus eigener Tasche. 1899 macht er den ersten Spatenstich. Damit beginnt die aufsehenerregende Entdeckung des Palastes des Minos.

Der große englische Wissenschaftler gibt sich nicht damit zufrieden, eine neue Kultur zu entdecken, sondern

Der Nordeingang des Palastes von Knossos. Der Palast erstreckt sich über 13000 m^2 und ist damit der größte der kretischen Paläste. Die Räume sind um einen zentralen Hof herum angelegt (1250 m^2), in denen sich die religiösen Zeremonien und Stierkämpfe abgespielt haben dürften. Diese einzigartige Architektur mit ihren zahlreichen Gängen und Etagen gab dem Mythos vom Labyrinth des Minotaurus neue Nahrung.

Industriellensohn, Münzsammler und bedeutender Prähistoriker: Arthur John Evans durchquert (unten in Knossos) die ganze Welt und verficht als Journalist die Sache der jungen slawischen Länder, wofür er 1882 ins Gefängnis kommt. Wieder zurück in England, beginnt seine Karriere als Archäologe und Aufseher des Ashmolean Museum in Oxford, das er mit Sammlungen aus dem Familienbesitz bereichert.

es gelingt ihm auch, eine Chronologie aufzustellen, die noch heute für das minoische Kreta wie auch für die Stätten der Kykladen vom 3. Jahrtausend bis zum Anfang des 2. Jahrtausend v. Chr. Gültigkeit hat. Auch ist er der letzte, der auf eigene Faust seiner Leidenschaft für Archäologie in Griechenland nachgehen kann. Das Pionierzeitalter ist nun endgültig vorüber. Beeindruckt von der Persönlichkeit Evans', neigt man gerne dazu, die italienischen, amerikanischen oder griechischen Wissenschaftler zu vergessen, die zur gleichen Zeit ihren Beitrag zur Vermehrung des Wissens über die Zivilisation des minoischen Kretas leisten.

Prestige durch Archäologie.

Vor dem Ersten Weltkrieg ist die griechische Archäologie eine Art „internationale Aufgabe", was sie einerseits fruchtbar macht, aber anderseits auch behindert. Die ausländischen Institute unternehmen keine gemeinsamen Aktionen, und es ist keine Grabung zu finden, bei der es eine Zusammenarbeit zwischen Griechen und Ausländern gäbe. Jeder wacht eifersüchtig über sein Revier und versucht, in Eigenregie persönlichen Ruhm zu erringen. Anläßlich des 100jährigen Jubiläums der ersten großen Ausstellung der schönen Künste in Berlin 1886 rekonstruieren die Deutschen die Tempelfassade von Olympia in Originalgröße. Der Tempel wird auf einer Terrasse aufgebaut, die mit Abgüssen des Frieses von Pergamon geschmückt ist. So wie das Deutsche Reich seine archäologischen Siege feiert, preist auch Frankreich seine Arbeit in Griechenland. Théophile Homolle spricht bei der Weltausstellung 1889 von der Tribüne auf dem Trocadero über die Grabungen auf Delos. 1900 wird ein Gipsabdruck der Sphinx der Naxier, die man kurz zuvor in Delphi gefunden hatte, ausgestellt.

Auch die Griechen profitieren von ihrem Erbe. 1896 finden in Athen die ersten Olympischen Spiele statt, die Pierre de Coubertin neu ins Leben ruft.

Die moderne Kunst kehrt Griechenland den Rücken.

Das Interesse für Archäologie und klassische Kultur, das in Europa noch sehr lebendig ist, zieht viele Ausländer nach Griechenland. Deutsche wie französische Reiseführer (Baedeker, Joanne) werden von Archäologen verfaßt und als Handbücher benutzt. Die Neugier der Studierenden und der Touristen löst die Kunstschwärmerei ab, denn die Künstler haben inzwischen mit dem klassischen Vorbild gebrochen. Cézanne klagt laut, wie sehr es schade, wenn man Griechen und Römer imitiere, auch wenn er seine Bewunderung für die Meisterwerke im Louvre zugibt. Die Futuristen erklären 1909, daß „ein Rennwagen schöner als die Nike von Samothrake sei", während die Dadaisten vorschlagen, an der Venus von Milo Griffe anzubringen und „Laokoon und seine Kinder nach seinem 1000jährigen Kampf gegen diese schöne Schlangenwurst Python hinzulegen, um sie ausruhen zu lassen".

Das Plakat der ersten Olympischen Spiele von Athen, die 1896 stattfinden. Man verbindet mit den Olympischen Spielen zwei französische Namen: Pierre de Fredi, Baron de Coubertin, Präsident des Olympischen Komitees, und Michel Breal, Latinist und Mitglied des Instituts, der den Marathonlauf erfindet. Ein griechischer Schäfer, Spyridon Louys, erringt dabei den Sieg.

ACHTES KAPITEL

ZWISCHEN DEN WELTKRIEGEN – DAS ZEITALTER DER REFLEXION

Wenn das 19. Jahrhundert in der antiken Kunstgeschichte als Jahrhundert der systematischen Forschungen oder als Zeit des Ordnens der ‚Archive der Vergangenheit' betrachtet wird, so beginnt in der ersten Hälfte des 20. Jahrhunderts eine Vertiefung in die Probleme, ein unermüdliches Ringen um das Erfassen des wahren Wertes der Kunstwerke."

R. Bianchi-Bandinelli, 1978

Der kleine Bronzereiter (2. Jh. v. Chr.) wird 1928 am Kap Artemision (Euböa) gefunden. Er gehört zu den Fundstücken, die man in einem gesunkenen Schiff entdeckt. Im Museum von Athen sieht man ihn auf seinem Pferd sitzen.

Der Erste Weltkrieg unterbricht die archäologischen Arbeiten nicht, im Gegenteil, manchmal ist er ihnen sogar förderlich. Die französisch-englische Expedition, die den Norden Griechenlands nach der Landung bei den Dardanellen 1915 besetzt, verfügt über eine archäologische Abteilung: Ihr verdankt man Grabungen an prähistorischen Orten Makedoniens. Einige Archäologen der Orientarmee sterben auf dem „Feld der Ehre". Nach Kriegsende weiten die Verträge von 1919/20, in denen Thrakien Griechenland zugesprochen wird, das archäologische Tätigkeitsfeld aus. Die Dodekanes-Inseln hingegen kommen unter italienische Kontrolle, weswegen die Grabungspolitik für Kos und Rhodos bis zum Fall des Mussolini-Regimes in Rom bestimmt wird. Das Deutsche Archäologische Institut Athen, das 1916 von den Alliierten geschlossen wird, kann dank des Prestiges der deutschen Wissenschaft 1920 ohne Schwierigkeiten wiedereröffnet werden. Allerdings macht ein kleiner Zwischenfall deutlich, welche Spannungen unmittelbar nach dem Krieg zwischen Siegern und Besiegten bestehen. Professor Studniczka, der geschickt wird, um über die Wiedereröffnung zu verhandeln, plant, am Lysikrates-Denkmal in Athen zu graben. Frankreich protestiert dagegen und macht selbst Rechte auf diesen Ort am Stadtrand geltend, da 1669 die Kapuziner dort siedelten. Schließlich werden die Grabungen von den Griechen wiederaufgenommen. Auch beendet der Krieg die Mitarbeit der Franzosen am Corpus griechischer Inschriften, dessen Editionsleitung in Berlin sitzt. Gehören die ersten beiden Bände über die Inschriften von Delos, die noch vor 1914 veröffentlicht werden, der deutschen Reihe an, so werden die weiteren Bände unabhängig herausgegeben.

Notzeiten.

Die politische und wirtschaftliche Lage Griechenlands wirkt sich in verschiedenen Hinsichten auf die archäologische Arbeit aus. Bis 1922 führt Griechenland Krieg gegen die Türkei und ist als Folge gezwungen, alle ihm zur Verfügung stehenden Mittel einzusetzen, um Flüchtlinge aus Kleinasien aufzunehmen, deren Zahl sich auf 1,5 Millionen beläuft. Mit anderen Worten: Für Archäologie bleibt wenig Geld übrig. Noch dazu ist die Stimmung unter den Archäologen durch politische Intrigen ziemlich gespannt.

1920 muß der extrem royalistisch gesinnte Kavvadias seinem Sekretärsposten bei der archäologischen Gesell-

Die Statuengruppe, bestehend aus Boreas, dem thrakischen Windgott, der Oreithyia, eine athenische Prinzessin, entführt, schmückte den Giebel des Athenatempels auf Delos. Diese Photographie stammt von Fred Boissonas (1858–1946), der eine Reihe von Fotoalben mit einzigartigen Ansichten hinterlassen hat.

schaft, den er seit 1912 erneut inne-
hatte, mit Gewalt enthoben werden. Sehr zum Wohl der Gesellschaft führt dann von 1924–1951
Oikonomos, Anhänger einer gemä-
ßigteren Richtung und erfahrener
Archäologe, das Amt des Sekretärs.
Er ist von 1930–1933 Direktor des
Nationalmuseums in Athen, später
wird er auf verantwortungsvolle
Posten im Ministerium befördert
(1933–1938). Es gelingt ihm, die
Spannungen im Kreis der Archäologen abzubauen, obwohl ihm die
unstabile politische Lage diese Aufgabe nicht leicht macht. Nach der
Phase der Demokratie (1924–1935)
und der Rückkehr zur Monarchie
(1936–1941) gibt es immer wieder
Versuche, eine Diktatur zu installie-
ren, und nach 1941 werden als
Folge des Zweiten Weltkriegs mehrere griechische Gebiete besetzt.
    Die Arbeitsbedingungen für
die Griechen sind schon schlecht
genug, nun treffen die Auswirkun-
gen des Zweiten Weltkriegs und der
Weltwirtschaftskrise 1929 auch die
ausländischen Schulen, die Budget-
kürzungen hinnehmen müssen.
Es finden sich einige Sponsoren,
die in manchen Fällen finanzielle
Unterstützung leisten, wie zum
Beispiel Gustav Oberländer, der den Deutschen die Fort-
führung der Grabung auf dem Kerameikos in Athen
ermöglicht. John Davidson Rockefeller unterstützt die
Amerikaner, die mit seiner Hilfe die Agora von Athen
zugänglich machen können.

Semni Papaspyridi tritt nach ihrem Studium in Athen und München der griechischen Archäologischen Abteilung 1921 bei. Sie arbeitet in Nauplia und in der Vasenabteilung des Nationalmuseums in Athen. Mit ihrem Mann, Ch. Karouzos, hat sie zur Neuorganisation des Museums nach dem Krieg beigetragen. Sie gilt als „die" griechische Archäologin.

Archäologinnen.

Mit der Zeit gibt es mehr weibliche Mitarbeiter in der
Archäologie. Bereits 1890 werden Frauen von englischen
Universitäten nach Athen geschickt, die aber nicht bei den
Grabungen mitarbeiten. Allerdings leiten diese zwischen

den beiden Weltkriegen auch Geländearbeiten. Die amerikanischen Teams auf der Agora haben Frauen in ihren
Reihen. Griechenland steht in dieser Hinsicht nicht nach.
1921 tritt Semni Papaspyridi, eine der „großen Damen" der
Archäologie in den Dienst der archäologischen Abteilung.
Damit beginnt die „Feminisierung" des Archäologenberufs,
die sich in den letzten 20 Jahren sehr verstärkt hat.

Wissenschaftliches Material und Materialwissenschaft.

Trotz Schwierigkeiten aller Art, gräbt man doch sehr viel.
Auch wenn die Funde kaum so viel Aufsehen erregen wie
die von Schliemann oder Evans, sind sie oft von hoher
Qualität. 1924 entdecken die Franzosen im minoischen

Die Marmorskulptu-
ren von Olympia
(unten der Apollon aus
dem Westgiebel des Tem-
pels) werden 1936 anläß-
lich der Olympischen
Spiele in Berlin restau-
riert. Auch die Grabun-
gen in Olympia werden
wiederaufgenommen.
Die Archäologie spielt
bei der nationalsozia-
listischen Propaganda
eine gewisse Rolle.

Tempel von Mallia (Kreta) außergewöhnliche
Waffen, darunter ein langes Bronzeschwert mit
einem Knauf aus Bergkristall, der mit Gold einge-
faßt ist. Die Deutschen machen 1925 bei erneuten
Grabungen im Heraion von Samos eine große Aus-
beute an Funden aus der Blütezeit der archaischen
Epoche. 1935 graben die Griechen in Dreros auf
Kreta, einem Heiligtum des 7. Jahrhunderts v. Chr., wo
sie die ältesten bekannten Statuen einer apollinischen
Trias (Apollon, Artemis und Leto) finden. Und als
man die Pflastersteine der heiligen Straße in
Delphi entfernt, stößt man auf eine
Opfergrube, in welcher viele wertvolle
Gaben sozusagen bestattet worden
waren, um Platz für neue Opfer zu
schaffen.

    Dennoch ist das aufregende Zeit-
alter der großen Grabungen und aufsehenerregenden Funde vorbei. Die
20er und 30er Jahre des 20. Jahrhunderts erweisen sich als Zeitalter der
Reflexion und der Publikationen,
wobei der Schwerpunkt auf der Untersuchung von Objekten und Bauten,
einzeln oder im Zusammenhang, liegt.
Während seiner Studien zur archaischen Plastik gelingt es dem Engländer
Humphrey Payne, den Torso einer Kore,
der seit 1810 in Lyon aufbewahrt wurde,
auf einen Fußteil, der noch in Athen
verblieben war, aufzusetzen, sowie den
Kopf eines Aristokraten, entstanden um
530/20, aus dem Besitz des Louvre, mit
einem Reitertorso von der Akropolis
zusammenzufügen. Die Chronologie
wird immer genauer, das technische Wissen über die Funde wächst, und man verfaßt Materialsammlungen sowie Handbücher in großer Zahl. Der Engländer John
Davidson Beazley schreibt 1925 10 000
attische Vasen und Vasenfragmente
200 Vasenmalern zu, 1942 hat er bereits
15 000 behandelt und die Künstlerhand
von 800 Malern identifiziert.

Die Kunsttheorie macht dagegen geringere Fortschritte. Der hervorragende Archäologe Ernst Buschor, der sich 1942 an einer Synthese zu diesem Thema versucht, kann sich nicht von seiner idealisierten Kunstauffassung lösen. Für ihn macht die Skulptur einen obligatorischen Entwicklungsprozeß durch, ganz gleich, um welche Form der Zivilisation es sich handelt. Die Verbindung zwischen der Produktion von

Der Kopf „Rampin" ist der Teil eines Torsos, den man auf der Akropolis findet. Der Kranz aus Eichenlaub weist darauf hin, daß der Krieger beim Pferderennen gesiegt hat.

Formen und Bildern und einer bestimmten Gesellschaftsform interessiert kaum oder überhaupt nicht.

Gefahr durch Ideen und Ideologien.

Noch immer sind mehr oder weniger „gefährliche" Vermutungen im Umlauf. Evans, dessen abschließende Veröffentlichungen über den Palast von Knossos zwischen 1921 und 1935 Verbreitung finden, gibt seine Idee nicht auf, daß Kreta das Festland permanent beeinflußt hat. A. J. B. Wace dagegen, der 1921 Grabungen in Mykene beginnt, belegt ganz eigene Züge der mykenischen Kultur und ihre Eigenständigkeit gegenüber der minoische Welt. Aber erst die Entzifferung der *Linear-B-Schrift* ab 1952 verändert die Sichtweise völlig: Der Beweis war erbracht, daß die Griechen Knossos ab 1400 v. Chr. besetzt hatten.

Ein weiterer strittiger Punkt in Schliemannscher Tradition läßt unsere Kenntnisse über die Welt der Griechen noch heute nur schattenhaft erscheinen: die Diskussion um die Richtigkeit der Homerischen Geographie. Victor Berard, ein bedeutender Hellenist und Verfasser einer Odyssee-Übersetzung in Alexandrinern (1924), beabsichtigt, die tatsächlichen Orte, die Odysseus aufgesucht haben soll, aufzufinden und unternimmt zu diesem Zweck eine Kreuzfahrt durch das Mittelmeer. Berard sieht aber ein, daß die Odyssee kein Reiseführer ist. Das Resultat dieses insgesamt erfolglosen Unternehmens ist lediglich ein schönes Fotoalbum mit Bildern von Fred Boissonas, der Berard auf seiner Kreuzfahrt begleitete.

Und noch immer stellt man in der Kunstgeschichte die Ionier gerne den Dorern gegenüber und vergißt darüber, anhand ethnischer Kriterien auf die Unterschiede zwischen den künstlerischen Schulen Kleinasiens und der Peloponnes hinzuweisen. Dieser Streitpunkt entsteht durch das 1824 veröffentlichte Buch „Die Dorer" von Karl Otfried Müller, und er bekommt bei einigen Wissenschaftlern einen deutlich rassistischen Anstrich, denn manche fühlen sich zur nationalsozialistischen Ideologie, wie sie durch Hitler und seine Anhänger Verbreitung findet, hingezogen und ordnen die Dorer den „überlegenen nordischen Völkern" zu. In diesem Kontext sind auch die Grabungen in Olympia zu sehen, die 1936 anläßlich der Feier der Olympischen Spiele in Berlin wiederaufgenommen werden. Nicht nur der Sport ist es, der verbindet und der zum ersten Mal dazu anregt, symbolisch in Olympia Feuer zu

Der obere Teil dieser Statue sorgt 1719 in Marseille in einer Privatsammlung für Aufsehen. 1810 kommt sie ins Museum der Schönen Künste in Lyon. Die Statue wird als gallo-römische Isis angesehen, als Minerva mit Schleiereule oder als Aphrodite mit Taube. Tatsächlich handelt es sich jedoch um eine Kore (Mitte 6. Jh. v. Chr.), deren unterer Teil auf der Akropolis entdeckt wird.

Die Freilegung der antiken Agora (links oben: am Fuß des Hephaisteion) und der römischen Agora (unten links) wird zuerst durch die griechische Archäologengesellschaft in Angriff genommen. Die Grabungen sind nicht von Dauer, denn das Gebiet ist mit Wohnhäusern bebaut. Die amerikanische Schule muß mit der finanziellen Unterstützung von J. D. Rockefeller 5000 Personen anderweitig unterbringen, bevor sie das politische Zentrum Athens freilegen kann. Der Schutt über den archäologischen Fundschichten ist je nach Sektor 1 bis 12 Meter dick. Erst in den 70er Jahren wird das Terrain im Norden des Platzes, das unglücklicherweise von der U-Bahnlinie Athen – Piräus besetzt war, enteignet, und man kann dort mit den Grabungen beginnen.

holen, sondern die Rasse: denn Olympia wie Sparta sind
Zentren der Dorer. Das Deutsche Archäologische Institut
Athen kann sich der nationalsozialistischen Ideologie
nicht entziehen, denn sein Leiter Walther Wrede, der 1936
für das Amt nominiert wird, ist gleichzeitig Oberhaupt
der nationalsozialistischen Organisation in Griechenland.
Aber es gelingt den deutschen Berufsarchäologen, zu
denen auch Wrede zählt, die archäologische Arbeit von
Gruppen, die direkt dem sogenannten „Amt Rosenberg"
unterstellt sind, einzuschränken. Außer in der Plünderung
von Kunstschätzen sieht diese Organisation ihre wissenschaftliche Berufung und ihr Ziel darin, im Hinblick auf
die dorische Einwanderung Spuren einer nordischen
Herrenkultur in Griechenland zu finden. Der Mythos eines
triumphierenden nordischen Dorismus hat nach dem
Zusammenbruch Nazi-Deutschlands keinen Bestand.

Neue Ansätze.

Man sollte auf einige neu begonnene Unternehmungen
hinweisen, die in der Nachkriegszeit in der Archäologie
eine bedeutende Rolle spielen. Ernst Langlotz wagt eine
ganz neue, revolutionäre Art der Annäherung an die griechische Kunst, indem er anhand figürlicher Kleinbronzen
regionale Stile unterscheidet und so mit der Tradition des
Studiums der „großen" Meister und der Rekonstruktion
ihrer Werke anhand von Kopien bricht.

Tatsächlich kann das Wissen über das antike Griechenland gerade dadurch wieder Fortschritte machen, daß man
sich von der Beschäftigung nur mit „schönen Objekten"
löst und statt dessen das gesamte archäologische Material
als Zeugnis einer materiellen Kultur betrachtet. In diesem
Punkt können die Grabungen der Amerikaner auf der
Agora, die 1931 in Angriff genommen werden, als muster-
gültig gelten. Man schenkt selbst den unscheinbarsten Funden seine Aufmerksamkeit: einfachem Küchengeschirr,
schmucklosen Terrakottalämpchen, Amphoren, die dem
Öl- und Weintransport dienten. Auf dieselbe Weise arbeitet
auch ein anderes amerikanisches Team in Olynth auf der
Chalkidike. Die Veröffentlichung dieses geschlossenen
Wohnkomplexes enthält sämtliche Arten von Funden,
nicht einmal ein Nadelkopf fehlt. Im übrigen untersucht
man nun auch die Architektur von Profanbauten, ein
Gebiet, auf dem die Franzosen bereits in Delos neue Wege
gingen. Ihnen wird in Zukunft ebensoviel Aufmerksamkeit

wie den Monumentalbauten, den öffentlichen Bauten und den Kultbauten geschenkt werden.

In der Forderung, nichts unbeachtet zu lassen, die kleinste Scherbe wie den schönen Kunstgegenstand, die einheimische Architektur wie den Tempel oder Portikus zu behandeln, zeichnen sich die Richtlinien der 2. Hälfte des 20. Jahrhunderts ab. Die Nachkriegszeit bringt zwei einschneidende Neuerungen in den 50er Jahren: erstens eine technische Revolution in Form der stratigraphischen Grabungsmethode, die es ermöglicht, jeden Gegenstand in einer archäologischen Schicht zu erfassen, und zweitens, eine Hauptentdeckung, die Entzifferung der Linear-B-Schrift, die vielen Gerüchten und Vermutungen ein Ende setzt. In neuester Zeit beweisen sensationelle Entdeckungen, wie zum Beispiel die Fresken von Thera und die makedonischen Gräber, die nach traditionellen Kriterien ungebrochene Fruchtbarkeit der griechischen Archäologie.

D ie archäologische Stätte Akrotiri (Thera) wird 1870 von zwei Franzosen wiederentdeckt: Henri Gorceix und Henri Mamet, die auch Grabungen in diesem „Pompeji des 16. Jahrhunderts v. Chr." durchführen. Diese Grabungen nimmt Professor Marinatos 1967 wieder auf und entdeckt dabei ungeahnte Schätze (oben ein Lagerraum mit Krügen. Auf Seite 128 eine Freske mit zwei Boxern).

ZEUGNISSE UND DOKUMENTE

Archäologie heute

Archäologie ist „in". Nur so lassen sich die rekordverdächtigen Besucherzahlen in Ausstellungen und Museen interpretieren, die Flut der Sachbuchtitel und der Kunstreiseführer vor allem für die Mittelmeerländer erklären. Schon wird darüber nachgedacht, ob der Strom der Besucher für die antiken Stätten überhaupt noch zu verkraften ist, ob Zugangsbeschränkungen das Interesse an antiker Kultur in verträgliche Schranken weisen müssen.

Bevor die Fundgegenstände aus der Antike in den Museen gezeigt werden können, sind sie schon durch die Hände vieler Archäologen gegangen. Auch heute noch ist die Ausgrabung eine wichtige archäologische Arbeitsmethode. Im Lexikon der archäologischen Fachbegriffe steht dazu:

Ausgrabung: Wichtigste Tätigkeit des Archäologen, ohne die ihm nur ein Bruchteil der insgesamt verfügbaren Informationen über die Vergangenheit des Menschen zugänglich wäre. Allerdings bedeutet Ausgrabung durchaus nicht nur Bergung von Beweismaterial und Sicherung von Informationen, sondern führt auch zur Zerstörung wichtiger Belege, die dann unwiederbringlich verloren sind. Man sollte daher bei Ausgrabungen nie leichtfertig vorgehen und sich stets der Verantwortung bewußt sein, die man bei einer Arbeit trägt, bei der man von vornherein das Risiko der Zerstörung eines gewissen Prozentsatzes der Informationen um der Gewinnung und Sicherung anderer Informationen willen in Kauf zu nehmen hat. Im übrigen umfaßt eine Ausgrabung eine ganze Reihe von Arbeitsgängen, und es gilt, dabei nicht wenige Entscheidungen zu treffen. Dies beginnt damit, daß man – nach Möglichkeit aufgrund sorgfältiger Sondierung – zu entscheiden hat, ob eine Grabung sich überhaupt lohnt. Man steht dabei nicht selten unter Zeitdruck, besonders dann, wenn die Anwendung moderner landwirtschaftlicher Methoden, die Anlage von Tiefbauten (Tiefgaragen, U-Bahnen, Ausschachtungen für den Bau von Hochhäusern, unterirdische Straßenführungen usw.) sowie das Wachstum der Städte archäologische Stätten zu zerstören drohen (Notgrabung). Hat man schließlich beschlossen, was wann freizulegen ist, müssen die Art und Weise sowie die Größenordnung des Vorgehens bestimmt werden. Fehlt es an den nötigen finanziellen Mitteln und/oder an der Zeit, dürfte man kaum über das Stichprobenverfahren hinauskommen. Handelt es sich um ausgedehntes Areal, wird man in aller Regel einer Flächengrabung den Vorzug geben, obwohl sich in bestimmten Fällen noch immer die Gittermethode empfiehlt. Danach ist zu entscheiden, ob man die oberste Bodenschicht (Deckschicht) von Hand oder maschinell entfernen lassen soll. Hat die gesamte Erdschicht bis hinab auf den darunterliegenden Felsgrund im ganzen nur eine Dicke von wenigen Zentimetern oder ist das Erdreich – auch dann, wenn mit einer tiefer hinabreichenden Schichtenfolge (Stratigraphie) zu rechnen ist – noch nicht umgepflügt, könnte auch die Deckschicht noch wichtige Informationen enthalten, so daß sich sorgfältiges Abtragen von Hand empfiehlt. Ist die Deckschicht dagegen vergleichsweise tief umgepflügt, wird ihre maschinelle Entfernung das zu erwartende Gesamtbild der Grabungsfunde in der Regel nicht wesentlich beeinflussen, so daß der Vorteil der größeren Schnelligkeit des maschinellen Vorgehens den Ausschlag gibt. Nachdem man schließlich alles „aufgenommen" (vermessen, registriert und kartographiert) hat, was von dem archäologischen Material (im weitesten Sinne) der Fundstätte noch am heutigen Bodenniveau (bzw. über dasselbe

anstehend) sichtbar ist, beginnen die eigentlichen Grabungen nach Maßgabe der Geländebeschaffenheit. Hierzu gehören beispielsweise Stichgrabungen (d. h.: die Anlage von Schnitten) in Teilbereichen mit komplexer Überlagerung einzelner Strukturen, während man bei klaren Schichtungsverhältnissen eine Schicht nach der anderen „abpellt". Unerläßlich sind fortlaufende Protokolle über jeden einzelnen Arbeitsschritt, desgleichen die Anfertigung stets neuer Pläne (Grundrisse, Karten), sobald sich nur die geringste Veränderung ergibt. Auch die Ergebnisse der Schnitt- bzw. Stichgrabungen gilt es entsprechend festzuhalten, dies auch auf die Gefahr hin, daß die (vermeintlich) erzielten Resultate auf einer Fehldeutung beruhen. Desgleichen hat man von jedem Einzelfund – gleich ob Artefakt, Kleinfund, Ökofakt usw. – sorgfältig Position, Fundschicht, Fundzusammenhang und andere Fundumstände zu registrieren und ihn in die für die jeweilige Schicht angefertigte Karte einzutragen, so daß sich die Position des betreffenden Objektes später sowohl in der horizontalen als auch in der vertikalen Ebene rekonstruieren läßt. Auch die Möglichkeiten photographischer Aufnahmen sollte man nutzen – stellen doch Lichtbilder keineswegs nur eine wertvolle Ergänzung gezeichneter Karten und Pläne dar, sondern ersetzen diese bis zu einem gewissen Grade sogar, zumal wenn es darum geht, aufeinanderfolgende Grabungsphasen festzuhalten, die kein neues Kartographieren erfordern. Die Anwendung von Nivellierinstrumenten („Nivellieren" hier im Sinne von „Höhenunterschiedsmessung") erlaubt

die genaue Bestimmung von Höhen-
bzw. Tiefenunterschieden, die Abstek-
kung eines Koordinatennetzes (Git-
ters, Rasters) von Planquadraten dagegen die Erfassung der Grabungsstätte
mittels Triangulation, Orthogonal-
methode oder Gittermethode. Nach
Abschluß der Grabungsarbeiten, Analyse der Schichtungsverhältnisse und
Bergung sämtlicher Funde (deren
eingehende Untersuchung nunmehr
nicht selten erst beginnt) kann man
das ausgegrabene Geländestück wieder
auffüllen (zuschütten), allerdings läßt
man es häufig aufgedeckt und macht
es als Kulturmonument der Öffentlichkeit zugänglich. Alles in allem
handelt es sich bei der Ausgrabung –
nach der Sondierung – lediglich um
die zweite Phase archäologischer Forschungsarbeit. Sämtliche erforderli-
chen Analysen schließen sich an, und
eine archäologische Stätte kann erst
dann als vollständig ausgegraben
gelten, wenn Funde und Befunde
publiziert sind. Häufig nehmen Vorbe-
reitung und Ausarbeitung der Publikation mehr Zeit in Anspruch als die
Ausgrabung selbst, namentlich dann,
wenn Berichte und Gutachten von
Vertretern spezieller Forschungszweige
wie Archäobotanik, Archäoethnobota-
nik, Archäozoologie, Keramikpetrolo-
gie, Paläoökologie einzuholen sind.

P. Barker:
„Techniques of Archaeological
Excavation",
zitiert nach Sara Champion:
„DuMonts Lexikon archäologischer
Fachbegriffe und Techniken"

Der Beruf des Archäologen umfaßt
die verschiedensten Tätigkeitsfelder
zwischen den Stationen „Grabung"
und „Museum". Immer differenzier-
tere Methoden der wissenschaftlichen
Arbeit erfordern die Spezialisierung
des einzelnen bis hin zur Schaffung
eigener Berufsfelder wie z. B. dem des
Grabungstechnikers. Von der Ortung
bis zur wissenschaftlichen Publikation
eines Fundes sind unzählige Arbeits-
gänge nötig.

Ortung:
Bestimmung eines Fundgebiets durch
verschiedenste Techniken (Gelände-
begehung, Luftaufnahmen, Sondie-
rungen).

Anlage der Grabung:
Festlegung des Grabungsareals je nach
Geländebedingungen und vermuteter
Fundlage (Flächengrabung; Gitter-
grabung). Auf der Grabung wird durch
ein Vermessungsraster, das sich an
einem topographischen Hilfspunkt
orientiert, jeder einzelne Punkt erfaß-
bar.

Grabung:
Schichtenabtragung, Vermessung,
fotografische Dokumentation, Zeichnung, Fundsicherung.

Fundbearbeitung:
Säuberung, Sortierung, Inventarisie-
rung, fotografische Dokumentation,
Zeichnung. Bei Bedarf Restaurierung.

Wissenschaftliche Auswertung in der Publikation:
Datierung (durch stilistische Verglei-
che oder naturwissenschaftliche Meß-
methoden), statistische Auswertung,
kulturhistorische Deutung.

Silvia Reißner-Jenne

Um ein vollständigeres Bild der Geschichte einer Gesellschaft zu erhalten, arbeiten die Archäologen in den letzten Jahren vermehrt mit Naturwissenschaftlern aus den Bereichen Physik, Chemie, Biologie u. a. zusammen. Daraus entwickelte sich das Fach Archäometrie.

Bei der Erforschung der ältesten und alten Geschichte der Menschheit und ihrer Kulturen haben die Archäologen die verschiedensten Methoden entwickelt oder von anderen Wissenschaftlern übernommen und für ihre Zwecke angepaßt. Die Bedeutung der Stratigraphie, die bei jeder Grabung für eine relative zeitliche Einordnung der einzelnen Fundschichten wichtig ist, ist seit Pitt-Rivers erkannt (ab 1880). A. Conze entdeckte kurz vorher die Möglichkeit, keramische Fundstücke nach ihrer Form als „Leitfossil" der chronologischen Archäologie zu benutzen. Er war auch der erste, der in seinem Grabungsbericht „Archäologische Untersuchungen auf Samothrake (1875 – 1880)" die Fotografie einsetzte.

Der moderne Archäologe, unabhängig von dem Raum und der Zeit, in der er arbeitet, versucht ein möglichst vollständiges Bild der Geschichte einer Gesellschaft, ihrer sozialen Struktur, ihres politischen und wirtschaftlichen Lebens, ihrer Religion und Gebräuche, ihrer Wissenschaft und auch ihrer Kunst zu erhalten. Es ist verständlich, daß er, um diesem hohen Ziele gerecht zu werden, alle nur möglichen Hilfen und Methoden benutzt, auch diejenigen, die die heutige naturwissenschaftliche Kenntnis bietet. (...)

Die Fülle des Stoffes bedingt für den einzelnen Forscher eine Spezialisierung, und dies wiederum fordert für die umfassende Behandlung eines Forschungsgebietes die Zusammenarbeit verschiedener Experten. Aus dieser Notwendigkeit einer Zusammenarbeit hat sich das Fach *Archäometrie* entwickelt. Es umfaßt die naturwissenschaftlichen Methoden im kulturhistorischen Bereich, hauptsächlich physikalische und chemische Methoden, aber auch Methoden aus anderen naturwissenschaftlichen Disziplinen wie die der Biologie, der Medizin oder der Geologie. Archäometrie ist also die Verbindung einer oder auch mehrerer naturwissenschaftlicher Forschungsrichtungen mit der Archäologie mit dem Ziel, neue Fakten für die archäologische Forschung bereitzustellen oder zu gewinnen, die mit rein archäologischen Mitteln nicht oder nicht so eindeutig zu erhalten sind.

Der Terminus „Archäometrie" scheint zurückzugehen auf die englischsprachige Zeitschrift Archaeometry, die seit 1958 existiert, zunächst als Hausmitteilungsblatt des Research Laboratory for Archaeology and the History of Art in Oxford und heute als Fachblatt, das sich ganz der Veröffentlichung archäometrischer Artikel gewidmet hat.

Die Archäometrie als interdisziplinäre Wissenschaft verlangt die enge Zusammenarbeit von Forschern der verschiedenen Fachrichtungen. Dieser Kontakt der Archäologie mit den Naturwissenschaften hat begonnen, die Art und Weise des archäologischen Arbeitens zu beeinflussen. „Die Philosophie der Archäologie ändert sich". Nicht nur aus naturwissenschaftlicher Sicht ist meiner Meinung nach eine deutliche Trennung von beweisbaren und sicher gegebenen Fakten und von diese Fakten belebenden subjektiven Interpretationen wünschenswert. Die Meinung, Archäologie ist eine rein subjektive Würdigung der Altertümer, wie sie früher vielfach vertreten worden ist, scheint kaum noch Unterstützung zu finden. Schon 1887 hat Pitt-Rivers geschrieben: Es sollte stets das Bestreben der Ausgräber sein, den subjektiven Faktor auf ein Mindestmaß zu beschränken (...).

Die starke Technisierung in vielen Bereichen unseres Lebens in diesem Jahrhundert hat die Archäologie beeinflußt. Der Einsatz archäometrischer Methoden in den letzten 20 Jahren wurde besonders gefördert durch die Erfindung neuer naturwissenschaftlicher Verfahren. Heute ist es möglich, in speziellen Fällen ganz zerstörungsfrei zu untersuchen. Andere Materialprüfungsverfahren brauchen nur Mikromengen an Substanz und werden deshalb quasi zerstörungsfrei genannt. (...)

In geringem Umfang wurden schon im letzten Jahrhundert naturwissenschaftliche Methoden in der Archäologie eingesetzt. Sobald um das Jahr 1800 durch die in dieser Zeit schnell wachsenden Kenntnisse in der Chemie die Möglichkeiten gegeben waren, Analysen durchzuführen, war es selbstverständlich, daß diese neue Technik auch auf Fundobjekte vergangener Zeiten und Kulturen angewandt wurde. Besonders die chemische Analyse von Metallobjekten dominierte. Der Chemiker und Apotheker Klaproth in Berlin, bekannt als Entdecker des Urans, hat bereits 1795 erste quantitative Analysen antiker Münzen durchgeführt, indem er sie chemisch

auflöste. Häufigstes Ziel dieser und einer ganzen Reihe nachfolgender chemischer Untersuchungen war es festzustellen, welche Materialien in Münzen und anderen Fundstücken verwendet worden waren. Man wollte damit den verbreiteten Wunderglauben an die Technologie der klassischen Antike entkräften, der von verlorengegangenen Verfahren und Kunstgriffen sprach, z. B. in der Metallurgie. In der 2. Hälfte des 19. Jahrhunderts wächst die Zahl der Materialuntersuchungen an alten Fundstücken stark an. H. Knoll hat in seinem Aufsatz „Naturwissenschaften, Altertum und Kunstwissenschaften" diese ersten archäometrischen Arbeiten und ihren Einfluß auf archäologische Fragestellungen zusammengetragen.

Die zahlreichen neuen naturwissenschaftlichen Methoden erlauben es heute, weit mehr Informationen zu gewinnen. Aber mit der Güte der Leistungen steigen auch die Anforderungen. Besonders in drei Gebieten wird heute archäometrisch gearbeitet:

1. der archäologischen Prospektion, d. h. der Lokalisierung von unbekannten Objekten,
2. der Materialanalyse von Fundgegenständen und
3. der Datierung.

Dabei verfolgt man die verschiedensten Ziele. Die naturwissenschaftlichen Methoden der Prospektion ergänzen die traditionellen Verfahren der Oberflächenbeobachtung und der Auswertung schriftlicher Quellen. Fotografische Aufnahmen vom Flugzeug oder in Zukunft sicher auch von Satelliten aus unter speziellen Wetter-

Opferzug vom Südfries des Parthenon.

und Lichtbedingungen gestatten das Entdecken ganz neuer Fundorte. Spezielle chemische und physikalische Methoden erlauben eine Ausmessung eines Fundplatzes ohne teure Suchgrabungen.

Die Materialanalyse von Fundgegenständen kann eine ganze Reihe von Fragen lösen helfen. Neben der Identifikation der verwendeten Materialien ist der Stand der Technologie zur Herstellungszeit interessant. Die Bestimmung von mit bloßem Auge nicht sichtbaren Merkmalen hilft bei einer verfeinerten Klassifizierung und Zuordnung der Fundgegenstände. Die oft wichtige Frage nach dem Herkunftsort oder dem Herstellungsort kann so durch Merkmalsvergleich u. U. beantwortet werden. Die genaue Kenntnis der zu einer Zeit verwendeten Materialien und Herstellungsweisen deckt Fälschungen auf und erschwert ihre Herstellung (solange der archäometrische Wissensstand der Prüfer demjenigen der Fälscher voraus ist). Das Wissen um die chemische Zusammensetzung von Artefakten

schließlich hat Bedeutung für die Museumslaboratorien. Sie hilft den Restauratoren bei der Aufbereitung und Konservierung von Fundstücken.

Der wissenschaftliche Gewinn einer möglichst genauen Datierung ist in der Archäologie offensichtlich. „Genaue Zeitangaben bilden das Rückgrat der archäologischen Forschung". Nur zögernd einsetzende, langsame Veränderungen gegenüber einer schnellen Folge von Neuerungen erhellen die Dynamik einer Epoche. Die Bedeutung von Altersbestimmungen in der Archäologie ist schon daran erkenntlich, daß die meisten Studenten bei einer Darstellung der archäometrischen Materialanalysen fragen: Und wie erhält man nun das Alter? Dieser dritte Bereich der archäometrischen Forschung ist der oft einzig bekannte.

Hans Mommsen:
„Archäometrie"

Wolf-Dieter Heilmeyer unterrichtet am Archäologischen Institut der Freien Universität Berlin Klassische Archäologie. Im folgenden Artikel zeigt er auf, mit welchen allgemeinen Fragen sich die heutige Archäologie auseinandersetzt.

Jeder, der sich nach Beschäftigung oder Beruf Archäologe nennt, kennt die Frage, wieviel und wie lange wir denn noch ausgraben wollten. In der Öffentlichkeit scheint demnach das Ausgraben die Hauptfrage der Archäologie in der Gegenwart zu sein. Diese Tätigkeit dauert ja schon mehr als zweihundert Jahre, seit dem Beginn der Arbeiten in Pompeji nämlich: Da sollte man doch meinen, daß bald alles Findenswerte aus der Erde geholt wäre!

Mancher Archäologe war während seiner Ausbildungszeit Anhänger ähnlicher Vorstellungen. Schließlich waren auch Winckelmanns Pläne für Olympia, dort „mit hundert Arbeitern das Stadion umzugraben", weil „die Ausbeute über alle Vorstellungen ergiebig sein" müsse, und Schliemann hat den sogenannten Schatz des Priamos mit Hilfe seiner Frau während einer Frühstückspause seiner Arbeiter selber geborgen. (...)

Denn es war doch dessen Überzeugung, die Erzählungen Homers durch das Ausgraben bestimmter Hinterlassenschaften früher Menschheitsepochen als Geschichte dingfest machen zu können; heute suchen wir – fast umgekehrt – die Fülle greifbarer historischer Objekte durch Ausgraben in einen geschichtlichen Zusammenhang zu stellen. Dieser Zusammenhang wird bei jeder Grabung allerdings gleichermaßen klarer wie vielfäl-

tiger: ebenso viele Fragen, wie man löst, tauchen neu auf. Archäologie ist, wie alle Forschung, ein endloser Vorgang, der sich schrittweise vollzieht. Heute sind wir froh, wenn wir in Troja noch ungestörte Schichten finden, in denen die Schliemannschen Funde auf unsere gewandelten Fragen antworten können – und in dreißig Jahren wird man wieder andere Fragen haben. Ja, diese Fragen bilden sich häufig erst bei der wissenschaftlichen Tätigkeit des Ausgrabens heraus. Daher wird kein Archäologe je die Frage beantworten können, wie lange denn noch ausgegraben werden wird. (...)

Ernst Buschor hat einmal definiert: „Archäologe ist jeder, der ein von Menschenhand geformtes Ding einer vergangenen Epoche zurechnet", und war doch selber einer der Hauptvertreter der besonders in Deutschland blühenden reinen Kunstarchäologie. Diese Tradition reicht tief in die Geistesgeschichte des vorigen Jahrhunderts zurück und hat dort ihre guten Gründe gehabt. Auch der glänzendste Vertreter des historischen Positivismus in unserer Wissenschaft, der Lehrer Buschors, Adolf Furtwängler, hat seine immensen Materialvorlagen der Ordnung der antiken Kunstproduktion gewidmet: Er begann mit einem Haufen von gegen 30 000 Scherben aus den Schliemannschen Grabungen in Mykene, die 1877 in der Technischen Hochschule in Athen lagen, und hat damit 1886 das für lange Zeit grundlegende Werk „Mykenische Vasen" geschaffen; er machte sich dann als Mitarbeiter der gerade aufsehenerregend ablaufenden deutschen Grabung in Olympia an die

Ordnung der 14 000 damals dort gefundenen Bronzen und hat sie 1890 in dem für jede Beschäftigung mit antiken Bronzen unentbehrlichen 4. Band der Olympia-Publikation veröffentlicht; er hat später in den Berliner Museen mit Tausenden von Gemmen und geschnittenen Steinen gearbeitet und daraus das dreibändige Werk „Die antiken Gemmen" (1900) geschaffen, das heute eine Rarität des Buchmarktes darstellt; er hat den Vasenkatalog der Berliner Museen geschrieben und damit die Grundlage für alle kommende Vasenforschung gelegt: Die Geschichte der antiken Keramik ist heute das zuverlässigste Datierungsgerüst für alle Schichtgrabungen im Mittelmeergebiet; und er hat schließlich hinter den Tausenden von römischen Kopien griechischer Skulpturen originale Meisterwerke zu erkennen versucht: Die Geschichte der antiken Plastik ist immer noch der vornehmste Vorlesungsstoff archäologischer Lehrkräfte.

Inzwischen sind zwei Generationen archäologischer Lehrer über die Bühnen der deutschen Universitätsinstitute gegangen und mit ihnen der Evolutionismus, der Strukturalismus, der Neopositivismus. Heute bevorzugt man Erklärungen, die die antike Kunst auf Religion, Weltanschauung, Ideologie, Gesellschaftsspiegel und Wirkungsgeschichte abtasten. Bald wird man die Polarität von Hersteller und Auftraggeber noch stärker beachten müssen. Ranuccio Bianchi Bandinelli, der die italienische Archäologie und darüber hinaus die europäische Kunstgeschichtsschreibung der letzten Jahre als Archäologe wohl am nachhaltigsten beeinflußt hat, schreibt im testamentähnlichen Vorwort zur dritten Auflage seiner „Storicità dell'arte classica" 1973: „Ich habe mir selbst (und dann konsequenterweise den anderen) ein um das andere Mal das historische Phänomen zu erklären gesucht, auf dem gerade meine Aufmerksamkeit ruhte, indem ich mich

Dionysostheater am Südabhang der Akropolis in Athen.

in den Künstler hineinzuversetzen bemühte, der ein bestimmtes Werk geschaffen hatte, das heißt, indem ich die Umwelt, die Bedingungen seiner Produktion zu verstehen versuchte. Ich habe gelernt, den ökonomischen Elementen Gewicht zu geben, die mit den ideologischen zusammengeflossen sind, um den Charakter eines Werkes festzulegen."

Er hat damit gleichzeitig seine Abkehr von Arnold Hauser begründet, dessen Sozialgeschichte der Kunst und Literatur von 1951 die Ideologiekritik in die antike Kunstgeschichtsbetrachtung eingeführt hatte. Hier ist anzuknüpfen, hier liegen Hauptfragen der Kathederarchäologie in der Gegenwart.

Die tägliche Arbeit konfrontiert den Archäologen freilich mit anderen Problemen. Jedes Jahr beobachtet er die zunehmende Zerstörung der ihm anvertrauten Monumente, sei es durch Erdbeben, durch natürlichen Verfall, durch Wurzeln und Pflanzen, sei es durch Verschmutzung der Luft, durch Autoverkehr und Fluglärm, sei es durch Unachtsamkeit und Unordnung selbst in den Museen, sei es schließlich durch die Touristen, die zu Hunderttausenden durch die Antikenstätten ziehen, ameisengleich die Wege, Plätze, Treppen und Mauern niedertreten und als Souvenirjäger keine Scherbe und keinen lockeren Stein liegenlassen. Diese Zerstörung hat an einigen Stellen Ausmaße erreicht, wie sie sich noch 1964 nicht absehen ließen, als in Venedig die internationale „Charta zur Konservierung und Restaurierung von Monumenten" verbindlich festgelegt wurde. Konservierung meint die bloße Erhaltung der Monumente, die heute von einer dauernden Schadensbeobachtung und wissenschaftlichen Schadensanalyse begleitet sein muß. Verstreute, aber noch existierende Teile eines Ganzen müssen wieder vereinigt und unter Umständen wieder aufgerichtet werden. Bei Mosaiken, Malereien, Bildwerken und sonstigen Dekorationen ist zu erwägen, ob sie außerhalb eines Museums überhaupt genügend geschützt sind. Bei den berühmten Skulpturen, die sich noch immer in der Ruine des Parthenons auf der Athener Akropolis befinden, ist das jedenfalls nicht mehr der Fall.

Restaurierung dient dagegen der heutigen Nutzung, dem heutigen Umgang mit den antiken Monumenten. Das kann in Kirchen, Theatern und Museen sein, aber auch an den Einzelmonumenten und in den großen Ruinenparks, die als Freilichtmuseen einen erheblichen Erholungswert gewonnen haben. Hier muß die Führung des Besuchers mit dem Schutz der Denkmäler Hand in Hand gehen. Die Restaurierung soll den historischen ebenso wie den ästhetischen Wert der Denkmäler erhalten, sie soll dem Besucher nicht nur einen bestimmten Zustand präsentieren, sondern nach Möglichkeit einen Geschichtsverlauf erläutern. In größerem Zusammenhang sollen jetzt nicht mehr nur die berühmten Monumente der Kunstgeschichte erscheinen, sondern auch die anonymen Zeugnisse der früheren Beschäftigungen des Menschen. Hier ist jeder Einzelfall zu bedenken, hier liegen die für die Zukunft entscheidenden Fragen der archäologischen Denkmalspflege in der Gegenwart.

Oft genug hat allerdings die ungeheure Tätigkeit im Städte- und Straßenbau in der Zeit seit dem Zweiten Weltkrieg die Archäologie in die Defensive reinen Bewahrens gedrängt. Wer auch immer in einem Museum oder Denkmalspflegeamt in Mittel- oder Südeuropa in den letzten Jahrzehnten tätig war, mußte Hals über Kopf auf Notgrabungen ziehen, um einen Grabfund zu retten, einen Mauerzug aufzumessen, eine längerfristige Ausgrabung einzuleiten, einer rettungslosen Zerstörung Einhalt zu gebieten. Die Funde dieser Notgrabungen verstopfen nach und nach die Museumskeller und beschäftigen unsere italienischen und griechischen, spanischen und türkischen Kollegen Tag und Nacht. Voller Neid blicken sie auf die ungestörte wissenschaftliche Tätigkeit an den großen traditionellen Grabungsunternehmungen, wie Olympia oder Ephesos, Delos oder Delphi. (…)

Wie die Denkmalspflege nur in bezug auf die heutige Nutzung der Monumente, erhält das Museum nur in bezug auf seine Besucher einen Sinn. Damit stellt sich aber die viel weitere Frage nach dem Verhältnis von Archäologie und Öffentlichkeit. Über die merkwürdige Diskrepanz zwischen dem ständig wachsenden öffentlichen Interesse an Ausgrabungen, Ausgrabungsgeschichten, Funden, Denkmälern und allem, was man unter Archäologie versteht, auf der einen und einer inneren Bedrohung der Archäologie als Lehrfach an den Universitäten durch Etatkürzungen und Stellenstreichungen auf der anderen Seite ist in diesen Jahren schon viel gesprochen worden. Dabei kann man sicher voraussetzen, daß die Arbeitsintensität der archäologischen Forschung unverändert hoch ist, ja die Qualität archäologischer Dissertationen und Habilitationen ist unter dem immensen Leistungsdruck, unter dem sich Studenten und Nachwuchskräfte nicht nur dieses Faches heute befinden, noch im Wachsen. Doch hat die steckengebliebene Universitätsreform der vergangenen Jahre die verschiedenen neben der klassischen Archäologie sich herausbildenden ähnlichen Fächer ungeordnet im Kreise der sogenannten kleinen Fächer zurückgelassen. Hier werden sie, deren Universitätsinstitute in der Regel nur aus ein, zwei oder drei Lehrkräften bestehen, von jedem äußeren Eingriff gleich an den Rand ihrer Existenz getrieben.

Dennoch muß gleichzeitig der alten Überlegung nachgegangen werden, wie sich eine immer weitergehende Spezialisierung und eine bereits traditionell verklausulierte Fachsprache, eine immer engere Einschränkung auf bestimmte Forschungsfragen, ein immer gleichmäßigeres Furchenziehen auf demselben Acker mit dem öffentlichen Interesse an dieser Tätigkeit und seinen Feldern in Einklang bringen lassen. Wenn sich Studenten einmal zusammensetzen, um einen Ruinenführer nach dem von ihnen eruierten Publikumsinteresse zu schreiben, das auch der große Markt der sogenannten Populärliteratur nicht wirklich befriedigt, eher besänftigt, dann beeilen sich ältere Fachkollegen, ihnen Unwissenschaftlichkeit vorzuwerfen. Tatsächlich gibt es keine Untersuchungen über das, was zum Beispiel die Millionen von Griechenlandreisenden dort außer Meer und

Sonne und griechischem Wein eigentlich suchen. Ohne solche Analysen aber bleibt die Mitteilung des Archäologen von seiner Arbeit mit wenigen Ausnahmen entweder so speziell und unverständlich wie heute fast alle Wissenschaft, oder sie erscheint als Bildungsgut von gestern und vorgestern oder bietet sich als eine von geschäftstüchtigen Verlegern erfundene oberflächliche Bilderschwemme dar.

Hier wird die Archäologie erst weiterkommen, wenn sie ihre Öffentlichkeitsarbeit als einen echten Praxisbezug anerkennt, wie er in Denkmalspflege und Museum schon besteht. Ausdeutende Lehre, die mit Führungen, Führungsblättern und ähnlichem beginnt, die aber auch Vortragsreihen und Reiseleitungen, Zeitungsartikel, Rundfunk und Fernsehen einbezieht, muß sich nicht auf einen billigen Durchschnitt einstellen, nur weil sie verständlich sein will. (...)

Es ist deutlich, wie entscheidend sich Aufgaben und Arbeitsweisen allein schon der klassischen Archäologie, für die ich hier vor allem spreche, seit Schliemann und Furtwängler geändert haben. Probleme der Randkulturen sind wichtig geworden. Probleme der Subkulturen werden vor allem in Italien diskutiert. Der Blick auf die Produktionssituationen hat die Technologie auf den Plan gerufen, die fortschreitende wissenschaftliche Ortung, Analyse, Datierung und statistische Aufbereitung der Denkmälergruppen haben den Kontakt von Archäologie und Naturwissenschaft hergestellt. Hierin ist die englischsprachige der deutschen Forschung weit voraus. Schon seit bald zwei Jahrzehn-

ten berichtet die in Oxford erscheinende Zeitschrift *Archaeometry* von den Ergebnissen der „exakt messenden" Naturwissenschaften auf dem Gebiet der Altertumskunde. (...)

Gegen diese Forschungsrichtung könnte die stärker historisch ausgerichtete deutsche Archäologie Wesentliches beitragen: Selbst die antiken Kulturen mit ihrer langen Wirkungsgeschichte bieten keine übertragbaren Modelle, höchstens in dem Sinne, daß sie lehren, wie sich der Mensch unter der Last der jeweils verschieden auf ihn einwirkenden Faktoren in dem langen Vorgang seiner Auseinandersetzung mit Natur und Umwelt stets verschieden verhalten hat. Trotz gewisser unleugbarer Grundschemata machen diese Verschiedenheiten erst die eigentliche Qualität der Geschichte aus. Leider hat sich jedoch die deutsche klassische Archäologie bis auf gewisse methodologische Ansätze seit langem nicht mehr an den internationalen Theoriediskussionen beteiligt. Sie hat sogar darauf verzichtet, sich mit ihrer eigenen strukturanalytischen Richtung auseinanderzusetzen, die in den fünfziger Jahren zu einem Abschluß kam. Noch blüht, schon weil die Stilanalyse der reinen Kunstforschung nicht darauf verzichten kann, die evolutionistische Methode der langen kunstgeschichtlichen Entwicklungsreihen, und gern bedient man sich der strukturalistischen Grundbegriffe.

Wolf-Dieter Heilmeyer:
„Hauptfragen der Archäologie
der Gegenwart"

Ionisch – Dorisch: Stilmerkmale griechischer Architektur

In den monumentalen Tempelbauten der Griechen sehen wir zweifellos das beeindruckendste Zeugnis griechischer Baukunst. Der Tempel birgt als Haus der Gottheit das Kultbild, ist aber kein Versammlungsraum für die Gemeinde. Seine Wirkung richtet sich nach außen, gleichsam als Steigerung und Erhöhung göttlicher Macht.

Das Grundschema eines Tempels, das je nach Zeitstufe Abwandlungen unterliegt, besteht aus einem Hauptraum, der „Cella", der in eine oder mehrere Vor- bzw. Rückhallen aufgegliedert sein kann. Rings umlaufende Außensäulen bilden mit dem Dach einen Umgang. Die Schmalseiten des Tempels werden als Frontseiten oft durch skulpturengeschmückte Giebel hervorgehoben. Im Aufriß zeigen die tragenden und lastenden Elemente, Säulen und Gebälk, die charakteristischen Merkmale des jeweiligen Baustils.

Am klarsten scheint der Aufbau der *dorischen Ordnung* zu sein. Wenn hier mit der Erläuterung der dorischen Ordnung begonnen wird, so sagt dies nichts über ihre entwicklungsgeschichtliche Stellung im Vergleich zur ionischen Ordnung aus. Vielmehr wird hier die dorische Ordnung nur deshalb vorangestellt, weil sie sowohl die strengste als auch die problematischste der antiken Architektur war und blieb. Wie die übrigen Ordnungen auch, ist sie primär am und für den Sakralbau, d. h. den Tempel, entwickelt worden.

Über einem meist dreistufigen Unterbau, der Krepis, stehen auf der obersten Stufe, dem Stylobat, die Säulen, deren Schäfte durch Kanneluren ringsum vertikal gegliedert sind und sich nach oben verjüngen. Die Entasis, d. h. die stärker oder zurückhaltender ausschwingende Kontur des aufsteigenden Säulenschaftes ist weniger ein Bestandteil der Ordnung als ein landschaftlich oder zeitlich prägendes Stilelement der Säulenform. (...)

Dorische Säulen des Apollontempels in Bassai.

Am Übergang zum Kapitell, am Säulenhals, bilden eingekerbte umlaufende Ringe, die Anuli, eine deutliche Zäsur, heben damit das Kapitell vom Säulenschaft ab und gliedern den Säulenaufbau an markanter Stelle. Das Kapitell selbst besteht aus einem kissenartigen Polster, dem Echinus, und einer quadratischen Deckplatte, dem Abakus. Ähnlich wie die Entasis ist die Ausbildung des Echinus von landschaftlichen oder zeitlichen Stilelementen geprägt.

Über den Säulen lagert der Architrav, der oben mit einer schmalen, knapp vorspringenden Profilleiste, der Taenia, abschließt. Darüber folgt der dorische Fries mit seinem regelmäßigen Wechsel von Triglyphen und Metopen, deren oberer Abschluß durch eine Kopfleiste gebildet wird. Drei Schlitze gliedern als skandierende Vertikalelemente die Triglyphe. An der Architravtaenia markieren kleine Leisten mit einer Reihe von Tropfen oder Nagelköpfen (die Regulae mit den Guttae) den Platz der Triglyphen.

Über dem Fries folgt das vorkragende Geison, mit dem der Dachaufbau beginnt. An der Unterseite des Geisons hängen rechteckige Platten, die Mutuli, die mit meist drei Reihen von Guttae besetzt sind. Über jeder Metope und jeder Triglyphe wird ein Mutulus angebracht, deren dichte Reihung je eine Via, ein schmaler Zwischenraum, unterbricht. An den Flanken folgt als bekrönendes Glied der Ordnung ein stark ausgeprägter Dachrand, die Sima, mit einer regelmäßigen Folge von Wasserspeiern, die häufig als Löwenköpfe ausgebildet sind. – An den Fronten steht über dem waagerechten Geison das Tympanon, das flache Dreieck der Giebelwand, die von Schräg-Geison und Sima bis zum First gerahmt wird. Figürliche oder pflanzliche Akrotere können First und Ecken des Daches bereichern.

Der Aufbau der dorischen Ordnung ist nicht nur durch die Bestandteile der einzelnen Glieder geprägt, sondern auch durch deren regelmäßige Abfolge: über jedem Säulenjoch folgen 2 Triglyphenjoche und 4 Mutulenjoche, so daß der Aufbau durch eine klare Abfolge fortschreitender Teilung bestimmt wird. Die ausgeprägte kanonische Architektur setzt dieses Prinzip bis in die Formate der Dachziegel fort, indem die Breite eines Dachziegels einer halben Mutulusbreite entspricht, wie dies der Zeustempel in Olympia überliefert.

Der Grundriß ist weniger an eine bestimmte Ordnung gebunden, wenngleich sich auch hier der Wille zu ordnenden Prinzipien klar erkennen läßt. Die strenge Kanonik der frühklassischen Architektur überliefert dies insbesondere am Beispiel des Zeustempels in Olympia. (…)

Gebälk und Fries der *ionischen Ordnung* sind demgegenüber unproblematisch. Die Grundbestandteile in Grundriß und Aufbau sind im Prinzip die gleichen wie jene der dorischen Ordnung: Stufenbau, Säule, Architrav, Fries, Geison und Sima sowie Cella und Ringhalle gehören gleichermaßen zur ionischen Ordnung, jedoch sind ihre Formen andere.

Die ionische Säule steht auf einer eigenen Basis, deren Kontur durch differenzierte Profilierung gekennzeichnet ist: über der Plinthe folgen mit Spira, Trochilus und Torus variable Elemente, deren Formen landschaft-

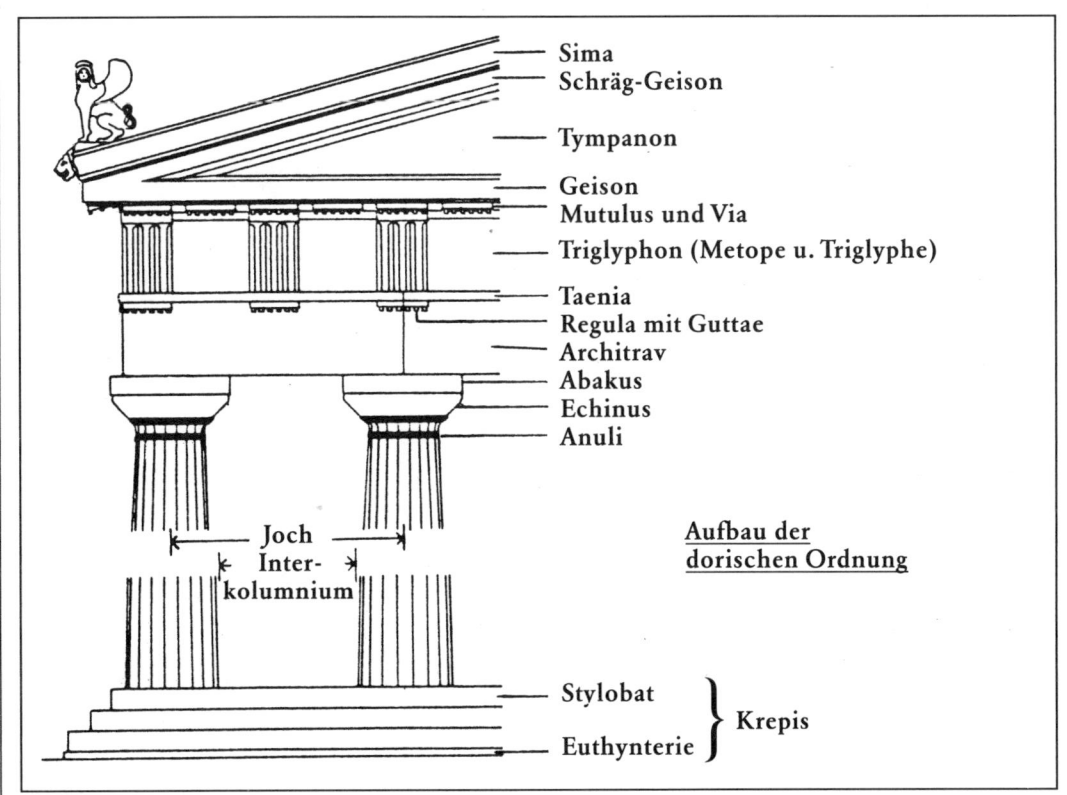

Sima
Schräg-Geison
Tympanon
Geison
Mutulus und Via
Triglyphon (Metope u. Triglyphe)
Taenia
Regula mit Guttae
Architrav
Abakus
Echinus
Anuli

Joch
Inter-
kolumnium

**Aufbau der
dorischen Ordnung**

Stylobat
Euthynterie } Krepis

lichen oder zeitbedingten Entwicklungen Ausdruck geben. Die Basis leitet vom Stylobat zum Säulenschaft über, sie hebt die Säule zugleich vom Unterbau ab. Bereits hier zeigt sich ein prinzipieller Unterschied der Ordnungen. Während die dorische Säule untrennbar mit dem Unterbau verbunden ist, selbst wenn dieser nur aus einer Stufe bestehen sollte, ist die ionische Säule dank ihrer eigenen Basis gleichsam selbständiger und im Prinzip unabhängiger verwendbar, d. h. weniger bedingungslos an einen bestimmten Ordnungszusammenhang gebunden. – Die Kanneluren des ionischen Säulenschaftes treffen sich nicht, wie bei der dorischen Säule, in scharfkantig geschnittenen Stegen, sondern meist in schmalen Vertikallei-

sten, die zu dem vielfältigeren Erscheinungsbild der Säule beitragen. Das Kapitell ist insbesondere durch zwei zu den Seiten hin ausladende Voluten geprägt. Ausgehend vom Volutenauge, entwickelt sich eine gekehlte Spirale, deren oberes Ende über dem Säulenschaft in einer leichten Schwingung zur Gegenseite führt, an der sich die Spirale erneut bis zum Volutenauge einrollt. Der Übergang vom Säulenhals zur Volute bietet vielfältige Möglichkeit zur ornamentalen Ausstattung mit Eierstab- oder Perlstabbändern, ohne daß diese Elemente im einzelnen durch die Ordnung fixiert wären. Über die Volute spannt sich das flache Rechteck des Abakus, dessen Ränder gleichfalls Anreiz zu ornamentalem Schmuck boten. Darüber folgt der

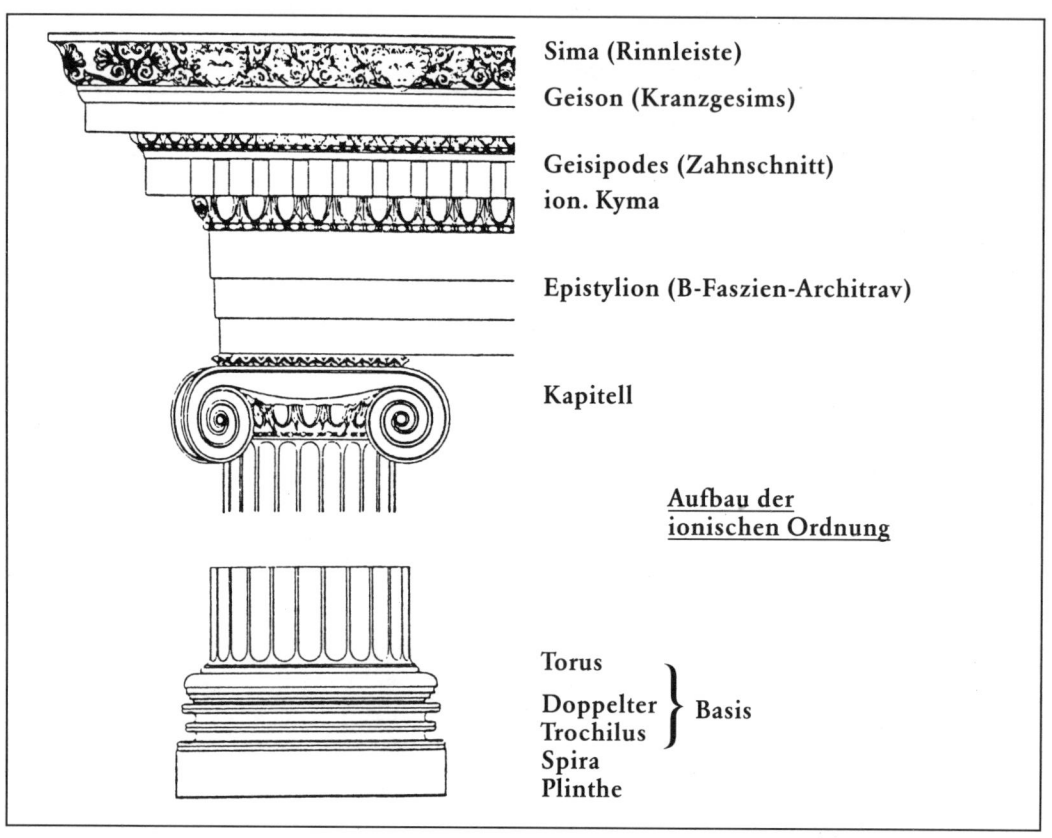

Sima (Rinnleiste)

Geison (Kranzgesims)

Geisipodes (Zahnschnitt)
ion. Kyma

Epistylion (B-Faszien-Architrav)

Kapitell

**Aufbau der
ionischen Ordnung**

Torus
Doppelter
Trochilus } Basis
Spira
Plinthe

Architrav, der in der Regel durch drei abgetreppt vorkragende Horizontalleisten, die Faszien, gegliedert wird. Zum Dachaufbau leitet der Zahnschnitt über, eine Abfolge regelmäßig vor- und zurückspringender, enggestaffelter Rechteck-Elemente, die am ehesten an auflagernde und nach außen vorkragende Holzbalken erinnern. Das Kranzgesims des Geisons und die aufgebogene Rinnleiste der Sima am Dachrand beschließen den Aufbau der Ordnung. Ein umlaufender Friesstreifen, ohne architektonische Vertikalgliederung, kann das Gebälk bereichern. Doch gehört er nicht unabdingbar zur ionischen Ordnung, wie auch reicher oder zurückhaltender ausgeprägte Ornamentbänder zwischen die einzelnen Glieder eingefügt werden können. (…)

Bei der Beschreibung der ionischen Ordnung fällt vorrangig im Vergleich zur dorischen Ordnung auf, daß sie in ihren einzelnen Gliedern und in der Systematik der Ordnungsprinzipien weniger straff organisiert ist und somit dem individuellen Spielraum größere Möglichkeiten eröffnet. Dies ist insbesondere darin begründet, daß die einzelnen Glieder nicht in gleicher Weise voneinander abhängig sind. Deshalb erstaunt es nicht, wenn die architektonischen Leistungen ionischer Ordnung vielfältiger und reicher an unterschiedlichen Lösungen sind.

Heiner Knell:
„Architektur der Griechen"

Das Volk, das wir heute allgemein als „die Griechen" bezeichnen, bildete sich aus mehreren, von Norden her eingewanderten indogermanischen Stämmen, die mit der Urbevölkerung, den Pelasgern und Karern, während zweier großer Wanderungsbewegungen im 2. Jahrtausend v. Chr. verschmolzen. Der zweite dieser Einwanderungsschübe, die sogenannte „Dorische Wanderung" im 12. Jahrhundert v. Chr. war es, die die mykenische Kultur zerstörte und durch ihren Druck nach Süden die erste griechische Besiedlung Kleinasiens erzwang. In historischer Zeit siedelten sich die Dorier, die hauptsächlich von Landwirtschaft lebten, in Mittelgriechenland, in der Doris, der Argolis, Messenien, in Lakonien (Peloponnes), auf Kreta, Rhodos, Kos und in Unteritalien an. Als Kernland der Dorier galt das Gebiet um Sparta. (…)

Als nach den Kriterien der Sprache, des Territoriums und des Brauchtums einheitlichster griechischer Stamm gelten die Ioner. Sie waren als erste nach Griechenland eingewandert, doch konnte sich während der Dorischen Wanderung nur ein kleiner Teil des Volkes auf dem Festland behaupten (Attika, Phokaia, Euböa). Viele wichen auf die Kykladeninseln und an die Westküste Kleinasiens aus, wo sie sich in einer wirtschaftlichen und religiösen Gemeinschaft organisierten (Zwölferbund). Kulturell wurden die ionischen Städte zu Vermittlern des orientalischen Einflusses auf Griechenland.

Silvia Reißner-Jenne

Die Griechen selbst sahen, davon darf man überzeugt sein, jede geringste Änderung der Form und der Proportionen. Sie waren Schauende, waren Augen-Menschen. (…) Nun darf man sich „die Griechen" keineswegs als eine homogene Volksmasse vorstellen. Sie waren gespalten in Stämme, die zu verschiedenen Zeiten eingewandert waren, deren zwei, die Dorier und die Ioner, die beherrschenden Pole des griechischen Wesens bildeten, weiter differenziert gemäß dem Bild der bewohnten Landschaften oder Inseln, zersplittert in eine Unzahl kleiner, autarker, meist untereinander verfeindeter Stadtstaaten, deren jeder in der Sprache wie in der Kunst seinen eigenartigen Dialekt auszubilden imstande war; – darf man da überhaupt noch von einer Nation reden? Die Hellenen wurden sich ihrer Einheit nur den Fremden, den „Barbaren" gegenüber hochmütig bewußt, oder sie empfanden bei den großen panhellenischen Festen in Olympia, in Delphi ihren innersten Zusammenhalt: die so eigentümlich wirkliche, diesseits-lebendige griechische Religion – die Quelle, aus der das ganze griechische Dasein seinen Ursprung nahm. So bildeten denn auch die Dorier der Peloponnes und die Ioner auf den Inseln und den Küsten Kleinasiens zwei verschiedene architektonische Strukturen aus, in denen die Polarität der beiden Stämme sichtbare Gestalt gewann, treffend verglichen schon in der Antike mit dem strengen und kraftvollen Wesen des Mannes und der schmiegsamen Anmut der Frau – bis in der attischen Klassik auch diese beiden Melodien sich kontrapunktisch vereint zusammenfanden zur „Harmonie der Gegensätze".

Gottfried Gruben:
„Die Tempel der Griechen"

Eine archäologische Sensation: Die Bronzen von Riace

Der Zufall oder das Schicksal – wie immer man darüber denken will – ließ es geschehen, daß im August 1972 zwei antike Bronzestatuen in ausgezeichnetem Erhaltungszustand ihrem Grab im Meer entrissen werden konnten. Seither geben diese Meisterwerke griechischer Großplastik den Archäologen immer neue Rätsel auf und nähren Diskussionen über ihre Entstehung und Herkunft.

RIACE

Die Geschichte von der Entdeckung der Riace-Bronzen liest sich wie ein Abenteuerroman. Der Name der Statuen stammt von einem kleinen italienischen Fischerdorf, Riace Marina, das nahe der Fundstelle an der Kalabrischen Küste zum Ionischen Meer hin liegt.

Ein Chemiker aus Rom, Stefano Mariottini, kam im Sommer 1972 mit seiner Frau und seinem kleinen Sohn hierher. Natürlich hatte er seine Taucherausrüstung mitgenommen, und am 16. August suchte er etwa 300 Meter von der Küste entfernt den Meeresboden ab. Würde er etwas mit seiner Harpune erlegen können? In einer Tiefe von 8 Metern sah er einen Gegenstand, der ihn in große Aufregung versetzte: Aus dem Sand reckte sich ein Arm heraus! Mit einiger Mühe konnte er die Umrisse des Körpers, der dazugehörte, unterscheiden. Es schien sich um eine riesengroße Statue aus Bronze zu handeln, die friedlich – seit mehr als tausend Jahren – auf ihrem Rücken ruhte. Die Winterstürme hatten sie bloßgelegt.

„Bloß" ist hier das richtige Wort. Mariottini schlug sofort Alarm, und am 20. und 21. August sprangen mehrere Froschmänner, Carabinieri aus Messina, in die Tiefe. Es gelang ihnen, den nackten Mann vom Sand, der ihn noch umgab, zu befreien. Und dicht neben ihm lag noch ein zweiter, nicht weniger nackt und grün. Mit Hilfe von aufblasbaren Ballons, die an ihnen befestigt wurden, und mit einem Kran wurden die beiden nackten, schweren Jünglinge ans Tageslicht gehoben und an Bord gebracht. Es war ein mühseliges Werk, aber es lohnte sich. Der eine Koloß war 2 Meter groß, der andere um wenige Zentimeter kürzer, und jeder von ihnen wog fast 250 Kilo.

Trotz des relativ guten Erhaltungszustands war eine fachkundige Restaurierung der Statuen dringend notwendig. Keine leichte Aufgabe für die Spezialisten in Reggio und Florenz.

Es saß eine dicke Kruste auf ihnen. Diese schien aber die Bronzenoberfläche wie mit einer Schutzschicht überzogen zu haben, so daß kaum ein unheilbarer Schaden entstanden war. Einige wesentliche Teile fehlten, z. B. die Schilde, die die Griechen unter ihrem linken Arm getragen haben mußten, und die Speere, die sie in ihrer rechten Hand hielten. Der ältere von den beiden hatte seinen attischen Helm verloren. Der jüngere trug wohl keinen Helm. Seine üppigen Locken werden von einem sehr zeitgenössisch anmutenden breiten Stirnband zusammengehalten.

Noch in Reggio konnten die Restauratoren feststellen, daß sich in den Fußsohlen Bleiklammern befanden. Im Altertum hatten sie dazu gedient, die Statuen auf einer Basis zu befestigen, von der sie allem Anschein nach abmontiert worden waren. In welcher Zeit wohl und durch wen? Die Frage stellte man gleich, aber sie konnte bisher nicht beantwortet werden. Beide Bronzen ließen sich in die Mitte des 5. Jahrhunderts v. Chr. datieren, herrliche Beispiele für den sogenannten strengen Stil. (...)

Als die Standbilder im Jahre 1975 zur weiteren Restaurierung nach Florenz gebracht wurden, hat man dort mit Röntgenstrahlen Untersuchungen vorgenommen und festgestellt, daß sich keine modernen Beschädigungen an ihnen befanden. Leichte Verbiegungen ließen dagegen erkennen, daß die Schilde, die Lanzen und der Helm wahrscheinlich schon in antiker Zeit entfernt worden sind. Man bekam den Eindruck, daß die Bronzen durch die Römer mit ziemlicher Gewalt von ihrer ursprünglichen Basis abmontiert wurden. Kostbare Zutaten, wie die erwähnten Waffen, hat man ihnen dabei sicher abgenommen, um sie gesondert zu verschicken. (...)

In Florenz ging die Restauration der Kunstwerke nicht ohne Schwierigkeiten voran. An einigen Stellen war die Bronze doch angegriffen. Es mußte verhindert werden, daß die Roststellen sich weiter ausbreiteten. Mit allen Mitteln, die den Restauratoren heute zur Verfügung stehen, ging man mit äußerster Vorsicht zu Werke. Wie stand es mit dem antiken Gußkern? Teile davon schienen sich noch im Innern zu befinden. Sie mußten entfernt werden, da sie Feuchtigkeit angezogen hatten, wodurch das Metall aufs neue oxydieren konnte. Um an den Gußkern heranzukommen, galt es zuerst, die antiken bleiernen Fußklammern abzulösen; denn man konnte die gegossenen Bildwerke an keiner Stelle sonst öffnen. Die Hohlräume, in denen die Bolzen saßen, schienen aus der Zeit der Herstellung der Statuen zu stammen. Sie waren durch die Bronzegießer absichtlich angebracht, um die riesigen Gestalten mit Hilfe des Bleis auf einen Untersatz stellen zu können.

Alles bewies eine hohe künstlerische Qualität. Die Lippen und die Brustwarzen waren aus rotem Kupfer getrieben. Bei beiden Figuren waren die Wimpern aus Silber, der Jüngling mit dem Haarband hatte auch noch silberne Vorderzähne. Die Augen bestanden, wie es üblich war, aus anderem Material. Elfenbein und Glasschmelz wurden auf die Wölbungen aufgetragen, Bernstein für die Pupillen und die Iris eingefügt. Ein Rätsel gab der rechte Arm des Mannes ohne Helm auf. Dieser scheint schon im Altertum einmal beschädigt worden zu sein. (...)

Können wir hoffen, die Namen der Künstler zu erfahren, die diese imponierenden Bronzegestalten geschaffen haben, diese wunderbaren Kunstwerke mit ihren prächtig ausgearbeiteten Adern und Muskeln, mit dem ganzen herrlichen Körperbau? So wie die Verhältnisse jetzt liegen, kann es uns wohl nicht gelingen. Wir dürfen nicht vergessen, daß in Griechenland Dutzende von Bronzen und Marmorbildern in den Tempelbezirken, im Stadion und in den Städten aufgestellt waren. Nehmen wir an, daß diese beiden Statuen um 460 – 50 v. Chr. geschaffen wurden; wir kommen aus stilistischen Gründen zu dieser Datierung. Der Mann mit dem Helm kann etwas früher, der mit dem Haarband ein wenig später entstanden sein. Doch haben wir kaum ein vergleichbares bronzenes Bildwerk aus dieser Zeit, das uns in der Frage des Künstlers weiterhelfen könnte. (...)

Für die Speerträger von Riace kämen mehrere Bildhauer in Frage: Onatas oder Phidias, da wir wissen, daß dieser große Künstler zuerst Bronzestatuen geschaffen hat, Myron oder Pythagoras aus Rhegium. Aber das sind nur Vermutungen, ebenso die Meinung, daß es sich hier um zwei Helden aus dem großen Weihgeschenk handelt, das aus 13 Helden bestand, und das die Athener dem Heiligtum von Delphi nach dem Sieg von Marathon über die Perser geweiht hatten.

Frédéric L. Bastet:
„Hinter den Kulissen der Antike"

In der Klassischen Periode der griechischen Plastik (ab ca. 490 – 325 v. Chr.) lösen sich die Statuen aus ihrer starren Frontalität und dem strengen, aufrechten Standmotiv, wie es für die archaische Epoche typisch ist. Der Künstler

Statue A (links) und Statue B (rechts).

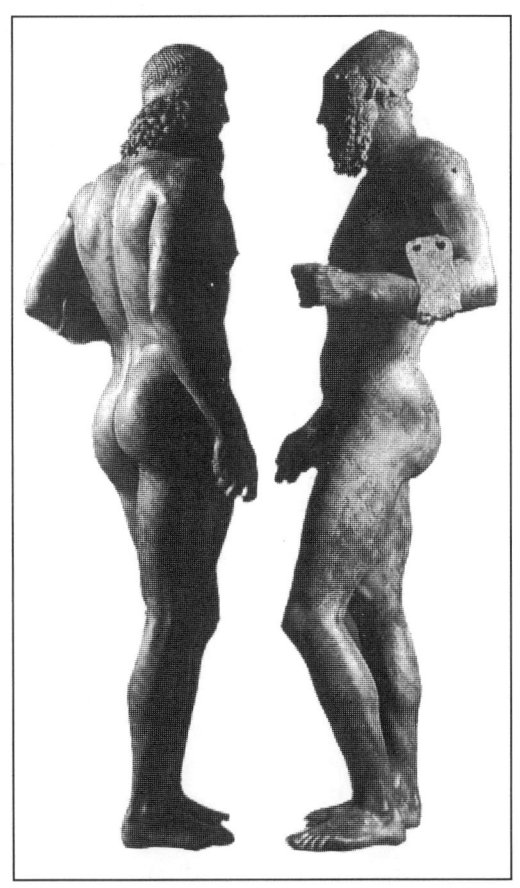

entdeckt sozusagen die anatomischen Möglichkeiten der Bewegung, einen Rhythmus, der den ganzen Körper durchläuft. Die Krieger von Riace treten in heroischer Nacktheit vor den Betrachter, nicht in jugendlicher Schönheit, sondern im Ausdruck von männlicher Reife. Auf den ersten Blick sehr ähnlich, unterscheiden sie sich doch in wichtigen Details. Die Statuen gleichen einander in Körperhaltung und Größe, im Standmotiv, der Gewichtsverlagerung auf das rechte Standbein (Ponderation), in der Armhaltung und der Drehung des Kopfes zur rechten Schulter hin. Die Oberflächen der Körper zeichnen sich durch ein äußerst subtiles Relief aus, ebenso die Gestaltung der Köpfe, die in meisterhafter Kaltarbeit mit Stichel und Glättwerkzeugen geschaffen wurden. An beiden Statuen werden Details wie Unterlippe, Zähne und Brustwarzen durch Kupfer-, bzw. Silberauflagen, die Augen aber durch Elfenbein mit Glaseinlagen hervorgehoben. Die Wimpern bestehen aus eigens angefügten, fein geschnittenen Bronzeblechen. Die Haltung des linken Arms weist darauf hin, daß beide Statuen einen Schild trugen und bewaffnet dargestellt waren. Die rechte, gesenkte Hand trug eine Lanze (Krieger B) oder ein Schwert (Krieger A). Die Statuen wurden aus mehreren Teilen gefertigt, die Köpfe sind extra gearbeitet.

Als Hauptunterschied fällt zunächst die Kopfbedeckung der Statue auf, die als Statue B bezeichnet wird. Eine Kappe, die darunter nur einen kleinen Lockenkranz freiläßt, sitzt eng auf dem Kopf. Im Originalzustand hat sie sicher einen eigens gegossenen attischen Helm getragen, wie Einlaßlöcher um den Kopf herum, in denen der Helm befestigt wurde, beweisen. Das Gesicht, in dem das linke Auge fehlt, ist von einem leicht gewellten Bart umrahmt. Die rechte Schulter neigt sich stark zum Standbein herab, so daß das Körpergerüst eine geschwungene S-Linie bildet. Die Sohle des Spielbeins berührt nur leicht den Boden. Die Statue zeigt Spuren von Reparaturen, die schon einige Zeit nach der Herstellung (vielleicht im 4. Jh. v. Chr.) vorgenommen wurden.

Dagegen wirkt Statue A in ihrer Körperbewegung wesentlich ruhiger. Das Standmotiv ist dasselbe, doch setzt das Spielbein, wenn auch unbelastet, vollständig auf dem Boden auf. Meisterhaft hat der Künstler den Kopf gestaltet, der in seiner Ausdruckskraft Statue B in mancher Hinsicht übertrifft. Um die langen, gelockten Haare trägt der nackte Krieger ein Band, das an die oft auf Münzen abgebildete Königsbinde erinnert. Der Kopf wendet sich zur rechten Schulter hin, die Augen aus hellerem Material, die einen scharfen Kontrast zum Gesicht bilden, blicken geradeaus in die Ferne. Den halbgeöffneten Mund, der die silbernen Zähne erkennen läßt, rahmt eine prächtige, lockige Barttracht, ganz dem männlichen Ideal der Zeit entsprechend.

Da es sich bei beiden Statuen um Darstellungen von Kriegern vornehmer Herkunft handelt, hat man vermutet, daß beide zu der Statuengruppe eines Weihgeschenks („die Phylenheroen") gehören könnten, das die Athener als Dank für ihren Sieg bei Marathon vom Bildhauer Phidias zwischen 457 und 450 v. Chr. in Delphi errichten ließen. Hinweise darauf finden sich bei Pausanias im 10. Buch (10,1).

Silvia Reißner-Jenne

Heinrich Schliemann – Pionier der Archäologie oder Scharlatan?

Schliemann, der Pionier der Archäologie, Schliemann, der unermüdliche Ausgräber, Schliemann, der Hochstapler, Schliemann, der Jünger Homers, der reiche Kaufmann, der ehrgeizige Pseudo-Wissenschaftler… unzählige weitere Beinamen ließen sich für eine der umstrittensten Persönlichkeiten in der Geschichte nicht nur der deutschen Archäologie, sondern der Archäologie überhaupt finden. Kein anderer hat die Gelehrtenwelt über seine Verdienste oder Verfehlungen so entzweit wie dieser Mann, der alles daransetzte, die Sagenwelt Homers mit realer Geschichte zu verbinden.

Der Lebensweg Heinrich Schliemanns verläuft keineswegs in geraden Bahnen. Geboren in Neu-Buckow (Mecklenburg) als Sohn des dortigen Pastors, schlägt er zunächst die Laufbahn eines Kaufmanns ein, die äußerst erfolgreich verläuft. Schon 1847 eröffnet Schliemann in St. Petersburg ein eigenes Handelshaus, das den finanziellen Grundstein seiner späteren Forschertätigkeit bildet. In seiner Selbstbiographie von 1869 schildert Schliemann seine Wandlung vom Kaufmann zum Forscher:

Der Himmel hatte meine Handelsunternehmungen auf wunderbare Weise gesegnet, so dass ich am Ende d. J. 1863 mich im Besitz eines Vermögens befand, nach welchem zu streben mein Ehrgeiz niemals gewagt hatte. Ich zog mich daher vom Handel zurück, um mich ausschließlich den Studien, welche den grössten Reiz für mich haben, zu widmen.

Im Jahre 1864 war ich auf dem Wege, das Vaterland des Odysseus und die Ebene von Troja zu besuchen, als ich mich veranlassen ließ, Indien, China und Japan zu besuchen und die Reise um die Welt zu machen. Auf dieser Reise brachte ich zwei Jahre zu, und nach meiner Rückkehr im Jahre 1866 ließ ich mich in Paris nieder, um meine übrige Lebenszeit den Wissenschaften zu widmen und mich vorzugsweise mit der Archäologie zu beschäftigen, welche Wissenschaft den grössten Reiz für mich hat.

Endlich konnte ich den Traum meines ganzen Lebens verwirklichen und mit Musse den Schauplatz der Begebenheiten, welche mir ein so grosses Interesse eingeflösst hatten, und das Vaterland der Helden besuchen, deren Abenteuer meine Kindheit entzückt und getröstet haben. Ich reiste also im verflossenen Sommer ab und besuchte nacheinander die Gegenden, in welchen noch so lebendige poetische Erinnerungen an das Alterthum vorhanden sind.

Doch hatte ich keineswegs den Ehrgeiz, eine Studie über diesen Gegenstand zu veröffentlichen: ich entschloß mich erst dann dazu, als ich fand, welche Irrthümer fast alle Archäologen über die einst von der Homerischen Hauptstadt Ithaka's eingenommene Stelle, über die Ställe des Eumäus, die Insel Asteris, das alte Troja, die Grabhügel der Batieia und des Aesyetes, das Grab des Hektor u. s. w. verbreitet haben.

Heinrich Schliemann:
„Ithaka, der Peloponnes und Troia"

Warum gerade Archäologie? Immer wieder hat die Schliemann-Forschung versucht, die Motive für Schliemanns Antikenbegeisterung zu analysieren. Schliemann selbst spricht von einem Kindheitstraum.

Justus Cobet, Professor für Alte Geschichte an der Universität Essen, gibt in seinem Beitrag zum internationalen Symposium anläßlich des 100. Todestages Heinrich Schliemanns (1990) in Bad Homburg 1989 eine historisch-psychologische Erklärung.

Der Name Heinrich Schliemann ruft den Zusammenhang dreier Mythen hervor: die Zerstörung Trojas, also den Sagenhintergrund von Homers Ilias und Odyssee; die phantastische bürgerliche Biographie von Trojas Entdecker; schließlich die Geburtsstunde der modernen Archäologie. Denn den verehrten Heiligen der aristokratischen oder auch frühbürgerlichen Kunstarchäologie, Johann Joachim Winckelmann (1717–1768), überlagert jedenfalls in der öffentlichen Wahrnehmung als ein Mann der ersten Stunde der Tatmensch Heinrich Schliemann, Heros einer neuen bürgerlichen Epoche. So schieben sich im öffentlichen Bewußtsein vor die feinsinnigen Übungen der Kunstarchäologie die Pioniertaten der Spatenwissenschaft. An Trojas sprichwörtliche neun Schichten ist die Vorstellung geknüpft, mit deren Ausgrabung habe Archäologie ein für allemal nachgewiesen, daß die griechische Sage im Kern als reale Geschichte zu gelten habe, also der Trojanische Krieg tatsächlich stattfand. Schliemann als der gleichsam mythische Held einer sinnverknüpfenden Geschichte bindet eine Vielzahl von Phänomenen der neuzeitlichen Antike-Rezeption, der Überlieferungskritik und -auslegung, schließlich der Archäologiegeschichte. (…) Schliemann gestaltete seine Biographie und wirkte an seinem Bild und Selbstbild in aufmerksamem Dialog mit den Zeitgenossen. Dadurch erreichte seine Biographie einen hohen Allgemeinheitsgrad; sie lädt also ein, den Rückbezug auf Zeit, Raum und Umstände ihrer Entstehung über die naheliegenden Hinweise auf „Gründerzeit" und „Self-mademan" hinaus zu explorieren und sowohl den Helden aus seiner Zeit als auch die Zeit aus ihm zu beleuchten. Der Grad der Allgemeinheit von Schliemanns Biographie erweist sich auch in ihrer andauernden Wirkung. Diese Wirkung und deren Einschätzung sind eine Quelle für Streit gerade auch innerhalb der Disziplinen der Altertumswissenschaft – für einen Streit, der die Öffentlichkeit immer wieder interessiert. Die Rückbindung der offenbar aktuellen Probleme mit Heinrich Schliemann in ihre geschichtlichen Zusammenhänge vermag den Dialog innerhalb der Altertumswissenschaft und dieser Wissenschaft mit der Öffentlichkeit zu reflektieren und zu beleben. Im Schnittpunkt der drei Mythen Troja, Schliemann und Archäologiegeschichte liegen viele Sachen, Befunde, Methoden, Ergebnisse, ein interessantes Feld für die Altertumswissenschaft in ihrem Zusammenhang, aber auch für deren Zusammenhang mit unserem Bildungshaushalt und unserer Lebenswelt.

Der Mythos Schliemann stellt einen Beobachtungsgegenstand dar, an dem sich prägnant der Zusammenhang von Gesellschaftsgeschichte und Wissenschaftsgeschichte erweist und studieren läßt in dem kritischen Bewußtsein, daß unsere Wissenschaft und ihre gesellschaftliche Reproduktion in einem geschichtlichen Sinnzusammenhang mit jener „Gründerzeit" stehen. In Schliemanns Biographie kreuzen sich geradezu ideal mehrere historische Entwicklungslinien. Wie wenige vermochte er widersprüchliche geschichtliche Strömungen zu seinem Ruhm zu bündeln. An einem kritischen Punkt in der Geschichte des Bürgertums, während der Durchbruchsphase der Industrialisierung, zwischen 1850 und 1870, wendete sich der erfolgreiche Schliemann von den Geschäften zu den Wissenschaften – und genauer, zu Homer, Troja und der Archäologie. Seine Funde und Erfolge konnte er feiern in der mit den historisch eingesetzten Symbolen der Architektur- und Kunstgeschichte sich schmückenden neuen bürgerlichen Aufbruchsphase zwischen 1871 und 1890. (…)

Schliemanns wissenschaftliche Frage ging in zwei Richtungen: 1. Ubi fuit Troja? Wo befindet sich der Ort der Sage? Und 2. Haben die Ereignisse der Sage tatsächlich stattgefunden? Spiegelt der Mythos reale Geschichte? Beide Fragen, die antiquarische nach der Topographie wie jene zweite nach der Historia, sind Schliemann geschichtlich überliefert worden. Indem er sie aufgriff, verhalf er auf eine bestimmte Weise der Archäologie als Spatenwissenschaft zum Durchbruch. (…)

Schliemann suchte ein historisches Denkmal aus der Frühzeit zu entdecken, dessen Mythos und Ruhm

Tempel des Apollon Epikurios in Bassai.

ihn selbst zum Wissenschaftler und zu einer hochangesehenen Person der gelehrten bürgerlichen Gesellschaft erheben sollte; gesellschaftliche Erwartungen seiner Zeitgenossen ästhetisierte und idealisierte er an einem hochrangigen Symbol der europäischen Überlieferung. Die homerische Frage war zunächst ein Diskurs der aufgeklärten Wissenschaft um das Epos als mündliche Dichtung und dessen Herkunft aus einer mythischen Frühzeit. Schliemann löste sie auf handgreifliche Weise. Da es Troja gegeben hatte, mußte auch die Geschichte, die Homer erzählt, reale Ereignisse wiedergeben. Das Problem um die historische Herkunft und den Erinnerungsgehalt der homerischen Epen war so drastisch aber nicht zu lösen.

Die spontane Gleichung Text – Objekt vollzog sich ohne methodische Kontrolle. Historische Rekonstruktion, Vergegenwärtigung aus Fragmenten von Überlieferung enthält als gedankliche Operation methodische Probleme, die gerade im Banne Schliemanns nicht erörtert werden. So bleibt die Verbindung von archäologischer Realie und historischer Erzählung eine romantische Identifikation, bei der die Texte Homers ihre hermeneutische Widerständigkeit verlieren und für Projektionen frei werden. Topographische und antiquarische Realien liefern den Homerbegeisterten scheinbare, aber willkommene Anhaltspunkte imaginierter historischer Realität. Die Vieldeutigkeit der stummen archäologischen Monumente als Voraussetzung einer solchen Methode erläutert eindrucksvoll Schliemanns eigenes Schicksal. Erst während seiner letzten Kampagne in Troja 1890 tauchte erstmals die später von Dörpfeld so genannte Schicht VI auf, d. h. eine Burg, die nach der Stratigraphie eindeutig viel jünger war als Schliemanns homerische Schicht II. Sie mußte nach der ihm aus Mykene und Tiryns gut bekannten Keramik mit den mykenischen Burgen in Griechenland zeitgleich sein, für ihn also die homerische Welt repräsentieren, nachdem er sein ganzes Archäologenleben lang die Funde und Befunde von Troja II homerisch interpretiert hatte. (…)

Der kurze Schluß von archäologischen Funden und Befunden auf Daten der literarischen Überlieferung, der Schliemann-Effekt, wie ich das nenne, ist Teil des Mythos Schliemann, der Trojaüberlieferung und Archäologiegeschichte sinnstiftend verbindet – durch eine Sinnstiftung, die Teil des allgemeinen, also öffentlichen Haushalts historischer Erinnerung darstellt. Schliemanns zeitgeistgerechte Inszenierung seiner eigenen Biographie schließt die zeitgeistgerechte Inszenierung von Archäologie ein. Archäologie setzt seiner Inszenierung einer bürgerlichen Biographie sogar erst die Krone auf – die Kaiserkrone, wie Ibsen sagt. Die andauernde Wirkung Schliemanns, des Mannes wie des Forschers, wird mit der andauernden Aktualität seiner widersprüchlichen Motive zu tun haben, die wir wiederfinden können in dem, was heute die Popularität von Archäologie ausmacht. Den Klassizismus Winckelmanns finden wir dabei überlagert vom Positivismus der

Gründerzeit, der freilich die Bedürfnisse nach romantischer Vergegenwärtigung in sich aufgenommen hat.

Justus Cobet:
„Die Historisierung von Mythos und Ärgernis"

Ganz anders – wohl entsprechend dem Vorsatz einer gezielten Stilisierung seiner Person – erzählt Schliemann selbst vom Ursprung seiner „Homeromanie":

Wenn ich dieses Werk mit einer Geschichte des eignen Lebens beginne, so ist es nicht Eitelkeit, die dazu mich veranlasst, wol aber der Wunsch, klar darzulegen, dass die ganze Arbeit meines spätern Lebens durch die Eindrücke meiner frühesten Kindheit bestimmt worden, ja, dass sie die nothwendige Folge derselben gewesen ist; wurden doch, sozusagen, Hacke und Schaufel für die Ausgrabung Trojas und der Königsgräber von Mykenae schon in dem kleinen deutschen Dorfe geschmiedet und geschärft, in dem ich acht Jahre meiner ersten Jugend verbrachte. So erscheint es mir auch nicht überflüssig, hier zu erzählen, wie ich allmählich in den Besitz der Mittel gelangt bin, vermöge deren ich im Herbste des Lebens die grossen Pläne ausführen konnte, die ich als armer kleiner Knabe entworfen hatte. Wol darf ich hoffen, dass die Art und Weise, in der ich meine Zeit und meine Mittel verwendet habe, allgemeine Anerkennung finden, und dass für alle Zukunft auch die Geschichte meines Lebens etwas dazu beitragen wird, unter dem gebildeten Publikum aller Nationen die Freude an jenen grossen und schönen Bestrebungen zu verbreiten, die, wie sie mich während so mancher harten Prüfungen aufrecht erhalten haben, mir auch den Rest meiner Tage noch erheitern sollen.

Ich wurde am 6. Januar 1822 in dem Städtchen Neu-Buckow in Mecklenburg-Schwerin geboren, wo mein Vater, Ernst Schliemann, protestantischer Prediger war und von wo er im Jahre 1823 in derselben Eigenschaft an die Pfarre von Ankershagen, einem in demselben Grossherzogthum zwischen Waren und Penzlin gelegenen Dorfe, berufen wurde. In diesem Dorfe verbrachte ich die acht folgenden Jahre meines Lebens, und die in meiner Natur begründete Neigung für alles Geheimnisvolle und Wunderbare wurde durch die Wunder, welche jener Ort enthielt, zu einer wahren Leidenschaft entflammt. In unserm Gartenhause sollte der Geist von meines Vaters Vorgänger, dem Pastor von Russdorf, „umgehen"; und dicht hinter unserm Garten befand sich ein kleiner Teich, das sogenannte „Silberschälchen", dem um Mitternacht eine gespenstische Jungfrau, die eine silberne Schale trug, entsteigen sollte. Ausserdem hatte das Dorf einen kleinen von einem Graben umzogenen Hügel aufzuweisen, wahrscheinlich ein Grab aus heidnischer Vorzeit, ein sogenanntes Hünengrab, in dem der Sage nach ein alter Raubritter sein Lieblingskind in einer goldenen Wiege begraben hatte. Ungeheure Schätze aber sollten neben den Ruinen eines alten runden Thurmes in dem Garten des Gutseigenthümers verborgen liegen; mein Glaube an das Vorhandensein aller dieser Schätze war so fest, dass ich jedesmal, wenn ich meinen Vater über seine Geldverlegenheiten

klagen hörte, verwundert fragte, weshalb er denn nicht die silberne Schale oder die goldene Wiege ausgraben und sich dadurch reich machen wollte? Auch ein altes mittelalterliches Schloss befand sich in Ankershagen, mit geheimen Gängen in seinen sechs Fuß starken Mauern und einem unterirdischen Wege, der eine starke deutsche Meile lang sein und unter dem tiefen See bei Speck durchführen sollte; es hiess, furchtbare Gespenster gingen da um, und alle Dorfleute sprachen nur mit Zittern von diesen Schrecknissen. (…)

Obgleich mein Vater weder Philologe noch Archäologe war, hatte er ein leidenschaftliches Interesse für die Geschichte des Alterthums; oft erzählte er mir mit warmer Begeisterung von dem tragischen Untergange von Herculanum und Pompeji, und schien denjenigen für den glücklichsten Menschen zu halten, der Mittel und Zeit genug hätte, die Ausgrabungen, die dort vorgenommen wurden, zu besuchen. Oft auch erzählte er mir bewundernd die Thaten der Homerischen Helden und die Ereignisse des Trojanischen Krieges, und stets fand er dann in mir einen eifrigen Verfechter der Sache Trojas. Mit Betrübniss vernahm ich von ihm, daß Troja so gänzlich zerstört worden, daß es ohne eine Spur zu hinterlassen vom Erdboden verschwunden sei. Aber als er mir, dem damals beinahe achtjährigen Knaben, zum Weihnachtsfeste 1829 Dr. Ludwig Jerrer's „Weltgeschichte für Kinder" schenkte, und ich in dem Buche eine Abbildung des brennenden Troja fand, mit seinen ungeheuern Mauern und dem Skaiischen Thore, dem fliehenden Aineias, der den Vater Anchises auf dem Rücken trägt und den kleinen Askanios an der Hand führt, da rief ich voller Freude: „Vater, du hast dich geirrt! Jerrer muss Troja gesehen haben, er hätte es ja sonst hier nicht abbilden können." „Mein Sohn", antwortete er, „das ist nur ein erfundenes Bild." Aber auf meine Frage, ob denn das alte Troja einst wirklich so starke Mauern gehabt habe, wie sie auf jenem Bilde dargestellt waren, bejahte er dies. „Vater", sagte ich darauf, „wenn solche Mauern einmal dagewesen sind, so können sie nicht ganz vernichtet sein, sondern sind wol unter dem Staub und Schutt von Jahrhunderten verborgen." Nun behauptete er wol das Gegentheil, aber ich blieb fest bei meiner Ansicht, und endlich kamen wir überein, dass ich dereinst Troja ausgraben sollte.

Heinrich Schliemann:
„Ilios. Stadt und Land der Trojaner.
Forschungen und Entdeckungen in der
Troas und besonders auf der Baustelle
von Troja. Mit einer Selbstbiographie
des Verfassers"

Die heutige Popularität und die verschiedenen Versuche, Schliemann als Wissenschaftler zu rehabilitieren, darf nicht darüber hinwegtäuschen, daß der Ausgräber von Troja von der Fachwelt in Deutschland damals eher skeptisch betrachtet wurde.

Schliemann war wie kaum ein zweiter Anfeindungen und Polemiken ausgesetzt. Die Zahl der Gegner war um vieles größer als die Zahl der Freunde. Vor allem Deutschland spielt in dieser Hinsicht eine unrühmliche Rolle; zwar kommen Angriffe auch aus England, Frankreich oder Rußland, doch nur vereinzelt, werden zum Teil auch bald wieder zurückgenommen. In Deutschland jedoch sind es nicht nur Angriffe, sondern in noch stärkerem Maß Gleichgültigkeit gegenüber Schliemanns Forschungen, eine bewußte Mißachtung seiner Arbeiten und Schenkungen, die Stilisierung Schliemanns zur Witzfigur in den Salons der Gesellschaft oder in den satirischen Blättern.

Liest man mit heutigem Abstand Schliemanns Selbstzeugnisse, so drängen sich starke Zweifel auf, ob Schliemann das tatsächliche Ausmaß seiner Nichtanerkennung in Deutschland je begriffen hat. Nahezu blauäugig versucht er immer wieder, den gestandenen Universitätsarchäologen seine Ergebnisse zu erläutern, bittet um Mithilfe und um Rat, bedankt sich überschwenglich, wenn einmal ein positives Echo erfolgt. (…)

Der seinerzeit berühmteste Streit war der mit Ernst Bötticher, einem Hauptmann a. D., der sich 1883 zur offenen Feldschlacht gegen Schliemann rüstete und diesen Streit lange über Schliemanns Tod hinaus weiterführte.

1883 eröffnet Bötticher mit einem Aufsatz in der „Zeitschrift für Ethnologie" die Polemik: Schliemanns Troja sei keineswegs eine Siedlungsstätte, es sei nichts anderes als eine große Nekropole, und zwar eine Nekropole für Feuerbestattungen, wobei die Brandasche in den von Schliemann gefundenen Urnen deponiert sei.

Empört schreibt Schliemann (22.1.1884) an Virchow, der großen

Schatzhaus des Artreus in Mykene.

Ruhms in einen elenden namenlosen Begräbnisplatz verwandelt werden soll, dann schicke ich natürlich nichts mehr von trojanischen Altertümern, denn Sie haben ja dann schon zu viele davon."

Virchow versucht zu beruhigen (31.1.1884):

„Ich werde versuchen, den Herrn Artillerie-Hauptmann a.D. E. Bötticher einigermaßen zurechtzusetzen. Der Mann ist allerdings bösartig... Ich bin überzeugt, daß kein verständiger Mensch in Deutschland an die Feuernekropolen glaubt, und daß die behauptete Zustimmung großer Gelehrter einfach Humbug ist... Ich bin überzeugt, daß wenn auch niemand ein Wort über oder gegen Herrn B. schriebe, seine ganze Geschichte in kürzester Zeit gänzlich vergessen sein würde."

Auf Angriffe nicht zu reagieren, war Schliemann freilich unmöglich, so beginnt er seinen Kampf, Bötticher überzeugen zu wollen.

Hartmut Döhl:
*„Heinrich Schliemann.
Mythos und Ärgernis"*

Einfluß auf die Redaktion dieser Zeitschrift hatte:

„Ohne Hissarlik (d.h. Troja) gesehen, ohne Ilios oder Troja (Schliemanns Publikationen) gelesen, ohne die trojanische Sammlung in Berlin besucht und ohne von Allem, was der erste Forscher der Welt, Virchow, darüber geschrieben hat, Kenntnis genommen zu haben, setzt sich Hauptmann Bötticher hin, um das Resultat meiner langjährigen Arbeiten umzustoßen...

Wenn jetzt Böttichers wahnsinnige Theorien in Deutschland gelten, und eine große Stadt unsterblichen

Schliemann galt als Dilettant, als einer, der ohne akademische Ausbildung auf dem glatten Parkett der deutschen Wissenschaftslandschaft mit ungewöhnlich pragmatischen Ansichten und Unternehmungen zu bestehen suchte. 1908 urteilt Adolf Michaelis über ihn in „Ein Jahrhundert kunstarchäologischer Entdeckungen": „...seiner ganzen Veranlagung wie seiner Vorbildung nach stand Schliemann jeder wissenschaftlichen Betrachtungs- und Behandlungsweise völlig fremd gegenüber. Er hatte weder für die Geschichte Sinn, noch, wie seine Gleichgültigkeit gegen den praxitelischen Hermes zeigen kann, für die Kunst. Er war ein Dilettant im doppelten Sinne des Wortes, sowohl in dem guten eines für seine Liebhaberei begeisterten und opferfreudigen, wie in dem anderen eines methodelos und ohne gründliche Kenntnis seine Ziele verfolgenden Mannes. Er war ein Dilettant in architektonischen wie in archäologischen Dingen; er war ein Dilettant auch im Ausgraben, ohne eine Ahnung, daß es eine Methode und feste Technik dafür gebe."

Unter denen, deren Anerkennung Schliemann suchte, war auch der bekannte Althistoriker Ernst Curtius, den Schliemann jahrelang vergeblich von der Theorie abzubringen versuchte, das homerische Troja sei nicht unter dem Hügel Hissarlik, sondern am Burnabaschi zu finden, eine These, die von einer Mehrheit der Altertumsforscher in dieser Zeit vertreten wurde. Immer wieder berichtet Schliemann Curtius in Briefen über seine Grabungsergebnisse und die daraus resultierenden Folgerungen, mit der Bitte um Veröffentlichung in der „Archäologischen Zeitung", die Curtius mit herausgibt – jedoch ohne Erfolg. Die Gereiztheiten zwischen beiden Persönlichkeiten werden stärker, als Curtius die Genehmigung für Grabungen in Olympia erhält, ein Projekt, das Schliemann selbst ins Auge gefaßt hatte.

Schliemann veröffentlicht 1874 – sicher nicht zur Freude Curtius' – eine Stellungnahme zu den Olympia-Grabungen, in der er detailliert auf die seiner Meinung nach zu beachtenden grabungstechnischen Schwierigkeiten eingeht:

Athen, 13. 9. 1874
Nur wenige Arbeiten für das Allgemeinwohl sind in Griechenland so vordringlich wie die Erbauung eines großen Damms im Flußbett des Alpheios, da dieser Fluß sein hohes Nordufer permanent unterspült und zerstört. Olympia verliert auf diese Weise jährlich 3 bis 4 Meter an Boden, und wenn dieser Zustand fortdauert, wird in weniger als 100 Jahren die gesamte Ebene von Olympia bis hin zum Kronos-Hügel verschwunden sein. Wer dies bezweifelt, der mag die jetzige Lage des Alpheiosbettes nachmessen und vergleichen mit der Lage des Flusses auf der Karte II in dem gerühmten Buch von Ernst Curtius, „Der Peloponnes", das 1852 publiziert wurde; der soll sich auch die römischen Bauwerke und die vier römischen Gräber ansehen, die jetzt am hohen nördlichen Flußufer sichtbar geworden sind und von denen im nächsten Frühjahr keine Spur mehr zu sehen sein wird; der soll sich bei den alten Männern des Nachbardorfes erkundigen, die sich noch daran erinnern können, daß das Flußbett des Alpheios einst 200 Meter schmäler war, als es jetzt ist. Das jetzige Flußbett sowohl des Alpheios wie auch das des Kladeos, der in einem rechten Winkel in ihn einmündet, liegen erheblich tiefer als die alten Flußbetten, wie man ganz deutlich an einer Schicht runder Flußkiesel erkennen kann, die $6\frac{1}{2}$ Meter höher liegen. Daß die jetzigen Flußbetten viel tiefer herabreichen, wird darüberhinaus noch bestätigt durch die Deiche und Erdwälle, die die Einwohner von Elis in alten Zeiten errichten mußten, um sich gegen Überschwemmungen zu schützen; ferner

durch die 3 bis 4 Meter dicke Schicht alluvialer Erde, die heute den Tempel des olympischen Jupiter bedeckt, der im Jahre 1829 teilweise von der Französischen Expedition (Expédition scientifique de Morée) ausgegraben wurde, denn selbst zur Zeit des heftigen Winterregens steigt der Kladeos jetzt nicht hoch genug an, um sein Bett mehr als zur halben Uferhöhe füllen zu können, und der winterliche Wasseranstieg des Alpheios erreicht wegen der enormen Breite des Flußbettes nicht mehr als 2 Meter.

Es kann nicht bezweifelt werden, daß die oben genannte Schicht von Kieselsteinen, die einst das Bett beider Flüsse bezeichnete, bis zum Kronos-Hügel reicht; das beweist, daß der Alpheios in prähistorischen Zeiten nahe an diesem Hügel vorbeifloß, sich dann aber von dort stetig weiter nach Süden verlagerte, bis er am Fuße des gegenüberliegenden hohen Berges angekommen war; und nachdem er sich dort sein heutiges, 10 Meter tiefes Bett gegraben hatte, verlagerte er sich wieder in umgekehrter Richtung, wobei er sein nördliches Ufer zerstörte.

In dem Moment, wo nun also die Deutsche Regierung mit ihren Ausgrabungen in Olympia beginnt, muß es der allererste Schritt sein, im Flußbett des Alpheios, in der Nähe des hohen und steilen Nordufers, einen 2½ Meter hohen und 1150 Meter langen Damm zu errichten, der sich von der Mündung des Kladeos aus nach Osten erstreckt, denn auf keine andere Weise kann Olympia vor der weiteren Zerstörung bewahrt werden.

Ich gebe der Deutschen Regierung den sehr ernst gemeinten Rat, bei der Ausgrabung am Ostufer des Kladeos zu beginnen, in einer Tiefe von 6 Metern, bei dem antiken Flußbett mit den runden Kieselsteinen; von dort ausgehend sollte man systematisch ostwärts graben, dabei den ganzen Grabungsschutt in den Kladeos werfen, der ihn sofort wegschwemmen wird. Auf diese Weise wird man nicht nur alle noch bestehenden historischen Bauwerke freilegen können, sondern ebenso auch alle prähistorischen Altertümer, denn es ist nahezu unmöglich, daß irgendwas von der letzteren Art sich noch unterhalb der Fluß-Kieselschicht befinden könnte. Ganz abgesehen davon wäre dies die einfachste Art, Olympia auszugraben. Bei jeder anderen Form müßte man enorme Schwierigkeiten mit in Kauf nehmen und hätte zudem mindestens die doppelte Arbeit, denn nichts ist schwieriger und ermüdender, als den Grabungsschutt im Areal der Grabung unterzubringen. Keinesfalls kann ich jedoch den Rat geben, bei den Ausgrabungen am Nordufer des Alpheios zu beginnen, denn dieser ist 200 Meter vom Tempel des olympischen Jupiter entfernt; es ist daher wenig wahrscheinlich, daß man sehr bald auf solche antike Monumente stößt, die bedeutsam genug wären, die Deutsche Regierung bei einer so großen Aufgabe zu ermutigen. (...)

Heinrich Schliemann: *„Olympia-Memorandum"*

Viele Fragen zur Frühgeschichte Griechenlands, die Schliemann beantworten wollte, sind offen. 1988 wurden die Grabungen in Troja wieder aufgenommen.

Berühmte Reisende in Griechenland

Die Begeisterung für das antike Griechenland erreicht im 18. Jahrhundert ihren Höhepunkt, was die zahlreichen Reiseberichte aus dieser Zeit belegen. Aber auch für uns heute ist die Begegnung mit der Antike faszinierend.

Der griechische Schriftsteller Pausanias (110–180 n. Chr.) verfaßte den ersten Reisebericht über Griechenland.

Zur Akropolis gibt es nur einen Eingang; einen zweiten hat sie nicht, da sie ganz abschüssig ist und eine feste Mauer besitzt. Die Propyläen haben das Dach aus Marmor und ragten hinsichtlich Ausstattung und Größe der Blöcke bis heute hervor. Von den Reiterstandbildern weiß ich nicht sicher zu sagen, ob sie wirklich die Söhne Xenophons oder einfach zur Zierde aufgestellt sind. Rechts von den Propyläen befindet sich der Tempel der Nike Apteros. (…)

Links von den Propyläen ist ein Haus mit Gemälden. Unter denen, die nicht durch Alter unkenntlich geworden sind, befanden sich ein Diomedes und ein Odysseus, dieser in Lemnos den Bogen des Philokret holend, jener die Athena aus Ilion forttragend. Da ist auch Orest zu sehen, der den Aigisthos tötet, und Pylades, der die Söhne des Nauplios, die dem Aigisthos zu Hilfe kommen, tötet, und Polyxene, die am Grabe des Achill geschlachtet werden soll. (…)

Auch anderes sah ich auf der Akropolis von Athen, so den bronzenen Knaben des Lykios, des Sohnes des Myron, der das Weihwassergefäß hält, und den Perseus des Myron, der das Werk an der Meduse vollbracht hat. Auch ist da ein Heiligtum der brauronischen Artemis, deren Kultbild ein Werk des Praxiteles ist; die Göttin hat ihren Namen nach dem Ort Brauron. (…)

Lord Elgin

Tritt man in den Tempel ein, den sie Parthenon nennen, so bezieht sich die ganze Darstellung im Giebel auf die Geburt der Athena, der rückwärtige Giebel aber enthält den Streit des Poseidon mit Athena um den Besitz des Landes. Das Kultbild selbst ist aus Gold und Elfenbein gemacht. Mitten auf dem Helm sitzt die Figur einer Sphinx; was man von der Sphinx erzählt, werde ich schreiben, wenn meine Darstellung bis Böotien vorgeschritten ist, beiderseits an dem Helm aber sind Greifen angebracht. Das Kultbild der Athena ist aufrechtstehend mit einem Chiton bis zu den Füßen, und an ihrer Brust ist das Medusenhaupt aus Elfenbein angebracht. Und eine Siegesgöttin gegen vier Ellen hoch hat sie in der Hand und eine Lanze, und zu ihren Füßen steht der Schild, und neben der Lanze befindet sich eine Schlange, und diese Schlange mag wohl Erichthonios darstellen. An der Basis des Kultbildes ist die Geburt der Pandora dargestellt. Hesiod und andere haben erzählt, wie diese Pandora die erste Frau wurde; vor der Geburt der Pandora gab es das Geschlecht der Frauen noch nicht. Hier gibt es sonst nur ein Bild des Kaisers Hadrian, wie ich selber gesehen habe, und im Eingang eines des Iphikrates, der viele berühmte Taten vollbracht hat.

Dem Tempel gegenüber steht ein Apollon aus Bronze, und die Statue soll Phidias gemacht haben. Man nennt ihn den Parnopios, da der Gott ihnen sagte, er werde ihnen die Heuschrecken, die ihrem Lande schadeten, aus dem Land vertreiben. Daß er sie vertrieb, weiß man, auf welche Weise, wird aber nicht gesagt. (...)

Es gibt auch ein Erechtheion genanntes Gebäude. Vor dem Eingang steht ein Altar des Zeus Hypatos, wo sie nichts Lebendes opfern, sondern nur Kuchen auflegen und auch keinen Wein mehr darauf gießen. Wenn man eingetreten ist, stehen da Altäre, einer des Poseidon, auf dem sie auch dem Erechtheus nach einem Orakelspruch opfern, einer des Heros Butes und ein dritter des Hephaistos. An den Wänden sind Gemälde des Adelsgeschlechts der Butaden. Und es ist auch, denn das Gebäude ist doppelt, Meerwasser drin in einem Brunnen. Das ist kein besonderes Wunder, denn das gibt es auch sonst im Inland, so in Aphrodisias in Karien. Dieser Brunnen aber bietet als Besonderheit zu berichten, daß er bei Südwind das Geräusch von Wellen hören läßt. Im Felsen ist auch ein Dreizackmal; das soll Poseidon als Beweis seines Anspruchs auf das Land erzeugt haben.

Der Athena ist die Stadt sonst heilig und überhaupt gleicherweise das gesamte Land, und auch diejenigen, die andere Götter in den Landgemeinden verehren, halten Athena deshalb doch nicht weniger in Ehren. Das heiligste gemeinsame Kultobjekt jedoch schon viele Jahre vor der Zusammensiedlung aus den einzelnen Gemeinden ist ein Athenabild auf der jetzigen Akropolis, die damals einfach Polis hieß, von dem die Sage geht, es sei vom Himmel gefallen.

Pausanias:
„Beschreibung Griechenlands"

*Der französische Politiker und Schrift-
steller Chateaubriand (1768 – 1848)
beschreibt hier seinen Besuch des Tempels
auf Kap Sunion im Jahr 1806.*

Die Griechen waren nicht minder vor-
trefflich in der Wahl der Lage ihrer
Gebäude, als in der Architektur derselben. Der größte Teil der Vorgebirge der
Peloponnesos, der Landschaft Attika,
Ioniens und der Inseln des Archipels
waren mit Tempeln, Trophäen oder
Gräbern besetzt. Diese Denkmäler,
von Wäldern und Felsen eingefaßt,
unter allerlei Spielen des Lichtes
beleuchtet, bald mitten unter Wolken
und Blitzen, bald vom Monde, bald
von der untergehenden Sonne, bald
von dem sanften Morgenrot beschie-
nen, mußten den Küsten Griechenlands eine unvergleichliche Schönheit
verleihen. Die auf diese Art geschmückte Erde erschien den Augen des Schif-
fers unter der Gestalt der alten Kybele,
die, mit Türmen gekrönt, am Gestade
sitzend, ihrem Sohne Poseidon
befahl, seine Fluten zu ihren Füßen
dahinströmen zu lassen.

Der Tempel von Sunion war von
dorischer Ordnung und aus dem
guten Zeitalter der Baukunst. Ich entdeckte in der Ferne den Archipelagos
mit allen seinen Inseln. Die untergehende Sonne rötete das Ufer von Keos
und jene vierzehn schönen Säulen von
weißem Marmor, an deren Fuße ich
mich niedergesetzt hatte. Salbei- und
Wacholdergesträuche breiteten um
die Ruinen einen aromatischen Geruch
aus, und das Geräusch der Wogen
drang herauf bis zu meinen Ohren.

Als sich der Wind gelegt hatte,
mußten wir, um weiterreisen zu können, erst einen frischen Wind erwarten. Unsere Matrosen warfen sich in
den Hintergrund der Barke und schliefen ein. Joseph und der junge Grieche
blieben bei mir. Als wir gegessen und
einige Zeit geplaudert hatten, streck-
ten auch sie sich auf den Boden hin
und schliefen ein. Ich wickelte meinen Kopf in den Mantel ein, um mich
vor dem Nachttau zu schützen; mit
dem Rücken an eine Säule gestützt,
blieb ich allein wach, um den Himmel und das Meer zu betrachten.

Auf den schönsten Sonnenunter-
gang folgte die schönste Nacht. Der
gestirnte Himmel, der sich in den
Wogen spiegelte, schien im Meeres-
grunde zu ruhen. Der Abendstern, auf
meiner Reise mein unzertrennlicher
Gefährte, stand eben auf dem Punkte,
unter dem Horizonte zu verschwinden. Man ward ihn nur noch durch
lange Strahlen gewahr, die er von Zeit
zu Zeit auf die Wellen herabwarf, wie
ein Licht, das auslischt. Kleine Wind-
stöße, die aber flüchtig vorübergin-
gen, störten zuweilen das im Meere
sich spiegelnde Bild des Himmels;
erschütterten die Sterne und starben
mit leisem Gemurmel zwischen den
Säulen des Tempels.

Dieses Schauspiel war bei allem
dem doch traurig, wenn ich bedachte,
daß ich dasselbe mitten unter Ruinen
betrachtete. Um mich herum waren
Gräber, Schweigen, Zerstörung, Tod
und einige griechische Matrosen, die
sorgenfrei und gedankenlos auf Griechenlands Trümmern schliefen. Ich verließ dieses geheiligte Land auf immer,
den Kopf mit seiner vergangenen Größe
und seiner gegenwärtigen Erniedri-
gung angefüllt, und überließ mich der
Betrachtung des Gemäldes, dessen
Anblick mich mit Betrübnis erfüllte.

Da ich im Begriffe war, Griechenland zu verlassen, so war es ganz natürlich, noch einen Blick auf die Geschichte dieses Landes zurückzuwerfen. Ich suchte in dem ehemaligen Wohlstand von Sparta und Athen die Ursache ihres gegenwärtigen Unglücks und in ihrem jetzigen Schicksal den Keim ihrer künftigen Bestimmung zu entdecken. Das Geräusch der Meereswogen, die mit immer stärkerer Gewalt an die Felsen schlugen, verkündigte mir, daß der Wind sich erhoben hatte und daß es Zeit sei, meine Reise fortzusetzen. Ich weckte meine Gefährten auf, und wir stiegen zusammen in das Schiff hinab. Unsere Matrosen hatten sich bereits zur Abreise fertig gemacht. Wir steuerten in die offene See hinaus, und der Wind, der vom Lande kam, trieb uns schnell nach Keos hinüber. Je mehr wir uns entfernten, je schöner kamen uns die Säulen des Tempels von Sunion über dem Meeresspiegel vor. Man erblickte sie wegen ihrer blendendweißen Farbe, und bei der Helle der Nacht, im Azur des Himmels sehr deutlich. Wir waren schon weit vom Vorgebirge, und dennoch hörten wir noch immer die Brandung der Wellen am Felsen, das Sausen des Windes in den Wacholderstauden und das Gezirpe der Grillen, die heutzutage die alleinigen Bewohner der Ruinen des Tempels sind. Es waren die letzten Töne, die mir aus Griechenland nachhallten.

François-René de Chateaubriand:
„Tagebuch einer Reise
von Paris nach Jerusalem"

Der Archäologe und Landschaftszeichner Otto Magnus von Stackelberg (1787–1834) besucht 1812 die Ruinen von Bassai.

Unter seinem Schutze stand am Rande tiefer Bergschluchten der verfallene Tempel des Apollon Epikurios. Dem lichtbringenden Gotte geweiht, dem Lichte zugekehrt, leuchteten die Säulen in schimmernder Weiße, wie ein Wunderbild durch das Laub der Bäume. Die jähe Tiefe, die er überragt, ist in den Windungen der Schluchten mit Platanen, an den Berghängen mit Eichwäldern bedeckt, und graue Felsrücken strecken ihre scharfgespaltenen Klippen aus den Abgründen empor. Nach Westen zieht sich die erwähnte größte Bergschlucht vom Tempel gegen die Stadt Phigalia hinab. Sie gewährt eine Aussicht auf die Lage der Stadt, ihren Artemistempel und auf die tiefgewundenen Ufer der rauschenden Neda am Berge Elaion, welcher mit dem Kotilion die Anhöhe von Phigalia umschließt. Die Bildung der Gegend, die Buchten und Falten, die ausgebreiteten Eichenwälder enthüllen sich dem Auge in ihrer Verwilderung. (…) Der Ort, welcher vor Zeiten das Heiligtum umgab, hieß in dorischer Mundart Bassai.

Man kann sich kaum ein großartigeres Bild denken als diese herrliche Ruine in der unvergleichlich schönen Landschaft. (…) Selten wird hier oben die feierliche Stille unterbrochen, und geschieht es einmal, so ist es ein Gewitter, das mit mächtigen Lauten über die Gipfel der Berge zieht, ist es der Sturm, welcher die uralten Bäume zur Erde beugt, ein aufgescheuchtes Wild oder der Ruf des Schäfers, der seine Herde vorübertreibt. Auch sind die Laubhürden umherziehender arkadischer Schäfer und ihre braunen Zelte, die von Zeit zu Zeit hier aufgeschlagen werden, die einzigen Zeichen menschlicher Bewohnung. (...)

Als im Anfange des Peloponnesischen Krieges ganz Griechenland von der Pest schwer heimgesucht ward, da flehten die Phigaleer zum Apoll, er möchte sie vor der Seuche bewahren. Die Gottheit bezeugte sich ihnen gnädig, und die Landschaft, welche den Poesie durchhauchten Namen Arkadien trägt, blieb verschont von dem Übel. Aus Dankbarkeit beschlossen die Phigaleer dem Apollon Epikurios einen Tempel zu errichten. An abgesonderte hochgelegene Orte stellten die Griechen gerne ihre vornehmsten Heiligtümer, vorzüglich die der Schutzgötter. Nicht allein, weil sie über das Gewöhnliche hinausragen sollten, sondern weil in der Wirkung auf das Gemüt, in Erweckung der Idee des Göttlichen hier auch die Natur der Kunst beitrat. Demnach eignete sich Bassai insonderheit zum Sitz des weissagenden Gottes, denn Klüfte, Schluchten und Quellenorte glaubten die Alten von seiner begeisternden Kraft erfüllt. Damals lebten in Athen die größten Männer der Zeit, stand die Kunst in höchster Kraft und Blüte, dort hatte kurz zuvor Iktinos den Parthenon erbaut, und kein Geringerer als dieser Meister sollte auch den Tempelbau in Arkadien leiten. Er ward von den kunstsinnigen Phigaleern berufen und vollendete ihnen das Heiligtum zu Bassai, das um seiner harmonischen Verhältnisse willen mit besonderem Ruhm genannt ward. Größtenteils lieferte der Ort selbst das

Material zum Bau. Es war ein bläulich weißer Kalkstein, dessen Schönheit und Härte den Anwurf entbehren ließ, den die griechischen Tempel gemeiniglich erhielten, wenn sie nicht von Marmor waren. Den festeren grobkörnigen Marmor gebrauchte der Künstler nur zu den fein verzierten Teilen der Architektur. Ein schönes Gleichmaß herrschte in der Lage der Mauerquadern, und die gewaltigen Baustücke waren nicht mit Mörtel, sondern durch inwendig unbemerkt eingesetzte Eisenklammern verbunden.

Unter den bekannten Heiligtümern Griechenlands ist der Tempel des Apollon Epikurios am besten erhalten. Er ist auch der eigentümlichste und zeigt sowohl im Plan wie in der Ausführung erhebliche Abweichungen von den strengen Regeln. Denn trotz der bewunderungswürdigen Reinheit seines Stiles stand auch Iktinos schon unter der Macht des Fortschrittes und bewies bei diesem Bau den Hauptzug des Genies, die Originalität, die sich nicht an das Gewöhnliche bindet, sondern selbstgefällig in neuen Schöpfungen sich ergeht. Indem er dem Tempel nach Lage und Bestimmung die Gestalt gab, erlaubte er sich Neuerungen und gewagte Kombinationen und folgte mit aller Freiheit den Eingebungen seines Geschmacks und seiner Phantasie. Schon in der veränderten Stellung ist der religiöse Gebrauch der Alten nicht mehr beobachtet. Sie richteten ihre Tempel, wie das Antlitz beim Gebet, immer nach Osten, nicht wie hier von Nord nach Süd. Hierzu mag wohl der auf die Ferne berechnete malerische Anblick den Hauptgrund geboten haben, denn jetzt wandte der Tempel

Akropolis in Athen: Erechtheion.

seine reiche Seitenkolonnade dem Aufgang von Phigalia zu. Wenn die festliche Menge den Berg hinanstieg, mußte sie gleich durch die volle Prachtentfaltung des Säulenhauses den mächtigsten Eindruck empfangen.

In mäßigen Verhältnissen erbaut, dem Parthenon sehr ähnlich, nur wenig kleiner, war das phigalische Heiligtum ein dorischer Peripteros, d. h. mit einem einfachen Säulenumgang, und ein Hypaithron (innen unbedeckt) ohne die gewöhnlich übereinandergestellten Säulenreihen zur Stütze der Dachöffnung. Die äußere Säulenstellung, das Pteroma, zeichnete sich aus durch das Verhältnis der Säulenzahl, indem sechs Säulen in der Vor- und Hinterfront und fünfzehn mit Inbegriff der Ecksäulen in jeder Seitenfront standen. Dem Pronaos (Vorderraum) und dem Opisthodomos (Hinterraum) lag eine tiefe Porticus vor. Der Pronaos war mit einem metallenen Gitter geschlossen, und man betrat die Zella durch eine

majestätische Pforte. Wenn sie geöffnet wurde, schwand plötzlich die geheimnisvolle Dämmerung der äußeren Halle, und ein unerwartet blendendes Licht strömte durch die Hypaithralöffnung von oben herab. Die darüberstehende Sonne schien in diesen unbedeckten heiligsten Raum und vergegenwärtigte den Gott, dem hier ein Naos, eine Wohnung, bereitet war. Der an diesem Orte dergestalt gesammelte Glanz der Strahlen mußte in dem Andächtigen Staunen erregen, wenn er durch die Schatten der äußeren Halle und des Pronaos hierher blickte und im hellen Sonnenschein, dem Ausfluß der Macht Gottes, in der Pracht umgebender Säulen und Bildwerke das Kolossalbild Apollos stehen sah, das auf seinem Fußgestell bis gegen das Säulengebälk emporreichte und den inneren Raum des Tempels gleichsam mit seiner Gottheit ausfüllte. Damit das Auge diesen Eindruck auf einen Blick fassen könnte, hatte der Künstler der Türe eine verhältnismäßig ungewöhnliche Breite gegeben. Im Innern der Cella brachte der Baumeister an den beiden Längsseiten je zehn ionische Halbsäulen an, gab ihnen ungewöhnliche Schlankheit und lehnte sie an weit vorspringende Wandpfeiler. Eine einzeln stehende Säule mit komponiertem Kapitell scheint die beiden Säulenreihen verbunden zu haben, die in einer Länge von hundert englischen Fuß nach allen vier Seiten hin den Architrav, den verzierten Fries und das Kranzgesimse trugen, welche zur Einfassung der Lichtöffnung in der Cella gehörten. Indem das offene Marmordach die Strahlen der Sonne einließ, empfing sie diese Einfassung gleichsam mit sinnbildlichem Danke. Durch Triglyphen nicht unterbrochen, konnte der Bildschmuck des Frieses ein fortlaufendes Relief gestatten. Es verherrlichte den Helfer Apollo durch die Darstellung seines sieghaften Beistandes in den, die gesamten Griechen betreffenden, drohendsten Gefahren im Kampfe mit den fanatischen Amazonen und rohen Kentauren. Das archäologische Interesse und die Eigentümlichkeit des Tempels liegen hauptsächlich in der hier angebrachten Verbindung der drei Säulenarten, der dorischen Ordnung nach außen, der ionischen im Innern und der einzeln stehenden Säule, welche, dem Vitruvius zu Folge, erst später die korinthische genannt wurde und das früheste bekannte Beispiel dieser Säulengattung ist.

Otto Magnus von Stackelberg:
„Tagebuch"

Alphonse de Lamartine (1790–1869), der als der erste große Lyriker der französischen Romantik gilt, erzählt von seinem Besuch auf der Akropolis:

Ich schickte zu dem türkischen Bassa Jussuf-Bey, dem Kommandanten von Attika, um ihn um die Erlaubnis zu bitten, mit meinen Freunden die Akropolis zu besteigen und den Parthenon zu besuchen. Er schickte mir einen Janitscharen zur Begleitung. Wir gingen den 20. August um fünf Uhr morgens dahin und Herr Gropius mit uns. Alles verschwindet vor dem unvergleichlichen Eindruck des Parthenon, dieses Tempels der Tempel, von Iktinos auf Anordnung des Perikles gebaut und von Pheidias ausgeschmückt; das einzige, jedes andere ausschließende Urbild des Schönen für die Baukunst wie für die Bildhauerei, eine Art von göttlicher Offenbarung der idealen Schönheit, wie sie eines Tages ein einzig und vor allem künstlerisches Volk erfaßte und der Nachwelt in unvergänglichen Marmorblöcken und in Bildhauereien, welche ewig leben werden, überlieferte. Dieses Denkmal, seine Lage, sein natürliches Fußgestell, seine mit unerreichbaren Statuen geschmückten Treppen, seine großartigen Formen, bis auf das Kleinste hinaus von vollendeter Ausführung, seinen Stoff, seine Farbe, ein versteinertes Licht, alles in ein Ganzes zusammengefaßt, erzwingt seit Jahrhunderten Bewunderung, ohne sie zu sättigen; und wenn man auch nicht mehr davon sieht, als ich gesehen habe, wenn man es sieht mit seinen majestätischen Trümmern, verstümmelt von den venezianischen Bomben, von der Explosion eines

Pulverturms unter Morosini, von dem Hammer Theodors, von den Kanonen der Türken und Griechen, seine Säulen in ungeheuren Blöcken auf dem Boden liegend, seine Kapitäler zerfallen, seine Triglyphen von den Agenten Lord Elgins ausgebrochen, seine Statuen von englischen Schiffen fortgeführt, so bleibt doch noch genug übrig, um zu fühlen, daß es das vollkommenste Gedicht ist, in Stein auf die Tafel der Erde geschrieben; dabei aber fühle ich immer noch, es ist zu klein, die Wirkung versagt oder ist zerstört. Ich bringe köstliche Stunden hin, gelagert in den Schatten der Propyläen, die Augen auf den zertrümmerten Giebel des Parthenon gerichtet; ich fühle das ganze Altertum hier in seiner göttlichsten Schöpfung; das übrige ist der Worte nicht wert, die man zu seiner Beschreibung braucht. Der Anblick des Parthenon stellt mehr als die Geschichte die kolossale Größe eines Volkes dar. (...)

Ich fühlte, daß dieses so erhabene und malerische Marmorchaos hier vor meinen Augen einst aus meinem Gedächtnisse schwinden werde, und ich wünschte, es einst in der Alltäglichkeit meines künftigen Lebens wiederfinden zu können. – Beschreiben wir es denn: es wird zwar nicht der Parthenon sein, aber wenigstens ein Schatten jenes großen Schatten, welcher heute vor meiner Seele vorüberirrt.

Mitten in den Ruinen, welche einst Athen waren und welche die Kanonen der Griechen und Türken zerstäubt und über das ganze Tal und die zwei Hügel, auf denen die Stadt Athenes sich streckte, hingeschleudert haben, erhebt sich ein auf allen Seiten steil aufsteigender Berg. Ungeheure Mauern umgeben ihn; sie ruhen auf einem Grunde von marmornen Bruchstücken, höher oben Trümmer von Friesen und antiken Säulen, und an einigen Orten auf der Spitze venezianische Zinnen. Dieser Berg gleicht einem prächtigen Fußgestell, von den Göttern selbst ausgehauen, um ihre Altäre daraufzusetzen. Sein Gipfel eben gemacht, um die Grundfläche der Tempel aufzunehmen, hat nicht mehr als fünfhundert Fuß in die Länge und dreihundert Fuß in die Breite. Er beherrscht alle Hügel, welche das Gebiet des alten Athens bildeten, die pentelischen Täler, das Flußgebiet des Ilissos und die Ebene des Piräus, ferner die Kette von Tälern und Anhöhen, welche sich bis Korinth hinstreckt, endlich das von Inseln besäte Meer von Salamis und Aigina, wo auf Bergeshöhen der Giebel von dem Tempel der Aphaia erglänzt. Diese Aussicht ist auch noch heute bewundernswürdig, während alle diese Hügel kahl dastehen und wie poliertes Erz in den Strahlen der Sonne von Attika widerglänzen. Aber welch einen Horizont mußte Platon von dort vor Augen gehabt haben, als Athen lebendig und mit seinen tausend unteren Tempeln prangend zu seinen Füßen gleich einem überfüllten Bienenstock rauschte; als die große Mauer des Piräus voll regen Lebens bis an das Meer eine Bahn auf Stein und Marmor zog, wo das Volk von Athen unaufhörlich hin- und herwogte; da der Piräus selbst und der Hafen von Phaleron und das Meer von Athen und der Golf von Korinth mit Wäldern von Masten und mit blinkenden Segeln bedeckt waren. (...)

Monemvasia, Peloponnes.

Laßt uns den Parthenon neu aufbauen; es ist ein Leichtes, er hat ja nichts verloren als seinen Fries und sein inneres Fachwerk. Die äußeren, von Pheidias mit gehauenem Zierat geschmückten Mauern, die Säulen, oder wenigstens Trümmer von ihnen, sind noch da. Der Parthenon war ganz aus weißem Marmor gebaut, welchen man pentelischen nannte, nach dem nahen Berge, von dem er genommen war. Er bestand in einem länglichen Viereck mit einem Säulengang von sechsundvierzig Säulen dorischer Ordnung umgeben. Jede Säule hatte am Fuße sechs Schuh im Durchmesser, ihre Höhe war vierunddreißig Schuh. Die Säulen ruhen auf dem Boden des Tempels selbst und haben keine Basis. An beiden Enden war eine Vorhalle mit sechs Säulen. Der Umfang des Gebäudes überhaupt war zweihundertachtzig Fuß in die Länge und hundertzwei Fuß in die Breite, seine Höhe sechsundsechzig Fuß. Es bot für das Auge nichts, als die erhabene Einfachheit seiner architektonischen Linien. Es war ein einziger steinerner Gedanke, eine Einheit, und auf den ersten Blick verständlich, wie der antike Gedanke. Man mußte näher treten, um den Reichtum des Materials und die unnachahmliche Vollendung der Verzierungen und der Einzelheiten zu betrachten. Perikles wollte ebenso einen Sammelplatz für alle Meisterstücke des Genies und der Menschenhand, als einen der Verehrung der Götter geweihten Ort daraus machen, oder vielmehr es war der griechische Genius in seiner ganzen Fülle, der hier unter diesem Zeichen sich selbst als eine der Gottheit dargebrachte Huldigung darstellte. Die Namen aller, welche für den Parthenon einen Stein behauen oder ein Bildwerk modelliert haben, sind unsterblich geworden.

Alphonse de Lamartine:
„Reise in den Orient
in den Jahren 1832 und 1833"

Der Architekt und Hofbaumeister Ludwigs I. von Bayern, Leo von Klenze (1784 – 1864), wurde vom griechischen Baustil maßgeblich beeinflußt. Er schuf Gebäude wie die Alte Pinakothek in München und die Walhalla bei Regensburg. Seine Begeisterung für Griechenland wird auch im folgenden Text deutlich, wo er das antike Mykene vor seinem geistigen Auge wiederauferstehen läßt.

Die Flügel des Löwentores scheinen sich zu öffnen und dem herrlichen Agamemnon und seinen Kriegern den Ausgang zu den Gefilden des Skamandros und Simoeis zu gewähren, und schon lauert der in Blutschuld erzeugte Sohn des Brudermörders Thyestes und seiner eigenen Tochter Pelopeia, das dem Geschlechte der Atreiden drohende Orakel in den Armen der Klytaimnestra zu erfüllen. Dort blutete der als Sieger zurückkehrende König der Könige mit dem Blicke des blitzeschleudernden Zeus, der Brust des Poseidon und den Hüften des Ares, wehrlos unter den Streichen seines Weibes Klytaimnestra! Endlich büßen sie und Aigisthos ihre Schuld von den Händen der Elektra und des Orestes. Ein Sklave rettet den Altar der Hausgötter, damit sie nicht Zeugen dieser Untaten seien; und dort war der Weg nach Delphoi, auf welchem die Furien den letzten Sprößling der mit doppeltem Fluche beladenen pelopidischen Atreiden aus dem Reiche, welches sie so glorreich beherrscht hatten, vertrieben.

Wie großartig, wie poetisch und plastisch zugleich sind diese Mythen! und wie scheinen sie gleichsam mit dieser Natur, mit diesen Denkmalen zusammengewachsen zu sein!

Mögen nun direkte Abkömmlinge jener alten Hellenen hier wohnen; mögen diese durch Skythen, Alanen, Bulgaren, Slaven oder Franken völlig ausgerottet und ersetzt worden sein, diese Mythen gehören dem griechischen Volke noch immer als ein dem Lande selbst, seinen Bergen, seinen Meeren, seinem Himmel nie zu raubendes Erbteil an, und wehe dem, welcher ihm dieselben entreißen will. Dennoch kennt gewiß niemand in Mykenai, oder vielmehr in dem Dörfchen Charvati, welches seine Stelle eingenommen hat, mehr etwas von allen jenen Begebenheiten der Atreiden als den Namen Agamemnon. Dieser aber ist in aller Munde, da sie das Schatzhaus des Atreus, durch die Tradition oder vielleicht auch nur durch falsche Angaben europäischer Antiquare verführt, für dieses großen Königs Grab halten, und eine zahlreiche Führerschar umringte uns mit dem Anerbieten, uns zum Agamemnon zu begleiten.

Mit dem leisen Schauer der Ehrfurcht betrat ich zum ersten Male dieses Denkmal und stand ergriffen von der Macht der Erinnerung und selbst von dem höchst malerischen Anblicke dieses Hypogeion. Die Sonne sendete gerade einige Strahlen durch die dreieckige Öffnung über der Türe und bildete dadurch ein Spiel von Licht, Schatten und Reflexen, welches noch durch das Feuer, welches die Führer in dem kleinen innersten Gemache angezündet hatten, kontrastiert, den frappantesten Lichteffekt erzeugte, welchen man sich nur denken kann. Bekanntlich war es Lord Elgin, welcher dieses ganz verschüttete Gebäude ausgraben ließ;

jedoch scheinen noch vier bis fünf Fuß hoch bis zur Fläche des ursprünglichen Bodens zu fehlen. Die kleine Kammer, deren Türe im rechten Winkel mit dem Haupteingange des Rundbaues liegt, ist nur in den Felsen gehauen und deshalb von ziemlich unregelmäßiger viereckiger Gestalt.

In hohem Grade interessant sind die Fragmente von Säulen, Knäufen und verzierten Fragmenten, welche man hier ehemals fand, welche aber jetzt alle verschwunden sind.

Ein größeres Säulenfragment sah ich in Nauplia als das obere Türgesimse der türkischen Moschee, gegenüber der venezianischen Kaserne am Platanenplatze, eingemauert. Drei andere Stücke bracht Lord Elgin in das Britische Museum, und mehrere kleine Fragmente nahmen später Reisende mit sich fort.

Zu den Architekturstücken, welche ohne Zweifel dem Haupteingange dieses Schatzhauses und seiner Verzierung angehörten, ist grüner, dem ägyptischen grünen Basalt ähnlicher, weißer und roter, dem Rosso antico gleichkommender Stein verwendet. Hierzu tritt noch die gelbgeaderte Breccia, aus welcher das ganze Monument konstruiert ist, als ein viertes Material.

Wir haben also hier in der heroischen Zeit ein Beispiel von vielfarbiger Architektur, welches wir mit Sicherheit als das älteste Vorbild aller Lithochromie griechischer Denkmale betrachten können.

Leo von Klenze:
„Aphoristische Bemerkungen gesammelt auf einer Reise nach Griechenland"

Der französische Dichter Gustave Flaubert (1821–1880) berichtet in seinen Reisenotizen von einem Besuch in Eleusis.

Heute, Mittwoch, den 25. Dezember, am Weihnachtstage, sind wir um acht Uhr morgens von Athen nach Eleusis (Levsina) aufgebrochen.

Die Straße zweigt rechts von der nach dem Piräus ab und läuft durch einen Hain von Ölbäumen. Ein schieferblauer Himmel von dunkler Farbe aus übereinandergeschichteten dicken Wolken, mit azurnen Lichtungen dazwischen, zeigte sich in großen Flächen zwischen dem graugrünen Laub der Ölbäume. An der Straße und auf den viereckigen Feldern zwischen den Bäumen Wasser; kleine Wasserläufe fließen an ihrem alten rissigen Stamm. Links der Botanische Garten. Nacheinander kommen drei Brücken, drei Arme des Kephissos; das Hauptbett liegt, Aldenhoven zufolge, weiter nach rechts, und sein Wasser wird durch die Berieselungen der Gärten aufgesogen. (...)

Hinter dem Ölbaumhain ist der Boden unbebaut, man sieht nur ein paar kleine Dornenbüsche und Heide, viel Steine. Die Berge, die die Ebene von Athen umgeben, erscheinen mir folgendermaßen: sie sind grau am Gipfel und ohne Vegetation. Am Ende der Ebene geht es bergauf. – Schlucht des Gaidarion. – Der Aufstieg ist ziemlich lang, der Fels erscheint unter der Straße, es geht bergab.

Entzückender Blick aufs Meer: der Golf von Levsina, von Bergen eingefaßt, gleicht einem See, man weiß nicht, nach welcher Seite er sich öffnet. Vor uns läuft die Straße ganz gerade bergab, als wenn sie ins Meer führte. Links sanfte Erdhänge; rechts sind aus dem Felsen (an der Stelle der Aphrodite Phyle, Aldenhoven) mehrere Höhlungen ausgeschnitten, oben meistens oval, von einem Fuß Höhe ungefähr, einige viereckig, sie scheinen für die Aufnahme von Statuetten und Bildern bestimmt zu sein. Wir begegnen einer Schafherde: die Hirten tragen die kleinen Lämmer, die nicht gehen können, auf dem Arm; (...) Im Vordergrund die Herde; links sanfte Erderhebung, die zu den Bergen hinaufführt, rechts der Fels, mit Stellen von flechtengrüner Farbe darauf und Kieseln; im Mittelgrunde die abwärts führende Straße, dann das Meer. (...) Plötzlich, unten am Hang, wendet man sich nach rechts, die Felsen sind geradlinig geschnitten, man hat die Chaussee unmittelbar daraufgelegt: es ist zweifellos die alte Straße. Der Weg läuft zwischen dem Meere und den Rheïtoi-Seen hin, eine Brücke bringt einen über den kleinen Graben, der die beiden verbindet. Die Rheïtoi-Seen ähneln den Buchten, die durch die Flut entstehen; man sagt: Seen; ich sehe nur einen oder vielmehr etwas, das wie ein überschwemmter Sumpf aussieht. (...)

Wir ersteigen den Hügel, von wo man Levsina überschaut (wo war die Akropolis?); von dort sehen wir in Flintenschußweite den kleinen, halbmondförmigen Hafendamm von Levsina. Der Himmel ist schmutzig weißgrau, eine Mühle rechts von uns.

Das ganze Dorf auf seiner Westseite von kannelierten Säulenschäften aus weißem Marmor versperrt.

Bei der Kirche Hagios Zacharios riesenhaftes Medaillon mit Arabesken, das die kopflose Büste eines Mannes im Panzer enthält: die Arbeit ist plump; das ist noch entarteter als die Büsten der Decke zu Baalbek. In der Kirche, die schon mehr einem Backofen gleicht und wo es von sakralen Gegenständen nur eine ewige Lampe in einem Winkel gibt, zwei sehr verhüllte Statuen, stehend, ohne Kopf und Füße; ein römischer Männerkopf, Haar geteilt und im Wind wehend, ebenso wie der Bart, von schwerfälliger Arbeit. (...)

Wenn man sich oben auf dem Hügel von Eleusis nach Süden dem Meere zuwendet, so hat man die Öffnung des Golfes sich gegenüber, klein und engpaßartig; wenn man sich nach Norden wendet, hat man die thriasische Ebene im Hintergrunde; gegenüber ein dichter Streifen von grauem Grün am Fuße der Berge, die grau mit kleinen schwarzen Punkten sind und nach den Gipfeln zu im Tone heller werden. Große blasse Stellen, von dem Lichte herrührend, das zwischen den Wolken durchdringt; anderswo liegen wie große schwarze Schleier über der Erde die Schatten der Wolken; der Gesamteindruck ist sehr ruhig, sehr sanft, von einer friedlichen Schönheit.

Je weiter man in der Ebene vorwärts kommt und Eleusis hinter sich läßt, um sich dem Gebirge zu nähern, das uns von der Ebene von Athen trennt, desto großartiger wird der Landschaftscharakter; diese Berge, die man höher wünschte, wachsen, und diese Ebene, die man ausgedehnter möchte, weitet sich.

Gustave Flaubert:
„Reisenotizen"

Der Schriftsteller und Journalist Mark Twain (1835–1910) begleitete amerikanische Touristen auf einer der ersten Mittelmeerkreuzfahrten. Auf dieser Reise besichtigte er auch die Akropolis in Athen.

In dem Tal neben der Akropolis (dem zuvor erwähnten Berg mit flachem Gipfel) konnte man Athen selbst mit einem gewöhnlichen Lorgnon ungefähr erkennen. Jedermann wollte so schnell wie möglich an Land und diese klassischen Stätten aufsuchen. Kein Land, das wir bisher besuchten, hatte unter den Reisenden ein so allgemeines Interesse erregt.

Aber es trafen schlechte Nachrichten ein. Der Hafenkommandant von Piräus kam in seinem Boot heran und sagte, wir müßten entweder abreisen oder aus dem Hafen hinausfahren und in strenger Quarantäne elf Tage lang auf unserem Schiff eingesperrt bleiben! Wir lichteten also den Anker und fuhren hinaus, um etwa zwölf Stunden zur Übernahme von Proviant liegenzubleiben und dann nach Konstantinopel abzusegeln. Es war die bitterste Enttäuschung, die wir bis dahin erlebt hatten. Einen ganzen Tag lang in Sichtweite der Akropolis zu liegen und doch wegfahren zu müssen, ohne Athen besucht zu haben! Das Wort Enttäuschung ist kaum stark genug, um unsere Gefühle zu beschreiben.

Den ganzen Nachmittag waren alle Mann mit Büchern und Karten und Gläsern an Deck und versuchten zu bestimmen, welcher „schmale, felsige Grat" der Areopag sei, welcher schrägabfallende Hügel die Pnyx, welche Erhebung das Museion und so weiter. (…) Die Kirchenanhänger blickten gerührt auf einen Hügel, welcher, wie sie sagten, genau der sei, auf dem Paulus gepredigt habe, und eine andere Partei behauptete, jener Hügel sei der Hymettos, und wieder eine andere, es sei der Pentelikon! Nach all der Unruhe waren wir nur einer Sache sicher – der Berg mit flachem Gipfel war die Akropolis, und die großartige Ruine, die ihn krönte, war der Parthenon, dessen Bilder wir als Kinder in den Schulbüchern kennengelernt hatten.

Wir erkundigten uns bei jedem, der in die Nähe des Schiffes kam, ob in Piräus Wachen aufgestellt wären, ob sie streng wären; wie die Aussichten stünden, erwischt zu werden, wenn jemand von uns an Land schlüpfen sollte, und falls jemand von uns den Versuch machen und festgenommen werden sollte, was uns dann möglicherweise blühte. Die Antworten waren entmutigend: es gebe eine starke Wach- und Polizeimannschaft; Piräus sei ein kleines Städtchen, und jeder Fremde, der darin gesehen würde, müßte zweifellos auffallen – seine Festnahme wäre sicher. Der Kommandant sagte, es würde eine „schwere" Strafe setzen; auf die Frage „wie schwer?" sagte er „sehr streng" – das war alles, was wir aus ihm herausbekamen.

Um elf Uhr nachts, als der größte Teil der Gesellschaft im Bett lag, stahlen sich vier von uns leise in einem kleinen Boot an Land, wobei ein wolkenbedeckter Mond das Unternehmen begünstigte, und zogen zu zweien und weit voneinander getrennt über einen niedrigen Hügel davon, mit der Absicht, Piräus ganz zu umgehen und außerhalb der Reichweite seiner Polizei zu bleiben.

Da wir unseren Weg so verstohlen über diese steinige, nesselbewachsene Erhebung suchen mußten, kam es mir ziemlich genau so vor, als wäre ich unterwegs, irgend etwas zu stehlen. Mein nächster Kamerad und ich unterhielten uns flüsternd über Quarantänevorschriften und ihre Strafbestimmungen, fanden aber nichts Aufheiterndes an diesem Thema. Ich war im Bilde. Erst wenige Tage zuvor hatte ich mich mit unserem Kapitän darüber unterhalten, und er hatte den Fall eines Mannes erwähnt, der irgendwo von einem in Quarantäne liegenden Schiff an Land geschwommen und dafür sechs Monate eingelocht worden war. (...)

Wir machten den Bogen um die ganze Stadt, ohne jemand anderen zu treffen als einen Mann, der uns neugierig anstarrte, aber nichts sagte, und ein Dutzend Menschen, die vor ihren Haustüren auf der Erde schliefen und zwischen denen wir hindurchgingen, ohne daß sie aufwachten; aber Hunde weckten wir wahrhaftig genug auf – uns hingen immer einer oder zwei bellend an den Fersen und mehrmals sogar zehn oder zwölf gleichzeitig. Sie machten ein so fürchterliches Spektakel, daß Leute an Bord unseres Schiffes sagten, sie hätten lange Zeit über dem Hundegebell verfolgen können, wie wir vorwärtskamen und wo wir gerade waren. (...)

Da wir keine Straße sahen, wählten wir einen hohen Berg zur Linken der entfernten Akropolis als Richtungsweiser und steuerten geradenwegs auf ihn zu, über alle Hindernisse und über ein noch ein bißchen rauheres Gelände hinweg, als es sonstwo außerhalb des Staates Nevada gibt.

Eine Strecke weit war es mit kleinen, losen Steinen bedeckt – wir traten jedesmal auf sechs Stück auf einmal, und alle rollten sie. Eine andere Strecke wies trockenen, lockeren, frischgepflügten Boden auf. Ein weiterer Abschnitt war eine langgezogene Fläche, mit niedrigen Weinreben bewachsen, die sehr verworren und lästig waren und die wir für Brombeersträucher hielten. Die attische Ebene ist mit Ausnahme der Weinstöcke eine unfruchtbare, öde, unpoetische Wüste – ich frage mich, wie sie in Griechenlands Glanzzeit, fünfhundert Jahre vor Christus, ausgesehen haben mag. (...)

Bald gelangten wir an einen alten, steinernen, von Bogen getragenen Aquädukt, und von da an hatten wir Ruinen überall um uns her – wir näherten uns dem Ende unserer Tour. Jetzt konnten wir die Akropolis nicht sehen, auch nicht den hohen Berg, und ich wollte der Straße folgen, bis wir vor ihnen ständen, aber die anderen überstimmten mich, und wir arbeiteten uns mühsam den steinigen Berg hinauf, der unmittelbar vor uns lag – und von seiner Kuppe aus sahen wir noch einen – bestiegen diesen und sahen noch einen! Es kostete uns eine Stunde erschöpfender Arbeit. Bald stießen wir auf eine Reihe offener Gräber, die in den massiven Felsen gehauen waren (eine Zeitlang hatte eins von ihnen Sokrates als Gefängnis gedient); wir zogen um die Schulter des Berges, und vor uns lag die Burg in all ihrer zerstörten Großartigkeit! Wir eilten durch eine Schlucht, dann über eine gewundene Straße bergan und standen auf der alten Akropolis, und die ungeheuren Mauern der Burg ragten hoch über unsere Köpfe empor.

Wir hielten uns nicht damit auf, ihre massiven Marmorblöcke zu besichtigen oder ihre Höhe zu messen oder ihre außerordentliche Stärke abzuschätzen, sondern durchschritten sofort einen großen gewölbten Gang, ähnlich einem Eisenbahntunnel, und gingen geradewegs auf das Tor zu, das zu den alten Tempeln führt. Es war verschlossen! Es schien also, daß wir trotz allem dem großen Parthenon nicht unmittelbar gegenübertreten sollten. Wir setzten uns und hielten Kriegsrat. Ergebnis: das Tor sei nur ein schwaches Holzgebilde – wir würden es eindrücken. Das erschiene zwar als Entweihung, aber schließlich seien wir von weither gereist, und uns trieben zwingende Gründe. Wir könnten nicht erst Fremdenführer und Aufseher aufstöbern – wir müßten vor Tagesanbruch auf dem Schiff sein. So argumentierten wir. Das war alles ganz schön und gut, aber als wir darangingen, das Tor einzudrücken, gelang es uns nicht. Wir bogen um eine Ecke der Mauer und fanden eine niedrige Stelle, außen acht, innen zehn Fuß hoch. Denny schickte sich an hinaufzuklettern, und wir machten uns bereit, ihm zu folgen. Nach anstrengender Kraxelei saß er schließlich rittlings oben, aber einige lose Steine bröckelten ab und fielen mit Gepolter in den Hof. Sofort hörte man Türenschlagen und Rufen. Denny ließ sich schleunigst von der Mauer fallen, und wir zogen uns in Unordnung zum Tor zurück. Xerxes nahm diese mächtige Zitadelle 480 Jahre vor Christi Geburt ein, als er mit fünf Millionen Mann, Soldaten und Troß, nach Griechenland zog, und wenn wir vier Amerikaner nur fünf Minuten länger ungestört geblieben wären, hätten auch wir sie eingenommen. (...)

Wir überquerten einen weiten Hof, traten durch ein großes Tor und standen auf einem Pflaster aus reinstem weißem Marmor, das als Folge der Abnutzung tiefe Spuren trägt. Vom Mondlicht überflutet, erhoben sich vor uns die edelsten Ruinen, die wir je erblickt hatten – die Propyläen, ein kleiner Minervatempel, der Herkulestempel und der erhabene Parthenon. (...) Diese Gebäude sind alle aus dem weißesten pentelischen Marmor errichtet, haben aber jetzt einen rosigen Ton angenommen. Wo jedoch ein Stück zerbrochen ist, sieht die Bruchstelle wie feiner Hutzucker aus. Sechs Karyatiden oder marmorne Frauen, in fließende Gewänder gekleidet, tragen die Säulenhalle des Herkulestempels, aber die Säulenhallen und Kolonnaden der anderen Bauten werden von massiven dorischen und ionischen Säulen gebildet, deren Kannelüren und Kapitelle noch immer ziemlich vollkommen erhalten sind, trotz der Jahrhunderte, die über sie hinweggegangen sind, und der Belagerungen, die sie mitgemacht haben. Der Parthenon war ursprünglich 226 Fuß lang, 100 breit und 70 hoch, wies an jedem Ende zwei Reihen von je acht Säulen und die Längsseiten hinunter einfache Reihen von je 17 Säulen auf und war eines der anmutigsten und schönsten Bauwerke, die je errichtet wurden. (...) Als wir gedankenvoll über das marmorne Pflaster der Länge nach durch diesen erhabenen Tempel wanderten, umgab uns ein seltsames und eindrucksvolles Bild. In verschwenderischer Fülle verstreut, standen hier und da, gegen Marmorblöcke

Akropolis; von der Agora aus gesehen.

gestützt, schimmernde weiße Statuen von Männern und Frauen, einige von ihnen ohne Arme, einige ohne Beine, andere ohne Kopf – aber alle sahen im Mondlicht traurig aus und so verblüffend menschlich! Sie erhoben sich und traten dem mitternächtlichen Eindringling von allen Seiten entgegen – aus unvermuteten Winkeln und Nischen hervor starrten sie ihn mit steinernen Augen an; über angehäufte Bruchstücke weit hinten in den verlassenen Gängen hinweg lugten sie nach ihm aus: mitten auf dem weiten Forum versperrten sie ihm den Weg und wiesen mit Armen ohne Hände ernst den Weg aus dem geheiligten Tempel; und durch den dachlosen Tempel blickte der Mond und zeichnete Streifen auf den Boden und verdunkelte die verstreuten Bruchstücke und zerbrochenen Statuen mit den schrägen Schatten der Säulen. (...)

Wir gingen hinaus auf den grasbewachsenen, mit Fragmenten übersäten Hof jenseits des Parthenon. Wir erschraken hin und wieder, wenn uns plötzlich ein steinernes weißes Gesicht mit seinen toten Augen aus dem Gras heraus anstarrte. Der Ort schien von Geistern belebt zu sein. Ich erwartete halb und halb, die athenischen Helden aus der Zeit vor zwanzig Jahrhunderten aus den Schatten hervorgleiten und sich in den alten Tempel stehlen zu sehen, den sie so gut kannten und mit so grenzenlosem Stolz betrachteten.

Der Vollmond stand jetzt hoch am wolkenlosen Himmel. Wir schlenderten sorglos und gedankenlos an den Rand der hohen Zinnen der Burg und schauten hinunter – ein Traumbild! Und was für ein Traumbild! Athen im Mondlicht! (...)

Wir verließen den Parthenon, damit er weiter über dem alten Athen wachen könne, wie er es seit 2300 Jahren getan hat, gingen hinaus und standen jetzt außerhalb der Mauern der Burg. In der Entfernung war der alte, aber noch beinahe vollkommen erhaltene Theseustempel sichtbar, und dicht daneben, nach Westen zu, das Bema, von wo aus Demosthenes seine Philippiken herabdonnerte und den schwankenden Patriotismus seiner Landsleute anfeuerte. Rechts lag der Marshügel, wo sich in alten Zeiten der Areopag befunden und wo Paulus seinen Standpunkt erläutert hatte, und an seinem Fuße breitete sich der Marktplatz aus, wo Paulus mit den schwatzlustigen Athenern „alle Tage redete". Wir gingen die Steinstufen hinauf, die Paulus hochgestiegen war, standen auf dem viereckigen Platz, auf dem er gestanden hatte, und versuchten uns an den biblischen Bericht über dieses Begebnis zu erinnern – aber aus irgendwelchen Gründen konnte ich mir die Worte nicht ins Gedächtnis zurückrufen.

Nach einer Weile fiel uns ein, daß wir uns wohl beeilen müßten, wenn wir nach Hause kommen wollten, bevor uns das Tageslicht verriet. Wir hetzten also los. Als wir auf unserem Wege schon ein schönes Stück zurückgelegt hatten, warfen wir einen letzten Blick zurück auf den Parthenon, durch dessen offene Kolonnaden das Mondlicht strömte und die Kapitelle mit Silber überspann. Wie er in diesem Augenblick aussah, feierlich, erhaben und schön, wird er für immer in unserer Erinnerung bleiben.

Mark Twain:
„Reise durch die Alte Welt"

Auch die deutsche Schriftstellerin Christa Wolf (*1929) gehört zu der großen Zahl der Griechenlandreisenden.

Unbewußt, was ich suchte, und nur, weil es sündhaft gewesen wäre, diese Gelegenheit zu versäumen, wollte ich also nach Griechenland. Schrieb „Tourismus" als Reisegrund in die Formulare, verschwieg jedermann, auch mir selbst, daß ich ihrem Rücklauf und ihrer Verwandlung in gültige Visa – ein undurchschaubarer Vorgang – mit Seelenruhe entgegensah, habe Vorfreude mehr vorgetäuscht als empfunden und mich überhaupt in ironischer Verfassung gehalten (...„das Land der Griechen mit der Seele suchend..."!); habe mich unter dem Vorwand, Eindrücke unvermittelt genießen zu wollen, nur schwach mit Kenntnissen ausgerüstet und mich dann nicht sehr über meinen Lachanfall gewundert, als wir durch ein Versehen der Fluggesellschaft die uns bestimmte Maschine nach Athen verpaßten. Von jetzt an konnte es interessant werden. Heiter liefen wir die Flughafentreppe wieder hinunter. Nicht das Gesetz, der Zufall würde unsere Reise regieren, ein selbstherrlicherer Herrscher, unberechenbar, schwer zu durchschauen, kaum zu überlisten, nicht zu kommandieren. Zufall – flüchtiger Stoff, ohne den keine Erzählung auskommt, die „natürlich" wirken will, aber wie schwer dingfest zu machen. (...)

Nicht nur die Sieger, auch die Opfer sind zur Akropolis hochgezogen, Mensch und Tier. Auf den Altären der Tempel, die übereinandergelagert, nebeneinandergesetzt sind, haben sie einander abgelöst, das Lamm den Jüngling, das Huhn die

Gefangene. So auch die Götter. (…) Ganz zuunterst, am Fuße der Bastion des Athena-Nike-Tempels, das Heiligtum der Erdgöttin Gea, verschüttet, zugedeckt, überbaut, unsichtbar uns Späteren. Dafür die Nachbildung der Kolossalstatue der Pallas Athene des berühmten Phidias in Elfenbein und Gold, mit Helm, Schild, Speer und Brustpanzer bestückt, die verkleinerte Statuette der Siegesgöttin Nike in der Linken, mächtig und kalt. Mutterlos. Mit Schild und Speer als ein böser Gedanke dem Haupt des Vaters Zeus entstiegen. (…) Trost- und meist ahnungslose ameisenhafte Zudringlichkeit der Touristen, die, wie ich selbst, auf Marmorblöcken ausruhen, gleißender scharfkantiger Stein, glatt unter der Hand. Daß die Dinge zu mir sprechen sollten, löst ihnen nicht die Zunge, die Farbschnappschüsse, die N. macht, werden auch zu Hause meine Phantasie nicht in Bewegung setzen. Natürlich, auf der Akropolis sind wir auch gewesen. Und? Mächtige Geröllhalde. Herrliche Ausblicke auf eine übrigens durch das Bauen zerstörte Stadt. Und eine vorher nicht erlebte Blendung durch reflektiertes Licht, doch, auch schon im April.

Und dann tritt man, traten wir, vor die Koren vom Erechtheion, die im Museum auf der Akropolis vor der totalen Zerstörung sichergestellt sind. Sie stehen da in einem Halbrund, blicken auf uns Betrachter herab und weinen. Der Stein weint, halten Sie das nicht für eine Metapher. Über die Gesichter der steinernen Mädchen sind Tränen geströmt, die sie zerfressen haben. Etwas, stärker als Kummer, hat sich in diese schönen Wangen eingegraben: saurer Regen, vergiftete

Luft. Mögen diese Gesichter ehemals blick- und ausdruckslos gewesen sein – unser Jahrhundert hat ihnen seinen Ausdruck aufgenötigt, den der Trauer, der, als bekäme ich von innen her einen Stoß, in mir ein Echo findet. Alles, was durch Trauer mitbewegt wird, beginnt sich zu rühren, Zorn, Angst, Grauen, Schuld, Scham. Ich bin angekommen. Ich verstehe diesen Stein- und Knochenberg. Ich verstehe die überfüllte, hastige, mordlüsterne, Rauch und Abgase ausstoßende, dem Geld nachstürzende Stadt, die in Jahren einholen will, was einige ihrer westlichen Schwestern mehr als ein Jahrhundert gekostet hat. Ich verstehe: Ihr, der heutigen Stadt Bedürfnis und das Bedürfnis der steinernen Mädchen, die in gelassen-stolzer Haltung mehr als 2000 Jahre lang den Baldachin über dem Grab des Schlangenkönigs und Athengründers Kekrops trugen, waren nicht miteinander zu vereinbaren. Koren, die Mädchen, einst die Fruchtbarkeitsgöttin Persephone mit ihrer Tochter, später zu Balkenträgerinnen herabgekommen, jetzt unfruchtbar ins Aus gestellt. Soll ich mich dagegen wehren, daß sie mir nicht nur, solange ich in Griechenland bin, immer wieder als Sinnbilder vor meinem inneren Auge erscheinen? Soll ich versuchen, den „Sinn" zu benennen, für den sie stehn, der aber ein Unsinn ist? Die Barbarei der Neuzeit. Die Frage, die mich aufstört: Gab es, gibt es eine Alternative zu dieser Barbarei? Das Thema jetzt schon anschlagen?

Christa Wolf:
„Ein Reisebericht über das zufällige Auftauchen und die allmähliche Verfertigung einer Gestalt"

Griechenland in der Literatur

Zu allen Zeiten faszinierte die griechische Kultur nicht nur wegen ihrer Kunstwerke und ihrer Architektur, sondern bot mit ihren zahllosen Mythen- und Dramenstoffen eine unerschöpfliche Quelle für Dichter und Schriftsteller.

Die „Elektra" des griechischen Tragikers Sophokles (496 – 406 v. Chr.) wurde 413 in Athen uraufgeführt.

Da Elektra ihren Bruder Orest für tot hält, versucht sie in der folgenden Szene ihre Schwester zu überreden, das göttliche Gesetz der Rache an den Mördern ihres Vaters Agamemnon gemeinsam auszuführen. Elektra ist fest zur Rache entschlossen, auch wenn dies bedeutet, die eigene Mutter und den Stiefvater zu ermorden. Die Schwester Chrysothemis rät dagegen eher dazu, vorsichtig zu sein und abzuwarten.

Theater von Epidauros.

ELEKTRA: So höre denn, wie ich entschlossen bin zu tun!
Was Beistand von den Freunden angeht, weißt
Auch du wohl, daß es keinen für uns gibt. Nein, Hades
Hat zugegriffen und ihn weggeraubt,
Und einzig nur wir beide sind geblieben. –
Ich nun, solange ich noch hörte, daß der Bruder
Im Leben blühte, hegte Hoffnungen, er werde
Einmal als Rächer kommen für des Vaters Mord,
Jetzt aber, da er nicht mehr ist, blick ich auf dich:
Daß du dich nicht bedenkst, den Täter, der
Mit eigner Hand vollbracht des Vaters Mord,
Mit dieser deiner Schwester zu erschlagen:
Aigisth! denn nichts mehr darf ich dir verhehlen! –
Worauf denn willst du leichten Herzens warten,
Auf welche Hoffnung blicken, die noch aufrecht stünde?
Die du zu seufzen Grund hast, wie man dir
Des väterlichen Reichtums Erbteil hat geraubt,
Grund hast, dich zu betrüben, daß du schon so lange Zeit
Hinalterst ehelos und hochzeitlos.
Denn daß du dieses jemals noch erlangst,
Darfst du nicht mehr erhoffen! So unbedacht
Ist nicht der Mann Aigisth, daß er dir jemals –
Noch mir auch! – ein Geschlecht aufkeimen lasse
Zum deutlichen Verderben für sich selbst!
Doch folgst du meinem Rat, gewinnst du erstens
Den Ruf der rechten Scheu beim Vater drunten,
Dem toten, wie dem Bruder auch zugleich!
Dann wirst du, so wie du geboren: eine Freie
Genannt sein künftighin und würdige
Vermählungen erlangen! denn es blickt
Ein jeder gerne auf das Tüchtige. –
Und dann die Reden in dem Volke: siehst du nicht,
Welch einen großen Ruhm du dir und mir
Gewinnen wirst, wenn du mir folgst?
Denn wer wird unter Bürgern oder Fremden,
Wenn er uns sieht, uns beide nicht mit solchen
Lobeserhebungen empfangen:
„Seht diese beiden Schwestern, Freunde! wie sie beide
Das väterliche Haus errettet haben!
Die beide vor den Feinden, als sie herrlich
Einhergeschritten noch, nicht ihres Lebens
Achtend, als Rächer aufgetreten sind des Mords!
Die muß man lieben, *diese* müssen alle
Hochhalten, *diese* muß man bei den Festen

Ehren all insgesamt um ihres Mutes willen!" –
Solches, wahrhaftig! wird von uns ein jeder
Der Sterblichen verkünden, also daß,
Ob wir denn leben oder ob wir sterben,
Uns niemals ausgehn wird der Ruhm! –
Darum, o Liebe, laß dich überzeugen!
Mühe dich für den Vater, dulde für den Bruder!
Schaffe mir Ruhe von den Übeln, schaffe
Dir selber Ruhe, eins erkennend: daß
Ein schmählich Leben schmählich ist für edel Geborene! (...)
CHRYSOTHEMIS: Schon ehe sie begann, ihr Frauen, wäre ihr
Kein so verkehrter Sinn zuteil geworden,
Sie hätte sich die Vorsicht wohl bewahrt,
So wie sie diese nicht bewahrt! – Denn worauf blickst du,
Daß du dich selbst mit solcher Kühnheit wappnest
Und mich zum Beistand aufrufst? Siehst du nicht:
Als Weib und nicht als Mann bist du geboren
Und schwächer bist du als die Gegner mit dem Arm!
Auch fährt der Daimon denen glücklich Tag für Tag,
Doch uns zerrinnt er und gelangt zu nichts!
Wer, der sich vornimmt, einen solchen Mann zu fassen,
Vermag von Unheil ungetrübt davonzukommen?
Sieh zu, daß wir – sind wir schon übel dran –
Uns nicht noch größre Übel schaffen,
Wenn irgend jemand diese Reden hört!
Denn es befreit uns nicht und nützt uns nichts,
Ein schön Gerede zu gewinnen und
Ruhmlos zu sterben! Sterben ist ja nicht das Ärgste,
Sondern wenn jemand sich zu sterben wünscht
Und dann auch dieses nicht erlangen kann! –
Drum flehe ich dich an: bevor wir ganz
In völligem Verderben untergehen
Und mit uns ganz verödet das Geschlecht:
Bezähme du dein Ungestüm! und ich
Will das Gesagte dir als ungesagt
Und ungeschehn bewahren. Aber du
Nimm doch Verstand an endlich mit der Zeit:
Daß du dich, die du nichts vermagst, den Mächtigen beugst! (...)
ELEKTRA: Nichts Unerwartetes hast du gesprochen!
Ich wußte wohl, daß du verwerfen würdest,
Wozu ich aufrief. Nun, so muß ich denn
Mit eigner Hand und ganz allein vollbringen
Dies Werk! denn leer, wahrhaftig, lassen wir's nicht gehn!

Sophokles: *„Elektra"*

Der Roman „Geschichte des Agathon"
von Christoph Martin Wieland (1733 –
1813) spielt in der griechischen Antike,
die der Autor als der eigenen Epoche ent-
sprechende Blütezeit ansieht. Im zitierten
Abschnitt trifft der junge Agathon eine
Gruppe von tanzenden Bacchantinnen.

ERSTES BUCH
Agathon wird durch Cilicische Seeräuber
aus einem gefährlichen Abenteuer ge-
rettet, und in Smyrna zum Sklaven
verkauft.

1. Kapitel
Erster Auftritt unseres Helden.
Die Sonne neigte sich zum Untergang, als Agathon, der sich in einem
unwegsamen Walde verirrt hatte, abge-
mattet von der vergeblichen Bemü-
hung einen Ausgang zu finden, an
dem Fuß eines Berges anlangte, welchen er noch zu ersteigen wünschte,
in Hoffnung von dem Gipfel dessel-
ben irgend einen bewohnten Ort zu
entdecken, wo er die Nacht zubringen
könnte. Er schleppte sich mit Mühe
durch einen Fußweg hinauf, den er
zwischen den Gesträuchen gewahr
ward; allein da er ungefähr die Mitte
des Berges erreicht hatte, fühlte er sich
so entkräftet, daß er den Mut verlor,
den Gipfel erreichen zu können, der
sich immer weiter von ihm zu entfernen schien, je mehr er ihm näher
kam. Er warf sich also ganz atemlos
unter einen Baum hin, der eine kleine
Terrasse umschattete, und beschloß
die einbrechende Nacht daselbst
zuzubringen.

Wenn sich jemals ein Mensch in
Umständen befand, die man unglück-
lich nennen kann, so war es dieser
Jüngling, in der Lage, worin unsre

Bekanntschaft mit ihm sich anfängt.
Vor wenigen Tagen noch ein Günst-
ling des Glücks und der Gegenstand
des Neides seiner Mitbürger, sah er
sich, durch einen plötzlichen Wechsel, seines Vermögens, seiner Freunde,
seines Vaterlands beraubt, allen Zufäl-
len des widrigen Glücks, und selbst
der Ungewißheit ausgesetzt, wie er das
nackte Leben, das ihm übrig gelassen
war, erhalten möchte. Und dennoch,
wiewohl so viele Widerwärtigkeiten
sich vereinigten seinen Mut nieder-
zuschlagen, versichert uns die
Geschichte, daß derjenige, der ihn in
diesem Augenblick gesehen hätte,
weder in seiner Miene noch in seinen
Gebärden einige Spur von Verzweif-
lung, Ungeduld oder nur von Mißvergnügen hätte bemerken können.

Vielleicht erinnern sich einige
hierbei an den Weisen der Stoiker, von
welchem man ehemals versicherte,
daß er in dem glühenden Ochsen des
Phalaris zum wenigsten so glücklich
sein würde, als ein morgenländischer
Bassa in den weichen Armen einer
schönen Tschirkassierin. Da sich aber
in dem Laufe dieser Geschichte verschiedene Proben einer nicht geringen
Ungleichheit unsers Helden mit dem
Weisen des Seneca zeigen werden: so
halten wir für wahrscheinlicher, daß
seine Seele von der Art derjenigen
gewesen sei, welche dem Vergnügen
immer offen stehen, und bei denen
eine einzige angenehme Empfindung
hinlänglich ist, sie alles vergangenen
und künftigen Kummers vergessen zu
machen. Eine Öffnung des Waldes
zwischen zwei Bergen zeigte ihm –
die untergehende Sonne. Es brauchte
nichts mehr als diesen Anblick, um
das Gefühl seiner widrigen Umstände

zu unterbrechen. Er überließ sich der Begeisterung, in welche dieses majestätische Schauspiel empfindliche Seelen zu setzen pflegt, ohne sich eine Zeit lang seiner dringendsten Bedürfnisse zu erinnern. Endlich weckte ihn das Rauschen einer Quelle, die nicht weit von ihm aus einem Felsen hervor sprudelte, aus dem angenehmen Staunen, worin er sich selbst vergessen hatte; er stand auf, und schöpfte mit der hohlen Hand von diesem Wasser, dessen fließenden Kristall, seiner Einbildung nach, eine wohltätige Nymphe ihm aus ihrem Marmorkrug entgegen goß; und, anstatt die von Cyprischem Weine sprudelnden Becher der gewohnten Athenischen Gastmähler zu vermissen, deuchte ihm, daß er niemals angenehmer getrunken habe. Er legte sich wieder nieder, entschlief unter dem sanft betäubenden Gemurmel der Quelle, und träumte, daß er seine geliebte Psyche wieder gefunden habe, deren Verlust das Einzige war, was ihm von Zeit zu Zeit einige Seufzer auspreßte.

2. Kapitel
Etwas ganz Unerwartetes.
Wenn es seine Richtigkeit hat, daß alle Dinge in der Welt in der genauesten Beziehung aufeinander stehen, so ist nicht minder gewiß, daß diese Verbindung unter einzelnen Dingen oft ganz unmerklich ist; und daher scheint es zu kommen, daß die Geschichte zuweilen viel seltsamere Begebenheiten erzählt, als ein Romanschreiber zu dichten wagen dürfte. Dasjenige was unserm Helden in dieser Nacht begegnete, gibt eine neue Bekräftigung dieser Bemerkung ab. Er genoß noch der Süßigkeit des Schlafs, welchen

Homer für ein so großes Gut hält, daß er ihn auch den Unsterblichkeiten zueignet, als er durch ein lärmendes Getöse plötzlich aufgeschreckt wurde. Er horchte gegen die Seite, woher es zu kommen schien, und glaubte in dem vermischten Getümmel ein seltsames Heulen und Jauchzen zu unterscheiden, welches von den entgegen stehenden Felsen fürchterlich widerhallte. Agathon, der nur im Schlaf erschreckt werden konnte, beschloß diesem Getöse mutig entgegen zu gehen. Er bestieg den obern Teil des Berges mit so vieler Eilfertigkeit als er konnte, und der Mond, dessen voller Glanz die ganze Gegend weit umher aus den dämmernden Schatten hob, begünstigte sein Unternehmen. Das Getümmel nahm immer zu, je näher er dem Rücken des Berges kam. Er unterschied itzt den Schall von Trommeln und ein schmetterndes Getön von Schalmeien und Pfeifen, mit einem wilden Geschrei weiblicher Stimmen vermischt, die ihn nicht länger ungewiß ließen, was dieser Lärm bedeuten möchte; als sich ihm plötzlich ein Schauspiel darstellte, worüber der oben erwähnte Weise selbst seiner Göttlichkeit auf einen Augenblick hätte vergessen können. Ein schwärmender Haufe von jungen Thracischen Frauen war es, welche sich in dieser Nacht versammelt hatten, die unsinnigen Gebräuche zu begehen, die das heidnische Altertum zum Andenken des berühmten Zuges des Bacchus aus Indien eingesetzt hatte. Ohne Zweifel könnte eine ausschweifende Einbildungskraft, oder der Griffel eines la Fage von einer solchen Szene eine ziemlich verführerische Abbildung machen; allein die Ein-

drücke, die der wirkliche Anblick auf
unsern Helden machte, waren nichts
weniger als von der reizenden Art. Das
stürmisch fliegende Haar, die rollen-
den Augen, die beschäumten Lippen,
die aufgeschwollnen Muskeln, die
wilden Gebärden und die rasende
Fröhlichkeit, womit diese Unsinnigen,
in tausend frechen Stellungen, ihre
mit Efeu und zahmen Schlangen
umwundnen Spieße schüttelten, ihre
Klapperbleche zusammenschlugen,
oder abgebrochne Dithyramben mit
lallender Zunge stammelten: alle diese
Ausbrüche einer fanatischen Wut, die
ihm nur desto schändlicher vorkam,
weil sie den Aberglauben zur Quelle
hatte, machten seine Augen unemp-
findlich, und erweckten in ihm einen
Ekel vor Reizungen, welche mit der
Schamhaftigkeit alle Macht über seine
Sinnen verloren hatten. Er wollte
zurück fliehen, aber es war unmöglich, weil er in dem nämlichen Augen-
blicke von ihnen bemerkt wurde. Der
Anblick eines Jünglings, an einem Ort
und an einem Feste, welche von
keinem männlichen Aug entweihet
werden durften, hemmte plötzlich
den Lauf ihrer lärmenden Fröhlichkeit, um alle ihre Aufmerksamkeit auf
diese Erscheinung zu wenden.

Christoph Martin Wieland:
„Geschichte des Agathon"

*Johann Christian Friedrich Hölderlin
(1770 – 1843) bedauert in seinen Gedich-
ten immer wieder den Untergang des
antiken Griechenlands.*

Griechenland

Hätt' ich dich im Schatten der
    Platanen,
Wo durch Blumen der Cephissus rann,
Wo die Jünglinge sich Ruhm ersannen,
Wo die Herzen Sokrates gewann,
Wo Aspasia durch Myrthen wallte,
Wo der brüderlichen Freude Ruf
Aus der lärmenden Agora schallte,
Wo mein Plato Paradiese schuf,

Wo den Frühling Festgesänge würzten,
Wo die Ströme der Begeisterung
Von Minervens heil'gem Berge
    stürzten –
Der Beschüzerin zur Huldigung –
Wo in tausend süßen Dichterstunden,
Wie ein Göttertraum, das Alter
    schwand,
Hätt' ich da, Geliebter! dich gefunden,
Wie vor Jahren dieses Herz dich fand;

Ach! wie anders hätt' ich dich
    umschlungen! –
Marathons Heroën sängst du mir,
Und die schönste der Begeisterungen
Lächelte vom trunknen Auge dir,
Deine Brust verjüngten Siegsgefühle,
Deinen Geist, vom Lorbeerzweig
    umspielt,
Drückte nicht des Lebens stumpfe
    Schwüle,
Die so karg der Hauch der Freude
    kühlt.

Ist der Stern der Liebe dir ver-
    schwunden?
Und der Jugend holdes Rosenlicht?

Ach! umtanzt von Hellas goldnen
    Stunden,
Fühltest du die Flucht der Jahre nicht,
Ewig, wie der Vesta Flamme, glühte
Muth und Liebe dort in jeder Brust,
Wie die Frucht der Hesperiden, blühte
Ewig dort der Jugend stolze Lust.

Ach! es hätt' in jenen bessern Tagen
Nicht umsonst so brüderlich und gros
Für das Volk dein liebend Herz
    geschlagen,
Dem so gern der Freude Zähre floß! –
Harre nun! sie kömmt gewiß die
    Stunde,
Die das Göttliche vom Kerker trennt –
Stirb! du suchst auf diesem Erden-
    runde,
Edler Geist! umsonst dein Element.

Attika, die Heldin, ist gefallen;
Wo die alten Göttersöhne ruhn,
Im Ruin der schönen Marmorhallen
Steht der Kranich einsam trauernd nun;
Lächelnd kehrt der holde Frühling
    nieder,
Doch er findet seine Brüder nie
In Ilissus heilgem Thale wieder –
Unter Schutt und Dornen schlum-
    mern sie.

Mich verlangt ins ferne Land hinüber
Nach Alcäus und Anakreon,
Und ich schlief' im engen Hause
    lieber,
Bei den Heiligen in Marathon;
Ach! es sei die letzte meiner Thränen,
Die dem lieben Griechenlande rann,
Laßt, o Parzen, laßt die Scheere tönen,
Denn mein Herz gehört den Todten an!
Johann Christian Friedrich Hölderlin:
    „Griechenland"

Im Lustspiel „Amphitryon" verwendet Heinrich von Kleist (1777–1811) einen Stoff, den schon Plautus und Molière bearbeitet hatten. Der Gott Jupiter erscheint Alkmene in der Gestalt ihres Mannes Amphitryon und löst damit große Verwirrung aus.

ALKMENE: O mein Gemahl! Kannst du mir gütig sagen, / Warst dus, warst du es nicht? O sprich! du warsts!
JUPITER: Ich wars. Seis wer es wolle. Sei – sei ruhig, / Was du gesehn, gefühlt, gedacht, empfunden, / War ich: wer wäre außer mir, Geliebte? / Wer deine Schwelle auch betreten hat, / Mich immer hast du, Teuerste, empfangen, / Und für jedwede Gunst, die du ihm schenktest, / Bin ich dein Schuldner, und ich danke dir.
ALKMENE: Nein, mein Amphitryon, hier irrst du dich. / Jetzt lebe wohl auf ewig, du Geliebter, / Auf diesen Fall war ich gefaßt.
JUPITER: Alkmene!
ALKMENE: Leb wohl! Leb wohl!
JUPITER: Was denkst du?
ALKMENE: Fort, fort, fort –
JUPITER: Mein Augenstern!
ALKMENE: Geh, sag ich.
JUPITER: Höre mich.
ALKMENE: Ich will nichts hören, leben will ich nicht, / Wenn nicht mein Busen mehr unsträflich ist.
JUPITER: Mein angebet Weib, was sprichst du da? / Was könntest du, du Heilige, verbrechen? / Und wär ein Teufel gestern dir erschienen, / Und hätt er Schlamm der Sünd, durchgei-ferten, / Aus Höllentiefen über dich geworfen, / Den Glanz von meines Weibes Busen nicht / Mit einem Makel fleckt er! Welch ein Wahn!
ALKMENE: Ich Schändlich-hinter-

gangene!

JUPITER: Er war / Der Hintergangene, mein Abgott! *Ihn* / Hat seine böse Kunst, nicht dich getäuscht, / Nicht dein unfehlbares Gefühl! Wenn er / In seinem Arm dich wähnte, lagst du an / Amphitryons geliebter Brust, wenn er / Von Küssen träumte, drücktest du die Lippe / Auf des Amphitryon geliebten Mund. / O einen Stachel trägt er, glaub es mir, / Den aus dem liebeglühnden Busen ihm / Die ganze Götterkunst nicht reißen kann.

ALKMENE: Daß ihn Zeus mir zu Füßen niederstürzte! / O Gott! Wir müssen uns auf ewig trennen.

JUPITER: Mich fester hat der Kuß, den du ihm schenktest, / Als alle Lieb an dich, die je für mich / Aus deinem Busen loderte, geknüpft. / Und könnt ich aus der Tage fliehndem Reigen / Den gestrigen, sieh, liebste Frau, so leicht / Wie eine Dohl aus Lüften niederstürzen, / Nicht um olympsche Seligkeit wollt ich, / Um Zeus' unsterblich Leben, es nicht tun.

ALKMENE: Und ich, zehn Toden reicht ich meine Brust. / Geh! Nicht in deinem Haus siehst du mich wieder. / Du zeigst mich keiner Frau in Hellas mehr.

JUPITER: Dem ganzen Kreise der Olympischen, / Alkmene! – Welch ein Wort? Dich in die Schar / Glanzwerfend aller Götter führ ich ein. / Und wär ich Zeus, wenn du dem Reigen nahtest, / Die ewge Here müßte vor dir aufstehn, / Und Artemis, die strenge, dich begrüßen.

ALKMENE: Geh, deine Güt erdrückt mich. Laß mich fliehn.

JUPITER: Alkmene!

ALKMENE: Laß mich.

JUPITER: Meiner Seelen Weib!

ALKMENE: Amphitryon, du hörsts! Ich will jetzt fort.

JUPITER: Meinst du, dich diesem Arme zu entwinden?

ALKMENE: Amphitryon, ich wills, du sollst mich lassen.

JUPITER: Und flöhst du über ferne Länder hin, / Dem scheußlichen Geschlecht der Wüste zu, / Bis an den Strand des Meeres folgt ich dir, / Ereilte dich, und küßte dich, und weinte, / Und höbe dich in Armen auf, und trüge / Dich im Triumph zu meinem Bett zurück.

ALKMENE: Nun dann, weil dus so willst, so schwör ich dir, / Und rufe mir der Götter ganze Schar, / Des Meineids fürchterliche Rächer auf: / Eh will ich meiner Gruft, als diesen Busen, / So lang er atmet, deinem Bette nahn.

JUPITER: Den Eid, kraft angeborner Macht, zerbrech ich / Und seine Stücken werf ich in die Lüfte. / Es war kein Sterblicher, der dir erschienen, / Zeus selbst, der Donnergott, hat dich besucht.

ALKMENE: Wer?

JUPITER: Jupiter.

ALKMENE: Wer, Rasender, sagst du?

JUPITER: Er, Jupiter, sag ich.

ALKMENE: Er Jupiter? / Du wagst, Elender –?

JUPITER: Jupiter sag ich, / Und wiederhols. Kein anderer, als er, / Ist in verfloßner Nacht erschienen dir.

ALKMENE: Du zeihst, du wagst es, die Olympischen / Des Frevels, Gottvergeßner, der verübt ward?

JUPITER: Ich zeihe Frevels die Olympischen? / Laß solch ein Wort nicht, Unbesonnene, / Aus deinem Mund mich wieder hören.

ALKMENE: Ich solch ein Wort nicht

mehr –? Nicht Frevel wärs –?
JUPITER: Schweig, sag ich, ich befehls.
ALKMENE: Verlorner Mensch!
JUPITER: Wenn du empfindlich für
den Ruhm nicht bist, / Zu den
Unsterblichen die Staffel zu ersteigen,
/ Bin ichs: und du vergönnst mir, es
zu sein. / Wenn du Kallisto nicht, die
herrliche, / Europa auch und Leda
nicht beneidest, / Wohlan, ich sags,
ich neide Tyndarus, / Und wünsche
Söhne mir, wie Tyndariden. (...)
Mein teures Weib! Wie rührst du
mich? / Sieh doch den Stein, den du
in Händen hältst.
ALKMENE: Ihr Himmlischen, schützt
mich vor Wahn!
JUPITER: Ists nicht sein Nam? Und
wars nicht gestern meiner? / Ist hier
nicht Wunder alles, was sich zeigt? /
Hielt ich nicht heut dies Diadem
noch in / Versiegeltem Behältnis ein-
geschlossen? / Und da ichs öffne, dir
den Schmuck zu reichen, / Find ich
die leere Spur nicht in der Wolle? /
Seh ichs nicht glänzend an der Brust
dir schon?
ALKMENE: So solls die Seele denken?
Jupiter? / Der Götter ewger, und der
Menschen, Vater?
JUPITER: Wer könnte dir die augen-
blickliche / Goldwaage der Empfindung so betrügen? / Wer so die Seele
dir, die weibliche, / Die so vielgliedrig
fühlend um sich greift, / So wie das
Glockenspiel der Brust umgehn, / Das
von dem Atem lispelnd schon
erklingt?
ALKMENE: Er selber! Er!
JUPITER: Nur die Allmächtgen mögen
/ So dreist, wie dieser Fremdling, dich
besuchen, / Und solcher Nebenbuhler
triumphier ich! / Gern mag ich sehn,
wenn die Allwissenden / Den Weg zu

deinem Herzen finden, gern, / Wenn
die Allgegenwärtigen dir nahn: / Und
müssen nicht sie selber noch,
Geliebte, / Amphitryon sein, und
seine Züge stehlen, / Wenn deine
Seele sie empfangen soll?
ALKMENE: Nun ja. *Sie küßt ihn.*
JUPITER: Du Himmlische!
ALKMENE: Wie glücklich bin ich! /
Und o wie gern, wie gern noch bin
ich glücklich! / Wie gern will ich den
Schmerz empfunden haben, / Den
Jupiter mir zugefügt, / Bleibt mir nur
alles freundlich wie es war.
JUPITER: Soll ich dir sagen, was ich
denke?
ALKMENE: Nun?
JUPITER: Und was, wenn Offenbarung
uns nicht wird, / So gar geneigt zu
glauben ich mich fühle?
ALKMENE: Nun? Und? du machst mir
bang –
JUPITER: Wie, wenn du seinen
Unwillen – du erschrickst dich nicht,
gereizt?
ALKMENE: Ihn? Ich? gereizt?
JUPITER: Ist er dir wohl vorhanden? /
Nimmst du die Welt, sein großes
Werk, wohl wahr? / Siehst du ihn in
der Abendröte Schimmer, / Wenn sie
durch schweigende Gebüsche fällt? /
Hörst du ihn beim Gesäusel der
Gewässer, / Und bei dem Schlag der
üppgen Nachtigall? / Verkündet nicht
umsonst der Berg ihn dir / Getürmt
gen Himmel, nicht umsonst ihn dir /
Der felszerstiebten Katarakten Fall? /
Wenn hoch die Sonn in seinen
Tempel strahlt / Und von der Freude
Pulsschlag eingeläutet, / Ihn alle Gat-
tungen Erschaffner preisen, / Steigst
du nicht in des Herzens Schacht hinab / Und betest deinen Götzen an?
ALKMENE: Entsetzlicher! Was sprichst

du da? Kann man / Ihn frömmer auch, und kindlicher, verehren? / Verglüht ein Tag, daß ich an seinem Altar / Nicht für mein Leben dankend, und dies Herz, / Für dich auch du Geliebter, niedersänke? / Warf ich nicht jüngst noch in gestirnter Nacht / Das Antlitz tief, inbrünstig, vor ihm nieder, / Anbetung, glühnd, wie Opferdampf, gen Himmel / Aus dem Gebrodel des Gefühls entsendend?

JUPITER: Weshalb *warfst* du aufs Antlitz dich? – Wars nicht, / Weil in des Blitzes zuckender Verzeichnung / Du einen wohlbekannten Zug erkannt?

ALKMENE: Mensch! Schauerlicher! Woher weißt du das?

JUPITER: Wer ists, dem du an seinem Altar betest? / Ist ers dir wohl, der über Wolken ist? / Kann dein befangner Sinn ihn wohl erfassen? / Kann dein Gefühl, an seinem Nest gewöhnt, / Zu solchem Fluge wohl die Schwingen wagen? / Ists nicht Amphitryon, der Geliebte stets, / Vor welchem du im Staube liegst?

ALKMENE: Ach, ich Unsel'ge, wie verwirrst du mich. / Kann man auch Unwillkürliches verschulden? / Soll ich zur weißen Wand des Marmors beten? / Ich brauche Züge nun, um ihn zu denken.

JUPITER: Siehst du? Sagt ich es nicht? Und meinst du nicht, daß solche / Abgötterei ihn kränkt? Wird er wohl gern / Dein schönes Herz entbehren? Nicht auch gern / Vor dir sich innig angebetet fühlen?

ALKMENE: Ach, freilich wird er das. Wo ist der Sünder, / Deß Huldgung nicht den Göttern angenehm.

JUPITER: Gewiß! Er kam, wenn er dir niederstieg, / Dir nur, um dich zu zwingen ihn zu denken, / Um sich an

dir, Vergessenen, zu rächen.

ALKMENE: Entsetzlich!

JUPITER: Fürchte nichts. Er straft nicht mehr dich, / Als du verdient. Doch künftig wirst du immer / Nur ihn, versteh, der dir zu Nacht erschien, / An seinem Altar denken, und nicht mich.

ALKMENE: Wohlan! Ich schwörs dir heilig zu! Ich weiß / Auf jede Miene, wie er ausgesehn, / Und werd ihn nicht mit dir verwechseln.

JUPITER: Das tu. Sonst wagst du, daß er wiederkömmt. / So oft du seinen Namenszug erblickst, / Dem Diadem verzeichnet, wirst du seiner / Erscheinung auf das Innigste gedenken; / Dich der Begebenheit auf jeden Zug erinnern; / Erinnern, wir vor dem Unsterblichen / Der Schreck am Rocken dich durchzuckt, wie du / Das Kleinod von ihm eingetauscht; wer dir / Beim Gürten hülfreich war, und was / Beim Ortolan geschehn. Und stört dein Gatte dich, / So bittest du ihn freundlich, daß er dich / Auf eine Stunde selbst dir überlasse.

ALKMENE: Gut, gut, du sollst mit mir zufrieden sein. / Es soll in jeder ersten Morgenstunde / Auch kein Gedanke fürder an dich denken: / Jedoch nachher vergeß ich Jupiter.

Heinrich von Kleist
„Amphitryon"

Johann Wolfgang von Goethe (1749–1832) schuf das Schau-
spiel „Iphigenie auf Tauris" nach einem Stoff von Euripides.
Der folgende Abschnitt zeigt den Konflikt Iphigenies zwischen
dem Wunsch, nach Griechenland zurückzukehren, und der
Verpflichtung gegenüber ihrem Retter Thoas.

IPHIGENIE *(allein)*:
Ich muß ihm folgen: denn die Meinigen
Seh ich in dringender Gefahr. Doch ach!
Mein eigen Schicksal macht mir bang und bänger.
O soll ich nicht die stille Hoffnung retten,
Die in der Einsamkeit ich schön genährt?
Soll dieser Fluch denn ewig walten? Soll
Nie dies Geschlecht mit einem neuen Segen
Sich wieder heben? – Nimmt doch alles ab!
Das beste Glück, des Lebens schönste Kraft
Ermattet endlich, warum nicht der Fluch?
So hofft' ich denn vergebens, hier verwahrt,
Von meines Hauses Schicksal abgeschieden,
Dereinst mit reiner Hand und reinem Herzen
Die schwer befleckte Wohnung zu entsühnen!
Kaum wird in meinen Armen mir ein Bruder
Vom grimm'gen Übel wundervoll und schnell
Geheilt, kaum naht ein lang erflehtes Schiff,
Mich in den Port der Vaterwelt zu leiten,
So legt die taube Not ein doppelt Laster
Mit ehrner Hand mir auf: das heilige
Mir anvertraute, viel verehrte Bild
Zu rauben und den Mann zu hintergehn,
Dem ich mein Leben und mein Schicksal danke.
O daß in meinem Busen nicht zuletzt
Ein Widerwille keime! der Titanen,
Der alten Götter, tiefer Haß auf euch,
Olympier, nicht auch die zarte Brust
Mit Geierklauen fasse! Rettet mich
Und rettet euer Bild in meiner Seele!
Vor meinen Ohren tönt das alte Lied –
Vergessen hatt' ich's und vergaß es gern –
Das Lied der Parzen, das sie grausend sangen,
Als Tantalus vom goldnen Stuhle fiel:
Sie litten mit dem edeln Freunde; grimmig
War ihre Brust, und furchtbar ihr Gesang.
In unsrer Jugend sang's die Amme mir
Und den Geschwistern vor, ich merkt' es wohl.

„Es fürchte die Götter
Das Menschengeschlecht!
Sie halten die Herrschaft
In ewigen Händen,
Und können sie brauchen,
Wie's ihnen gefällt.

Der fürchte sie doppelt,
Den je sie erheben!
Auf Klippen und Wolken
Sind Stühle bereitet
Um goldene Tische.

Erhebet ein Zwist sich:
So stürzen die Gäste
Geschmäht und geschändet
In nächtliche Tiefen,
Und harren vergebens,
Im Finstern gebunden,
Gerechten Gerichtes.

Sie aber, sie bleiben
In ewigen Festen
An goldenen Tischen.

Sie schreiten vom Berge
Zu Bergen hinüber:
Aus Schlünden der Tiefe
Dampft ihnen der Atem
Erstickter Titanen,
Gleich Opfergerüchen,
Ein leiches Gewölke.

Es wenden die Herrscher
Ihr segnendes Auge
Von ganzen Geschlechtern,
Und meiden, im Enkel
Die ehmals geliebten
Still redenden Züge
Des Ahnherrn zu sehn.

So sangen die Parzen;
Es horcht der Verbannte
In nächtlichen Höhlen,
Der Alte, die Lieder,
Denkt Kinder und Enkel
Und schüttelt das Haupt."
Johann Wolfgang von Goethe:
„Iphigenie auf Tauris"

Der deutsche Dichter August von Platen (1796–1835) war vor allem als Lyriker bedeutend. Als Klassizist ahmte er die antike Dichtkunst nach, und die Schönheit galt ihm als höchstes Ideal.

Philemons Tod

Als einst Athen Antigonus belagerte, / Da saß der alte, neunundneunzigjährige / Poet Philemon, mächtiger Dichter Überrest, / In dürftiger Wohnung saß er da gedankenvoll: / Er, der Athens glorreichsten Tagen beigewohnt, / Der deine Philippiken angehört, Demosthenes, / Und oft den Preis errungen durch anmutige, / Weisheitserfüllte, die er schrieb, Komödien. / Da schien es ihm, als schritten neun jungfräuliche / Gestalten leis an ihm vorbei zur Thür hinaus. / Der Greis jedoch sprach dieses: „Sagt, o sagt, warum / Verlasset ihr mich, Holde, Musenähnliche?" / Und jene Mädchen, scheidend schon, erwiderten: / „Wir wollen nicht den Untergang Athens beschaun!" / Da rief Philemon seinem Knaben und forderte / Den Griffel, dieser wird sofort ihm dargereicht. / Den letzten Vers dann einer unvollendeten / Komödie schreibt der Alte, legt das Täfelchen / Hinweg, und ruhig sinkt er auf die Lagerstatt / Und schläft den Schlaf, von dem der Mensch niemals erwacht. / Bald ward Athen zur Beute Makedoniern.

August von Platen

*Der amerikanische Romancier, Drama-
tiker und Essayist Thornton Wilder
(1897–1975) vertritt in seiner Erzählung „Die Frau aus Andros" die Auffassung, daß in der Antike bereits christliche Grundgedanken vorhanden waren.*

*Die Hetäre Chrysis, die spürt, daß
sie bald sterben wird, sorgt sich um die
Zukunft der Menschen, die sie liebt.*

Das war zu Beginn des Frühjahrs
gewesen. Eines Nachmittags im Spät-
sommer verließ Chrysis ihr Haus und
erstieg den Hügel dahinter. Ein großes
Verlangen, allein zu sein und nachzu-
denken, erfüllte sie. Sie blickte über
das glitzernde Meer. Der Wind war
mäßig an diesem Nachmittag, und
vor ihm eilten die zahllosen zierli-
chen Wellchen gegen das Ufer, liefen
mit einem langen Flüstern den Sand
hinauf oder lüfteten vor den Felsen
verschämt einen Schleier von Schaum.
In der Ferne führte eine Schar von
Delphinen, die mit ihren ewigen
Spielen beschäftigt waren, den langen
Zug gewölbter Rücken an. Das Wasser
war an manchen Stellen durchzogen
von seltsamen Feldern und Straßen
eines lichteren Blaus; und dahinter, in
der Ferne, gewahrte sie voll Freude
den veilchenfarbenen Schattenriß von
Andros. Eine Weile streifte sie auf
dem Hügelrücken umher, vergewis-
serte sich, daß niemand sie beobach-
tete oder ihr folgte, und suchte dann,
auf der andern Seite hinabsteigend,
ihr Lieblingsplätzchen auf, eine Fels-
gruppe, die neben einer geschützten
kleinen Bucht ins Meer vorsprang.
(…) Sie kletterte über Felsblöcke und
ließ sich schließlich in ein Amphitheater von heißem, trockenem Sand
hinab. (…) Sie stützte das Kinn auf

die Hand, und die Augen auf den
Himmelsrand richtend, wartete sie,
daß die Gedanken kämen.

Das erste, was es zu bedenken
gab, war ihre Krankheit. Mehrere Male
war sie von einem heftigen Flattern in
ihrer linken Seite geweckt worden, das
anhielt und sich verstärkte, bis sie
meinte, es würde ihr ein großer Pfahl
ins Herz gerammt. Und den ganzen
Tag blieb ihr dann ein Gefühl, als
lastete ein schweres Gewicht auf der
Stelle, wo dieses Leiden saß. „Vermutlich … sehr wahrscheinlich", sagte sie
sich, „werde ich das nächste Mal
daran sterben." Bei diesem Gedanken
wurde sie von einer Welle von Vorah-
nungen überflutet. „Ich werde wahrscheinlich daran sterben", wiederholte
sie leichthin und begann, ihre Aufmerksamkeit einigen Krabben in dem
Tümpel zu ihren Füßen zuzuwenden.
(…) „Nichts könnte mich dazu bringen, meine Schäflein zu verlassen,
aber wenn ich sterbe, sind sie wieder
dem Zufall preisgegeben, wie ich es
war. Glykerion, was wird aus dir? –
Apraxine, Mysis…? Es gibt Zeiten, in
denen wir auch nicht einen Schritt
weit sehen können, aber fünf Jahre
später essen und schlafen wir doch
irgendwo". Es lag ein erheiternder
Humor darin, sich vorzutäuschen, das
eigene Herz wäre dermaßen verhärtet.
„Ja", sagte sie laut zu dem Schmerz,
der in ihr pochte, „nur komm
schnell!" Sie neigte sich vor, noch
immer die Halme vor den Krabben
hinziehend. „Ich habe fünfunddreißig
Jahre gelebt. Ich habe genug gelebt. –
*Fremdling, nahe diesem Ort liegt Chry-
sis, die Tochter des Arches aus Andros;
das Mutterlamm, das von der Herde sich
verirrte, lebt viele Jahre in einem Tage*

und stirbt in hohem Alter, wenn die Sonne sinkt." Sie lachte über den trügerischen Trost des Selbstbedauerns, und die eine Sandale abstreifend, tauchte sie den Fuß ins Wasser. Einen Augenblick schrak sie auf: Was war zum Abendessen für ihre Schäflein im Hause? Dann, als sie sich erinnerte, daß ein paar Fische und Salat auf dem Wandbrett lagen, kehrte sie zu ihren Gedanken zurück. Sie wiederholte die Worte der Grabschrift, machte ein Lied aus ihnen und übertrieb in Selbstverspottung ihr falsches Gefühl. „O Andros, o Poseidon, wie glücklich bin ich! Ich habe kein Recht, so glücklich zu sein..."

Und sie wußte, als sie auf den Fries der noch immer in der Ferne spielenden Delphine blickte, daß ihr Geist einer andern Frage, die ihrer harrte, auswich. „Ich bin glücklich, weil ich diesen Pamphilos liebe – Pamphilos, den ängstlichen, Pamphilos, den einfältigen. Warum kann nicht jemand ihm sagen, daß es nicht notwendig ist, so sehr am Leben zu leiden?" Und es entrang sich ihr der leise, verzweifelte Seufzer, der unser Einspruch ist gegen den unmöglichen, den unverbesserlichen geliebten Menschen. „Er glaubt, er tauge nichts. Er glaubt, er sei dem Leben nie und in nichts gewachsen. Laßt ihn, o ihr Götter, endlich davon abstehn, die Leidenden zu bemitleiden! Laßt ihn lernen, nach der andern Seite zu blicken! Sie ist etwas Neues in der Welt, diese Sorge um die Untauglichen und Gebrochenen. Wer einmal damit beginnt, kann nur im Wahnsinn enden. Das alles führt zu nichts. Nur ein Gott dürfte es auf sich nehmen." (...) „Menschen wie er sind sich ihrer Güte nicht bewußt! Sie schlagen sich mit den Fäusten vor die Stirn wegen ihrer Unzulänglichkeit, und dabei sind wir andern schon beglückt, wenn wir uns ihres Angesichts erinnern. Pamphilos, auch du bist ein Vorbote der Zukunft. Eines Tages werden die Menschen sein wie du. Blick nicht so düster drein..."

Aber diese Gedanken waren ermüdend. Sie erhob sich, kehrte zu dem Amphitheater zurück und streckte sich auf dem Sand aus. Sie sprach sich einige Bruchstücke aus den Chören des Euripides vor und schlief ein. Sie hatte stets auf den Inseln gelebt, und diese heiße, gleichgültige Sonne, die auf einem kalten, gleichgültigen Meer spielte, hatte für ihr Gemüt nichts Unfreundliches. Die Eintönigkeit von Sonne und Meer umfing sie nun zwei Stunden lang und verwob sich der Stimmung ihres schlafenden Geistes. Wie einst, über Odysseus wachend, die grauäugige Athene stand – auf ihren Langspeer gelehnt, ihr großes Herz voll Besorgnis und jener weitgespannten Göttergedanken, die ihr eigen sind –, so verdichteten sich auch jetzt Ort und Stunde zu göttlicher Gegenwart und gossen ihren Einfluß über Chrysis. Als ihre Augen sich endlich öffneten, lauschte sie eine Weile der Stille in ihrem Herzen. „Eines Tags", sagte sie sich, „werden wir verstehn, warum wir leiden. Ich werde unter den Schatten in der Unterwelt weilen, und eine wundervolle Hand, eine Alkestis, wird mich berühren und mir bedeuten, was der Sinn alles dessen ist; und ich werde stundenlang leise lachen, wie ich jetzt lache – wie ich jetzt lache."

Thornton Wilder:
„Die Frau aus Andros"

Friedrich Dürrenmatt (1921–1990) erzählt hier seine Version der Prokrustes-Geschichte aus der griechischen Mythologie.

Prokrustes

Im Landstrich Korydallos lebten ebenso viele Riesen wie normal gewachsene Menschen, wobei es naturgemäß dazu kam, daß die großgewachsenen Menschen, die Riesen also, die kleineren Menschen unterjochten. Da Korydallos in der Nähe Attikas liegt, wehte aus Athen ein Hauch von Vernunft herüber und inspirierte den Riesen Polypemon, der ein besonders großer Riese, ein Gigant war, zum Nachdenken. Wochenlang lief er grübelnd in der Gegend herum, die Ungleichheit der Menschen beschäftigte ihn. Darauf nannte er sich Prokrustes, der Strecker, und baute zwei Betten, eines für die Riesen und eines für die Nicht-Riesen. In das Bett für Nicht-Riesen legte er die Riesen und hackte ihnen die Beine ab, so daß die Riesen ins Bett für Nicht-Riesen paßten, und die Nicht-Riesen legte er in das Bett für Riesen und streckte sie, bis sie diesem Bett entsprachen. Pallas Athene, von deren Atem der Hauch der Vernunft bis Korydallos geweht war, fühlte sich verantwortlich und begab sich zu Prokrustes. Sie fragte ihn, was er da treibe. „Ich handle gemäß deiner Vernunft, Göttin", antwortete der Gigant, „deren Anhauch mein Denken in Bewegung gesetzt hat. Ich begann, mir über die Ungleichheit der Menschen Gedanken zu machen. Sie ist ungerecht. Ich erkannte allmählich, daß die Gerechtigkeit verlangt, daß alle Menschen

gleich sind. Das ist vernünftig. Nun gibt es in Korydallos Riesen und Nicht-Riesen, wobei die Riesen die Nicht-Riesen unterjochen. Die Menschen hier sind also in zweifacher Weise ungleich: in ihrem Wesen und in ihrem Tun. Das ist unvernünftig. Nun hätte ich die Riesen allein zu Nicht-Riesen machen können, indem ich ihnen die Beine abgeschlagen hätte, aber damit hätte ich wiederum ein neues Unrecht geschaffen: Krüppel-Nicht-Riesen und Nicht-Riesen, wobei nun diese die zu Krüppeln gewordenen Riesen unterjocht hätten. Auch unvernünftig. Gehe ich aber gegen die Nicht-Riesen vor, zerre ich sie zu Krüppel-Riesen auseinander, schaffe ich eine neue Ungleichheit: als Krüppel-Riesen sind sie ebenso den Riesen ausgeliefert, wie sie es als Nicht-Riesen waren. Wieder unvernünftig. Darum gibt es nur eine Möglichkeit für mich, die Gerechtigkeit, die Gleichheit aller Menschen herzustellen: Die Riesen haben das Recht, Nicht-Riesen, und die Nicht-Riesen das Recht, Riesen zu sein. Danach handle ich. Den Riesen hacke ich die Beine ab, sie werden so klein wie die Nicht-Riesen, die Nicht-Riesen strecke ich zur Größe der Riesen aus. Daß durch diese Operation – überleben sie sie – beide zu Krüppeln werden, macht beide gleich, und sterben sie infolge der Operation, sind sie einander auch gleich, macht doch der Tod alle gleich. Ist das nicht vernünftig?" Kopfschüttelnd kehrte Pallas Athene nach Athen zurück: Die Argumentation des Prokrustes hatte ihr die Sprache verschlagen. Es war das erste Mal, daß sie als Göttin eine ideologische Rede vernommen hatte, und sie fand keine Entgegnung. Prokrustes, durch das Schweigen der Göttin von der Richtigkeit seiner Deduktionen überzeugt, folterte weiter. Denen, die er folterte, erklärte er immer wieder, es geschehe im Namen der Gerechtigkeit: Der Riese habe nun einmal das Recht, ein Nicht-Riese zu sein und umgekehrt. Der Landstrich Korydallos wurde zur Hölle, erfüllt vom Schreien der Gemarterten, das in ganz Griechenland zu hören war. Die Götter hielten sich verlegen die Ohren zu. Sie fanden auf die Argumentation des Prokrustes auch keine Antwort. Besonders die Flüche waren gräßlich zu hören. So stellten sie schließlich den Ton des Fernsehers ab – als Götter waren sie technisch den Menschen weit voraus –, um die Gebete und die Hilferufe, aber auch das Geschrei und die Flüche aus Korydallos nicht mehr zu hören; wobei sie freilich vom Rest der Erde auch nichts mehr hörten; aber was machte das, sie griffen ohnehin nicht mehr in die Geschichte ein. Und so verfluchten denn die Riesen und Nicht-Riesen den Prokrustes, während er sie folterte, und die Krüppel-Riesen und die Krüppel-Nicht-Riesen verfluchten ihn; ja sogar aus den Gräbern derer, welche die grausame Prozedur nicht überstanden hatten, ertönten Flüche. Weil aber Prokrustes, der sich als Wohltäter fühlte und überhaupt ein sensibler Gigant war, nicht begriff, warum er verflucht wurde, dachte er, es liege an seiner Methode, er schaffte für seine Betten besonders gute Matratzen an. Dann, als die Korydallier weiterheulten und fluchten, versuchte er, die Gefolterten auf eine andere Weise zu beschwichtigen, waren sie doch offenbar nicht

von der göttlichen Vernunft erleuchtet wie er. So redete Prokrustes denn auf seine Opfer ein, es sei heldenhaft, in dem für sie bestimmten Bett zu leiden, sei es doch aus Hölzern verfertigt, die alle im Lande wüchsen – eine nicht minder irrationale, jetzt aber patriotische Begründung seiner Folterungen. Und wirklich, einige Riesen und einige Nicht-Riesen legten sich diesmal freiwillig hin. Überhaupt nahm das Fluchen mit der Zeit ab. Wie der Mensch für seine Taten Begründungen erfindet, erfindet er auch für seine Leiden Trost. Einige Krüppel-Riesen und Krüppel-Nicht-Riesen redeten sich ein, sie seien für eine bessere Zukunft gefoltert worden; wenigstens ihre Nachkommen würden nicht mehr gefoltert werden, weil die Riesinnen mit der Zeit durch die evolutionäre Anpassung Krüppel-Nicht-Riesen und die Nicht-Riesinnen Krüppel-Riesen gebären würden, so daß Prokrustes überhaupt nicht mehr zu foltern brauche. Andere freuten sich gar darauf zu sterben, da es, wie sie hofften, im Jenseits keine Folter mehr gebe. Die Irrationalität der Folterungen und ihrer Begründungen trieb die Gefolterten, um die Folter zu ertragen, ebenso ins Irrationale. Nur einige wenige der gefolterten Riesen und Nicht-Riesen beharrten darauf, das Folterbett und die Folter seien ein Unsinn. Diese haßte Prokrustes am meisten, war er doch empört darüber, daß sie nicht einsehen wollten, daß er nicht aus Lust folterte, sondern aus geschichtlicher Notwendigkeit. Er glaubte mit der Zeit, da er, um das Stöhnen und Schreien nicht mehr zu hören, sich immer neue Begründungen seiner Folterei ausgedacht hatte, die Geschichte könne nur einen Sinn haben, wenn sie fortschreite, und dieser Fortschritt bestehe darin, daß sie immer gerechter werde, und gerechter werde die Geschichte nur, wenn sie sich von der Ungleichheit der Menschen zu deren Gleichheit hin entwickle. Als aber der junge Theseus von Troizen nach Athen wanderte, um dort, als Sohn des Aigeus, König zu werden, weshalb er die Politik von einem praktikablen Gesichtspunkt aus neu überdachte, kam er auch nach Korydallos. Theseus hörte sich verwundert die Ideologie des Prokrustes an. „Du mußt zugeben, daß ich vernünftig handle", sagte Prokrustes stolz, „selbst Pallas Athene wußte mir nichts zu erwidern." „Du handelst ebenso unvernünftig wie Pityokamptes, der Tannenbieger, der die Wanderer zerreißt, indem er sie an die Spitzen zweier niedergebogener Tannen bindet und diese dann zurückschnellen läßt", antwortete Theseus. „Der einzige Unterschied zwischen Pityokamptes und dir besteht darin, daß jener sich nicht einbildet, er müsse im Namen der Gerechtigkeit die Menschen zerreißen. Er tut es aus reiner Lust an der Grausamkeit." „Pityokamptes ist mein Sohn", sagte Prokrustes nachdenklich. „Ich habe ihn getötet", gestand Theseus ruhig. „Du hast gerecht gehandelt", meinte Prokrustes nach langem Nachdenken, „auch wenn Pityokamptes mein Sohn war. Aus reiner Lust an der Grausamkeit darf man nicht töten." Doch als Prokrustes Theseus dankbar die Hand schütteln wollte, warf dieser den Giganten mit einer solchen Wucht auf das kleinere Bett, daß die Erde erzitterte. „Du Narr", sagte er und hielt Prokrustes, der ihn mit

großen Augen verwundert anstarrte, nieder. „Allzuwenig bist du vom Hauch der Vernunft gestreift worden. Die Menschen sind nicht gleich, gäbe es doch sonst keine Riesen und keine Nicht-Riesen, sondern nur Riesen oder nur Nicht-Riesen. Und weil die Menschen nicht gleich sind, die einen größer, die anderen kleiner, hat jeder Riese das Recht, ein Riese, und jeder Nicht-Riese das Recht, ein Nicht-Riese zu sein. Gleich sind beide nur vor dem Gesetz. Hättest du dieses Gesetz eingeführt und verhütet, daß die Riesen die Nicht-Riesen unterjocht hätten, oder, was auch der Fall hätte sein können, daß die Riesen von den Nicht-Riesen mißbraucht worden wären, so hättest du deinen Korydalliern die unsinnige Folter erspart." Und damit schlug Theseus dem Prokrustes zuerst die Beine und, weil dieser ja als Gigant ein besonders großer Riese war, auch den Kopf ab, der noch im Hinunterkugeln murmelte: „Ich bin doch nur gerecht gewesen." Und dann sagte der Kopf noch, als er auf seinen Halsstummel zu stehen kam, bevor er seine großen Augen schloß: „Ich habe keinem Menschen jemals etwas zuleide getan." Dann wanderte Theseus nach Athen weiter zu seinem Vater Aigeus. Leider war Theseus nicht nur ein Held, sondern auch vergeßlich. So hatte er schon bei Prokrustes vergessen, daß er nicht nur dessen Sohn Pityokamptes getötet, sondern auch dessen Enkelin Perigune geschwängert hatte. Er vergaß einfach alles. Sein Taschentuch war voller Knoten, es nützte nichts. Als er von Kreta heimkehrte, vergaß er auf der Insel Naxos Ariadne, die ihn aus dem Labyrinth gerettet hatte, und

dann vergaß er, das weiße Segel aufzu-
ziehen, so daß sich sein Vater ins Meer
stürzte, weil er glaubte, Theseus sei im
Labyrinth vom Minotaurus getötet
worden. Dann wurde Theseus König.
Leider hatte er auch seine kluge Rede
an Prokrustes vergessen: Nicht daß er
ein besonders schlechter König geworden wäre – er zählt in der Skala der
Könige zu den eher besseren –, aber
unter ihm waren dennoch nicht alle
gleich vor dem Gesetz, sondern einige
gleicher als andere. Dazu kam, daß
Theseus auch als Ehemann vergeßlich
war: Seine Liebschaften, schreibt
Robert von Ranke-Graves, brachten
die Athener so häufig in Verlegenheit,
daß sie erst Generationen nach
seinem Tode seine wahre Bedeutung
erkannten.

Friedrich Dürrenmatt:
„Prokrustes"

Das Gedicht über den dorischen Tempel
von Segesta in Sizilien stammt aus dem
Zyklus „Blätter aus einem Geschichts-
atlas" von Rolf Hochhuth (*1931).

Tempel

Äcker, fast fruchtlos, der Pflug
lockert nur mühsam sie auf.
Kein Haus, weder Straße noch Grabmal
sind geblieben – ein Tempel allein,
dem mit den Betern auch Gott starb,
behaust nur von Sandwind
bezeichnet die Stadt noch: Segesta

Geh weiter auch du – eh' sie dich
ansteckt, die Schwermut:
sie brütet auf entleerten Altären.
Wo Markt war, Theater und City,
sind Dünen. Wo Menschen lebten.
ist – nichts. Oder du – momentan;
auch so lange nur wie dein Schatten.

Rolf Hochhuth:
„Blätter aus einem Geschichtsatlas"
aus: „Berliner Antigone"

Deutsche Grabungen in Griechenland – Eine Chronologie

(*kursiv* = Ausgräber)

1811/1812   Haller von Hallerstein entdeckte zusammen mit Cockerell, Foster und Linkh die Giebelfiguren des Aphaia-Tempels in Ägina und den Apollon Epikurios-Tempel in Bassai Phigalia

1817   Theater von Melos, 1820 Auffindung der Aphrodite von Melos · *Ludwig von Bayern*

1862   Athen: Akropolis, Dionysostheater, Pnyx · *L. Curtius, A. Bötticher, K. B. Strack* Erste Untersuchung des Hera-Heiligtums, Samos · *C. Humann*

1871–1894   Mykene. Goldfunde, Masken, Burganlage, Kuppelgräber · *H. Schliemann, seit 1882 zusammen mit W. Dörpfeld*

1875–1882   Olympia. Altis, Tempel, Stadion, Schatzhäuser, Platzanlagen. 1877 Hermes des Praxiteles · *L. Curtius, W. Dörpfeld, L. Adler*

1880 ff   Orchomenos (Böotien). Mykenisches Kuppelgrab · *H. Schliemann*

1884–1890   Tiryns. Myken. Burg, Megaron, Propylon, u. a. · *H. Schliemann, seit 1882 zusammen mit W. Dörpfeld*

1885/1886   Lesbos · *R. Koldewey*

1885–1891   Athen, Akropolis: Perserschutt, Pelasgische Mauer · *G. Kawerau, P. Kavvadias (gr.-dt.)*

1885–1895   Athen: Dionysotheater · *W. Dörpfeld*

1887   Delphi: Temenos · *H. Pomtow*

1887/1888   Kabirion bei Theben · *W. Dörpfeld, P. Wolters*

1896–1901   Thera. Ausgrabung der griechischen Stadt · *W. Dörpfeld, W. Wilberg, P. Wolters*

1900–1904   Kos. Asklepios-Heiligtum · *R. Herzog*

1901 ff   Ägina, Aphaia-Heiligtum: Tempel, Propylon, Hallen · *A. Furtwängler, H. Thiersch*

1901–1905   Orchomenos. Stadt, Nekropole, Akropolis, Asklepieion · *H. Bulle*

1902–1908   Thermos

1904   Amyklaion bei Sparta · *A. Furtwängler*

1905–1914   Tiryns · *K. Müller, W. Dörpfeld*

1906   Athen: Sockel der themistokleischen Mauer freigelegt · *F. Noack*

1906   Olympia: Altis · *W. Dörpfeld*

1906 ff   Eleusis: Telesterion · *F. Noack*

1907–1909   Leukos. Mykenische Siedlung · *W. Dörpfeld*

1911   Kerkyra (Korfu): Archaischer Tempel · *Wilhelm II., W. Dörpfeld, G. Rodenwaldt*

1910–1914   Samos: Freilegung des Hera-Tempels (ion. Peripteros) · *Th. Wiegand, M. Schede*

1913 ff   Athen: Kerameikos. Nekropole, Dipylontor, Stadtmauer, arch. Dipylonkopf · *H. Knackfuß, K. Kübler*

1921–1923   Olympia: Altis · *W. Dörpfeld, H. Schleif*

1924–1938   Kerameikos: Pompeion, Gräberstraße, Eridanos u. a.

1924   Amyklaion. Wiederaufnahme der Grabungen · *E. Buschor, W. v. Massow* · Ägina: Aphroditehügel mit Tempel, Nekropole · *G. Welter, P. Wolters*

1925 ff   Samos: Wiederaufnahme der Grabungen im Hera-Heiligtum · *E. Buschor (bis 1963)*

1926–1929   Tiryns: Wiederaufnahme der Grabungen · *G. Karo, K. Müller*

1927–1929   Olympia: Altis · *W. Dörpfeld, H. Schleif* 1927   Tiryns: Megaron der Unterstadt · *K. Müller, H. Sulze, E. Kunze*

1931 ff   Korkyra (Korfu) · *G. Rodenwaldt*

1930–1931   Naxos. Tempel, arch. Koloß · *G. Welter*

1932   Troizen, Asklepios-Heiligtum · *G. Welter*

1936   Olympia. Wiederaufnahme der Grabungen · *A. v. Gerkan, R. Hampe, U. Jantzen*

1937–1942   Olympia · *W. Wrede, E. Kunze (– 1965), H. Schleif*

1938   Kabirion, Theben. Wiederaufnahme der Grabungen · *G. Bruns*

1952 ff–1966   Olympia. Neue Grabungen, u.a. vollständige Freilegung des Stadions · *E. Kunze* Samos: Zahlreiche Kleinfunde aus Ton, Holz, Bronze, Elfenbein · *E. Buschor*

1955   Kabiron, Theben · *G. Bruns*

1956 ff   Athen, Kerameikos: Wiederaufnahme der Grabungen · *D. Ohly. Seit 1962 F. Willemsen, U. Knigge*

1963–1975 ff   Samos: Weiterführung der Grabungen 1980 Fund eines Kolossalen Kouros · *E. Homann-Wedeking, H. Kienast, H. Kyrieleis, R. Tölle-Kastenbein*

1968–1972   Tiryns. Neue Grabungen · *J. Schäfer, U. Jantzen*

1976 ff   Tiryns · *K. Kilian*

1977 ff   Olympia. Wiederaufnahme der Grabung nach 10jähriger Pause zur Fundbearbeitung · *A. Mallwitz, H.-V. Herrmann, U. Sinn*

Zeittafel:

(*kursiv* = Archäologiegeschichte)

Das antike Griechenland
(5000 v. Chr. – 395 n. Chr.)

Neolithikum
5000 – 2600   Ägäisch-anatolische Kultur

Frühhelladische Epoche
2600 – um 1950   Kreta: Vorpalastzeit

Mittelhelladische Epoche
um 1950 – um 1580   In Kreta erster minoischer
Palast (ältere Palastzeit).
um 1950 – um 1750   Auf dem Festland Auftreten
der Griechen; Verschmelzen der Urbevölkerung
mit einwandernden Stämmen.

Späthelladische Epoche
um 1580 – um 1125   Um 1500: Ausbruch des
Vulkans von Santorin, Zerstörung der Stadt
Akrotiri.
um 1580 – um 1400   In Kreta: Jüngere Palastzeit.
Auf dem Festland Entwicklung der mykenischen
Kultur.
um 1400   Eroberung Kretas durch die Mykener
und Blüte der mykenischen Kultur. 13. Jh.:
Trojanischer Krieg (?).
um 1200 – 1125   Zerstörung der mykenischen
Paläste.

Eisenzeit
ab 1125   Dorische Wanderung
um 1125 – um 900   Übergangszeit und Geburt der
„geometrischen" Kunst.
um 1000: Griechen werden in Kleinasien seß-
haft.

Archaische Periode
um 900 – 400   776: Nach der Überlieferung Jahr
der ersten Olympischen Spiele.
Nach 750: Koloniegründungen der Griechen im
Westen.
750 – 700: Niederschrift der homerischen
Gesänge.

Klassische Periode
490 – 338   490 – 480: Krieg zwischen den Griechen
und dem Perserreich („Perserkriege").
431 – 404: Peloponnesischer Krieg zwischen
Sparta und Athen.
338: Sieg Philipps von Makedonien über die
griechischen Stadtstaaten.
336 – 323: Herrschaft Alexanders des Großen
und Eroberung des Persischen Reiches.

Hellenistische Periode
323 – 31 v. Chr.   Gründung der Königreiche Makedonien, Ägypten (Ptolemäer/Lagiden), Syrien
und Kleinasien (Seleukiden), Pergamon (Atta-
liden):
200: Römische Intervention in Griechenland.

146: Zerstörung Korinths durch die Römer und
Gründung der römischen Provinz Makedonien.
88 – 86: Belagerung und Zerstörung Athens
durch Sulla.
31: Sieg Octavians, des späteren Kaisers Augustus, über Antonius bei Actium (Westgriechen-
land).

Griechenland unter römischer Herrschaft
31 v. – 395 n. Chr.   Griechenland ist römische
Provinz. Unter Augustus Reise Strabons durch
Griechenland und das Imperium.
um 150 n. Chr.: Reisen des Pausanias durch
Griechenland.
267 n. Chr.: Die Heruler, ein ostgermanischer
Stamm, verwüsten Athen.
391 n. Chr.: Das Christentum wird Staatsreligion.

Das byzantinische und fränkische
Griechenland (395 – 1456)

393   *Letzte Olympische Spiele.*
395   Teilung des Römischen Reichs in das West-
römische und das Oströmische Reich, das zum
Byzantinischen Reich wird.
529   Edikt Justinians: Schließung der philosophi-
schen Schulen, Umwandlung der Tempel in
Kirchen.
529   *Umwandlung der Tempel in Kirchen (Parthenon,
Theseion).*
7. – 9. Jh.   Invasion der Slaven.
867 – 1081   Makedonische Dynastie in Byzanz:
Hellenische Renaissance.
1054 Schisma: Bruch zwischen der römisch-
katholischen und der griechisch-orthodoxen
Kirche.
1080   Erster fränkischer Einfall durch die Norman-
nen von Sizilien.
1204   *Auszug der griechischen Weisen und Gelehrten
nach Westen (v. a. Italien).*
Vierter Kreuzzug: Eroberung Konstantinopels
durch die Kreuzfahrer.
Gründung des lateinischen Reichs von Konstantinopel. Teilung Griechenlands zwischen Venedig (Ionische Inseln, Ägäische Inseln, Rhodos,
Kreta, Handelsposten auf der Peloponnes) und
den fränkischen Herren (Herzogtum Athen,
Prinzipat von Morea)
1261   Rückeroberung Konstantinopels durch den
byzantinischen Kaiser Michael VIII. Palaiologos.
1262   Rückeroberung von Mistra, Monemvasia
und Magna von den Franken.
1435 – 1448   *Reisen des Cyriacus von Ancona durch
Griechenland.*
1453   Einnahme Konstantinopels durch die Türken;
Ende des Byzantinischen Reichs.

Griechenland unter der Herrschaft der Türken (1456-1820)

2. Hälfte des 15. Jh. *Beschleunigte Abwanderung der gelehrten Griechen nach Westen und, parallel dazu, Wiederbelebung der griechischen Schrift.*

1456 Die Türken nehmen Attika ein.

1460 Der Parthenon wird in Teilen zu einer Moschee umgebaut. Unterwerfung Attikas (ausgenommen die venezianischen Besitzungen).

16. Jh. Neue Expansion der Osmanen. Die Venezianer versuchen vergeblich, sie aufzuhalten.

1566 – 1571 Eroberung von Chios, Zypern und den Kykladen.

1571 Schlacht von Lepanto (Golf von Korinth): Die Koalition der christlichen Mächte vernichtet die türkische Flotte.

17. Jh. Türkisch-Venezianische Kriege.

17. Jh. *Einrichtung von Ordenshäusern in Griechenland (Kapuziner und Jesuiten).*

1674 *Besuch des Marquis von Nointel, Zeichnungen der Skulpturen des Parthenons.*

1645 – 1669 Die Türken besetzen das gesamte griechische Territorium (darunter auch Kreta).

1683 – 1699 Großer Türkischer Krieg (1683 Vorstoß bis Wien).

1687 Einnahme Athens durch die Venezianer, geführt vom Dogen Morosini, dem Eroberer der Peloponnes.
Bombardierung des Parthenons.

1733 *Gründung der Londoner Gesellschaft der „Dilettanti".*

Ende 18. Jh. *Einfluß des griech. Philosophen Corais in Paris, der bei Firmin Didot die antiken griechischen Autoren verlegt.*

2. Hälfte des 18. Jh. Russisch-türkische Kriege (Rußland ringt um die Anerkennung seines Rechts auf den Schutz der Christen im osmanischen Reich). Zahlreiche Aufstände der Griechen, die aber schließlich unterliegen.

1788 *Erscheinungsjahr der „Voyage du jeune Anacharsis en Grèce" von Abbé Barthélemy.*

1800 – 1805 *Lord Elgin in Athen.*

1811 *Entdeckung der Giebel des Aphaia-Tempels, Ägina.*

1812 *Grabungen in Bassai und Endeckung des Frieses.*

1814 Gründung der „Hetärie" in Odessa, einer geheimen revolutionären Gesellschaft, die den Freiheitskrieg vorbereitet.

1820 *Entdeckung der Venus von Milo, die von Frankreich gekauft wird.*

Der Unabhängigkeitskrieg (1821 – 1832)

März 1821 Erhebung Griechenlands gegen die Türken.
Erste Erfolge der Griechen auf der Peloponnes und auf den Inseln.
Entstehung einer starken philhellenischen Strömung in Europa.

1822 Griechische Unabhängigkeitserklärung in Epidauros, Rückschläge für die Griechen, Massaker von Chios, Beginn der Belagerung von Missolonghi durch die Türken.

1823 *Gründung des „London Greek Committee".*
Bürgerkrieg zwischen dem Militär und regierenden Politikern.

1824 Lord Byron fällt vor Missolonghi.
Philhellenisches Komitee Frankreichs.

1825 Die türkisch-ägyptischen Truppen lichten in Attika (Morea) unter dem Kommando von Ibrahim Pascha die Anker, um Griechenland zu unterwerfen.

1826 Einnahme Missolonghis. Die Türken erobern Athen und die Akropolis zurück, die von den Freiwilligen unter Colonel Fabvier verteidigt wurde.

1827 Joannes Antonios Kapodistrias wird Präsident der Republik Griechenland.
Vermittlung durch die Großmächte, um den Feindseligkeiten ein Ende zu setzen. Da die Türken sich dem Friedensprozeß widersetzen, versenken die Alliierten die türkisch-ägyptische Flotte: Schlacht von Navarin (im Südwesten der Peloponnes).

1828 Französischer Feldzug in Attika (Morea).
Eine wissenschaftliche Expedition begleitet die französischen Truppen durch Attika (Morea).

1830 (3. Februar) Ausrufung eines unabhängigen griechischen Staats als unabhängige Erbmonarchie. Das Staatsgebiet umfaßt das heutige Süd- und Zentralgriechenland einschließlich Euböa und den Kykladen.

1831 Ermordung Kapodistrias.

1832 Ein König aus dem Haus der Wittelsbacher wird eingesetzt: Otto I. richtet sich in Nauplia ein.

Das moderne Griechenland (1832 – 1974)

1832 – 1862 Herrschaft Ottos I., der Athen zur Hauptstadt macht.

1834 *Organisation eines archäologischen Dienstes in Griechenland. Auf der Akropolis werden die neueren Bauten beseitigt.*

1835 *Rekonstruktion des Nike-Tempels.*

1837 *Gründung der privaten organisierten Archäologischen Gesellschaft durch die Griechen und Einberufung der staatlichen Kommission, die die „Archaiologiki Ephemeris" herausgibt, die erste griechische archäologische Zeitschrift.
Eröffnung der Universität Athen.*

1843 Revolution in Athen. Otto erläßt eine Verfassung.

1846 *Gründung der Französischen Schule von Athen.*

1862 Anarchie und Verfall des Hauses Wittelsbach.

1863–1913 Herrschaft Georgs I., eines dänischen Prinzen.

1864 Großbritannien tritt die Ionischen Inseln an Griechenland ab.

1866–1889 *Bau des Nationalmuseums in Athen.*

1868 Niederlage der kretischen Erhebung gegen die Türken.

1874 *Das Deutsche Archäologische Institut wird eine Einrichtung des Reichs. Gründung der Athenischen Abteilung des Deutschen Archäologischen Instituts.*

1881 Vertrag von Konstantinopel: Abtretung Thessaliens und eines Teils von Epiros an Griechenland.

1882 *Gründung der Amerikanischen Archäologischen Schule.*

1885 *Gründung der Englischen Archäologischen Schule.*

1886 *Feier der ersten modernen Olympischen Spiele.*

1908 Kreta erklärt seine Zugehörigkeit zu Griechenland.

1909 *Gründung der Italienischen Archäologischen Schule.*

1912–1913 Balkankriege: Griechenland erobert den Süden von Epirus und Makedonien zurück, ebenso die meisten Ägäischen Inseln.

1917 Griechenland tritt unter dem Einfluß des Regierungschefs E. Weniselos an der Seite der Alliierten in den Ersten Weltkrieg ein. Die Verträge sprechen ihm Thrakien außer Konstantinopel und die Region Smyrna zu. *Österreich, Kanada, Dänemark und Schweden richten ständige Vertretungen in Griechenland ein.*

1920–1922 Griechisch-türkischer Krieg in Kleinasien und Verlust Smyrnas. Auszug der griechischen Flüchtlinge aus Kleinasien.

1922 Revolution und Sturz der Monarchie.

1924–1935 Proklamation der Republik. Periode politischer Anarchie.

1935–1936 Wiedereinsetzung der Monarchie. Diktatur des Generals Metaxas.

1940–1944 Einfall der Italiener, siegreicher Widerstand der Griechen. Besetzung des Landes durch die deutschen und italienischen Truppen von 1941 bis 1944.

1944–1949 Bürgerkrieg in Griechenland.

1946 Rückkehr des Königs Georg II.

1947 Die Dodekanes-Inseln werden den Griechen von Italien zurückerstattet.

1949–1967 Periode der Politischen Instabilität.

1967 Staatsstreich und Diktatur des Militärs.

1974 Intervention der türkischen Truppen auf Zypern. Wiedereinführung der Demokratie in Griechenland.

Glossar

Attika (griech./lat.): Aufsatz über dem Hauptgesims eines Bauwerks. Oft geschmückt durch Inschriften oder Reliefs.

epigraphisch (griech.): Die Kunde von den antiken Inschriften (= Epigraphik) betreffend.

Heraion (griech.): Heiligtum der Hera. Die berühmtesten Heraia finden sich in Olympia und auf der Insel Samos.

Hohe Pforte: Bezeichnung für den Sultanspalast in Konstantinopel nach seiner Eingangspforte; 1788–1922 bezeichnet der Begriff auch den Sitz des Großwesirs bzw. die türkische Regierung.

Janitscharen (türk.): Seit 1329 Eliteeinheit des osmanischen Heeres, Palastgarde des türkischen Sultans. Janitscharen wurden aus der christlichen Bevölkerung des Balkan rekrutiert, dann islamisiert.

Kabirion: Heiligtum der Kabiren. Kabiren sind in der griechischen Religion niedere Gottheiten, vermutlich kleinasiatischen Ursprungs, die auf Vasendarstellungen (sog. Kabirenbecher) als kleine Gnome erscheinen. Sie wurden besonders auf der Insel Samothrake verehrt.

Karyatide (griech./lat.): Mädchenstatue als Stützfigur, die anstelle einer Säule das Gebälk trägt.

Kerameikos (griech.): „Töpferviertel", Stadtteil im Nordwesten Athens. Dort lag vor den Stadttoren bereits seit dem Ende des 2. Jahrtausends der Hauptfriedhof Athens.

Metopen (griech.): Glatte oder reliefgeschmückte Tafeln am Gebälk des griechischen Tempels.

minoisch: Sprache der minoischen Linearschrift A (nach dem sagenhaften König Minos). Die Silbenschrift Linear A entwickelte sich nach der Zerstörung der älteren Paläste auf Kreta während des 17. vorchristlichen Jahrhunderts.

Nemesis (griech.): Göttin, bei Hesiod Tochter der Nacht. Teilt den Menschen das ihnen zukommende Maß an Vergeltung für Unrecht und Gottlosigkeit zu, Vollstreckerin des Rechts.

Portikus (lat.): Säulenhalle; (griech. = Stoa). Einseitig durch Säulen geöffnete Halle. Eines der wichtigsten Bauelemente der griechischen Architektur.

Portolane (lat./ital.): Bis ins 16. Jahrhundert verwendete mittelalterliche Navigationsanweisungen mit Karten, auf denen zum Teil zahlreiche Windrosen eingetragen sind.

Propyläen (griech.): Torbau, der den Eingang ummauerter Heiligtümer hervorhebt, ab dem 3. Jh. v. Chr. auch an profanen Bauten (Agora, Gymnasion).

Schisma (griech. = Trennung): Spaltung der kirchlichen Einheit. Nach römisch-katholischem Recht das Delikt der Aufkündigung der Gemeinschaft mit dem Papst und/oder mit dem Bischof.

Stylobat (griech.): Die oberste Stufe des Unterbaus antiker Tempel, auf der die Säulen stehen.

topographisch (griech.): Die Struktur der Erdoberfläche betreffend. Ein topographischer Plan zeichnet die oberirdisch sichtbaren Geländegegebenheiten auf.

Tumulus (lat.): Grabhügel.

Kleine Auswahl der weiterführenden Literatur

H. Beck / P. C. Bol /W. Prinz / H. v. Steuben (Hrsg.): Antikensammlungen im 18. Jahrhundert, Berlin 1981.

Deutsches Archäologisches Institut (Hrsg.): Ausgrabungen – Funde – Forschungen, Mainz 1983.

S. Lauffer: Griechenland. Lexikon der historischen Stätten – Von den Anfängen bis zur Gegenwart, München 1989.

Porträts und Kurzbiographien von klassischen Archäologen deutscher Sprache. Herausgegeben vom Deutschen Archäologischen Institut, 1988.

M. Siebler: Troja – Homer – Schliemann. Mythos und Wahrheit, Mainz 1990.

Stoll / Löwe (Hrsg.): Entdeckungen in Hellas, München 1984.

Ausstellungskataloge:

Auf den Spuren der Antike. Theodor Wiegand, ein deutscher Archäologe. Berndorf/Rhein 1985.

Hans Georg Bankel (Hrsg.): Im Auftrag der Carl Haller von Hallersteinschen Gesellschaft: Haller von Hallerstein in Griechenland. 1810–1817. Ausstellung München, Nürnberg, Berlin 1986.

Athènes: Affaire Européenne. Ausstellung des griechischen Kultusministerium in Athen, Herbst 1985.

Ein Griechischer Traum. Leo von Klenze – der Archäologe. Ausstellung in der Glyptothek München Dezember 1985 – Februar 1986.

Der Archäologe. Graphische Bildnisse aus dem Porträtarchiv Diepenbroick. Ausstellung im Westfälischen Landesmuseum Münster, Kestner-Museum Hannover, Antikenmuseum SMPK 1984.

Berlin in der Antike. Herausgegeben von Willmuth Arenhövel, Berlin 1979.

Verwendete Literatur

P. Barker: Techniques of Archaeological Excavation. London 1977. Zit. n. der deutschen Übersetzung in:

DuMont's Lexikon archäologischer Fachbegriffe und Techniken von S. Champion. DuMont Verlag, Köln 1982.

Silvia Reißner-Jenne. © bei der Autorin

Hans Mommsen: Archäometrie. Neuere naturwissenschaftliche Methoden und Erfolge in der Archäologie. © 1986 B. G. Teubner, Stuttgart.

Wolf-Dieter Heilmeyer: Hauptfragen der Archäologie der Gegenwart; aus: Archäologie. © 1977 Colloquium Verlag GmbH, Berlin.

Heiner Knell: Architektur der Griechen. 2. verbesserte Auflage 1988. S. 2, 3, 4, 6, 7, 8, 9, Abb. 1 und 3 (Auszüge). © 1980 Wissenschaftliche Buchgesellschaft, Darmstadt.

Silvia Reißner-Jenne: Ioner und Dorier. © bei der Autorin.

Gottfried Gruben: Die Tempel der Griechen. © beim Autor.

Frédéric L. Bastet: Hinter den Kulissen der Antike. © beim Autor.

Silvia Reißner-Jenne: Die Bronzen von Riace. © bei der Autorin.

Heinrich Schliemann: Ithaka, der Peloponnes und Troja.

Justus Cobet: Die Historisierung von Mythos und Ärgernis; aus: Heinrich Schliemann nach hundert Jahren von William M. Calder und Justus Cobet. © Vittorio Klostermann, Frankfurt/Main 1990.

Heinrich Schliemann: Ilios. Stadt und Land der Trojaner. Forschungen und Entdeckungen in der Troas und besonders auf der Baustelle von Troja. Mit einer Selbstbiographie des Verfassers.

Hartmut Döhl: Im Kreuzfeuer der Kriktik; aus: Heinrich Schliemann. Mythos und Ärgernis. © 1981 by Verlag C. J. Bucher GmbH München und Luzern.

Heinrich Schliemann: Olympia-Memorandum.

Pausanias: Reisen in Griechenland Band 1: Athen; aus: Beschreibung Griechenlands. © Artemis Verlag Zürich und München 1986.

François-René de Chateaubriand: Tagebuch einer Reise von Paris nach Jerusalem.

Otto Magnus von Stackelberg: Tagebuch.

Alphonse de Lamartine: Reise in den Orient in den Jahren 1832 und 1833.

Leo von Klenze: Aphoristische Bemerkungen gesammelt auf einer Reise nach Griechenland.

Gustave Flaubert: Reisenotizen.

Mark Twain: Reise durch die Alte Welt; aus: Ausgewählte Werke in zwölf Bänden. 2. Band: Durch dick und dünn. © Aufbau-Verlag Berlin und Weimar.

Christa Wolf: Erste Vorlesung: Ein Reisebericht über das zufällige Aufrauchen und die allmähliche Verfertigung einer Gestalt; aus: Voraussetzungen einer Erzählung: Kassandra. © Luchterhand Literaturverlag, Hamburg und Zürich.

Sophokles: Elektra; aus: Griechisches Theater, it 721. Übersetzung von Wolfgang Schwadewaldt. © Insel Verlag Frankfurt am Main 1983. S. 42–45.

Christoph Martin Wieland: Geschichte des Agathon.

Johann Christian Friedrich Hölderlin: Griechenland.

Heinrich von Kleist: Amphitryon.

Johann Wolfgang Goethe: Iphigenie auf Tauris.

August von Platen: Philemons Tod.

Thornton Wilder: Die Frau aus Andros. © 1930 by Albert & Charles Boni, Inc. Copyright renewed by Thornton Wilder S. Fischer Verlag GmbH, Frankfurt am Main 1952.

Friedrich Dürrenmatt: Prokrustes; aus: Zusammenhänge/Nachgedanken. Essay über Israel. © 1980 by Diogenes Verlag AG Zürich.

Rolf Hochhuth: Tempel; aus: Berliner Antigone. © 1975 by Rowohlt Verlag GmbH, Reinbek.

Bildnachweis:

Umschlag

Vorderseite: Ansicht der Akropolis in Athen. Restauriertere Westfassade der Propyläen von Louis-François Boitte, im Zustand von 1864. Paris, Bibliothèque de l'Ecole nationale supérieure des Beaux-Arts.
Buchrücken: Die Akropolis in Athen (Ausschnitt). Ölgemälde von Leo von Klenze, 1896. München, Neue Pinakothek
Rückseite: Totenmaske aus Goldblech, sog. Maske des Agamemnon, aus einem Grab in Mykene. Athen, Nationalmuseum.

Bildvorspann

1 Torso einer Sphinx, gefunden in Delphi. Foto, 1902. Athen, Ecole Française d'Archéologie.

2/3 Ausgrabungsarbeiten im Heraion von Samos. Foto, 1902. Athen, Griechische Archäologengesellschaft.

4/5 Der sog. „Diadumenos" an seinem Fundort, einem Haus auf der Insel Delos (Foto). Athen, Ecole Française d'Archéologie.

6/7 Bergung eines archaischen Kouros in Delphi im Jahr 1893 (Foto). Ebd.

8 Arthur Evans in Knossos (Foto). Oxford, Ashmolean Museum.

9 Wiederaufbauarbeiten an einer Säulenhalle in Delphi. Abbildung aus: Théophile Homolles, „Les fouilles de Delphes" (1923). Paris, Bibliothèque nationale (= Bibl. nat.).

11 Das Lysikrates-Denkmal in Athen. Zeichnung von Alfred Beaumond, 1834. Athen, Stadtmuseum. Foto: Gallimard, Paris.

Erstes Kapitel

12 Frontispitz einer Ausgrabung der „Beschreibung Griechenlands" des Pausanias. Florenz, Bibliotheca Laurenziana. Foto: Icona, Rom.

13 Kopf des Doryphoros. Römische Kopie nach einer Bronzestatue des Polyklet aus der Villa dei Papyri, Herculaneum. Neapel, Archäologisches Museum. Foto: Ebd.

14 Athena Promachos. Römische Marmorkopie. Ebd.

15 (oben) Eine der Danaiden. Bronzeplastik aus der Villa dei Papyri, Herculaneum. Ebd. Foto: Franco Maria Ricci Editeur, Milano.

15 (unten) Ausruhender Hermes. Bronzeplastik aus der Villa dei Papyri, Heraculaneum. Ebd.

16/17 Das Hippodrom von Olympia. Stich von J. Rigaud aus „Pausanias ou le voyage historique de la Grèce" in der Übersetzung von Abbé Gedoyn, Paris 1731. Foto: Bibl. nat., Paris.

18/19 Griechenlandkarte von Patrick Mérienne. Paris, Gallimard.

Zweites Kapitel

20 Karte der Insel Leukas aus: Cristoforo Buondelmonti, „Liber Insularum Archipelagi", (1420). Paris, Bibl. nat.

21 Statue der Hiera Boulé von Thasos. Zeichnung von Cyriacus von Ancona. Oxford, Bodleian Library. Foto: Ashmoleum Museum, Oxford.

22/23 Der Hafen von Modon. Aus: Bernhard von Breytenbach, „Reise auf heiligem Boden", (1486). Kolorierter Stich. Paris, Bibl. nat.

24/25 Karten von griechischen Inseln. Aus: „Liber Insularum Archipelagi"… a. a. O.

25 (unten) Intaglio des Steinschneiders Eutyches. Büste der Athena. Berlin, Antikenmuseum. Foto: Bildarchiv, Berlin.

26 Die Musen. Zeichnung des Cyriacus von Ancona. Oxford, Bodleian Library.

27 Skizze von Antiken, die Cyriacus von Ancona auf Delos zeichnete. Foto: Gallimard, Paris.

28 (oben) Die Westfassade des Parthenon. Zeichnung von Cyriacus von Ancona. Foto: Bibliothèque du musée des Arts decoratifs, Paris.

28 (unten) Büste des Aristoteles. Zeichnung des Cyriacus von Ancona. Oxford, Bodleian Library. Foto: Icona, Rom.

29 Archaisierende Darstellung des Gottes Hermes aus Delos. Zeichnung des Cyriacus von Ancona. Foto: Gallimard, Paris.

Drittes Kapitel

30 Der Parthenonfries. Rötelzeichnung von J. Carrey. Paris, Bibl. nat.

31 Kopf eines griechischen Herrschers. Zeichnung von Jacob Spon. Ebd.

32 Die türkische Armee bei der Belagerung von Lemnos im Jahre 1478. Kolorierte Zeichnung aus der Cigogna-Handschrift, um 1600. Venedig, Bibliothek des Museums Correr. Foto: Roger Viollet, Paris.

32 (unten) Griechischer Edelmann. Stich aus: Nicolas de Nicolay, „Les Quatre Premiers Livres des navigations et pérégrinations orientals", (1568). Foto: Edimédia, Paris.

33 (oben) Frau von der Insel Chios. Stich. Ebd.

33 (unten) Griechischer Kaufmann. Stich. Ebd.

34 Jacopo Strada, dargestellt auf einem Gemälde Tizians aus dem Jahr 1568. Wien, Kunsthistorisches Museum. Foto: Artephot / Nimatallah, Paris.

35 Der Westgiebel des Parthenon. Rötelzeichnung von J. Carry, 1674. Paris, Bibl. nat.

36/37 Ansicht der Akropolis von Athen. Zeichnungen aus dem Jahr 1687. Ebd.

38 Spon und Wheler beim Studium einer Inschrift in Ephesos. Stich aus: Jacob Spon und George Wheler, „Reise durch Italien, Griechenland und die Levante", Amsterdam 1680. Ebd.

39 Spon und Wheler in Athen. Stich. Ebd.

40 (oben) Griechische Köpfe. Zeichnung von J. Spon. Ebd.

40 (unten) Der Turm der Winde in Athen. Zeichnung von J. Spon, a. a. O. Ausgabe La Haye, 1724. Ebd.

41 Die Bombardierung des Parthenons durch die venezianische Armee am 26. September 1687. Aquarellierte Zeichnung nach Giacomo Milheau Verneda. Venedig, Archivi dei Frari. Foto: Gallimard, Paris.

Viertes Kapitel

42 Stuart zeichnet das Erechtheion. Ausschnitt aus „Das Erechtheion", Guache von James Stuart, 1751. London, Royal Institute of British Architects.

43 Darstellung des Zyphyr. Flachrelief am Turm der Winde, Athen. Stich von R. Dalton in: „Antiquities and views in Greece and Egypt with the Manners and Customs of the inhabitants from drawings made on the spot. A. D. 1749". London, 1791. Foto: Bibl. nat., Paris.

44 Die Grotte des Archidamos. Aquarell von William Pars, 1764. London, British Museum.

45 Das Grabmal des Philopappos (Ausschnitt). Aquarell von J. Stuart, 1751. London, Royal Institute of British Architects.

46/47 Einheimische zwischen Ruinen. Aquarell von W. Pars, 1764. London, British Museum.

48 (oben) Statue der Göttin Nemesis von der Insel Kea. Stich aus: J. Pitton de Tournefort, „Relation d'un voyage du Levant fait par ordre du poi", Paris 1717. Foto: Bibl. nat., Paris.

48 (unten) Tempeltor des Apollontempels auf Naxos. Aquarell von Thomas Hope, um 1795. Athen, Museum Benaki.

49 Antike Ruinen in Thessaloniki. Aquarell von J. Stuart, 1751. London, Royal Institute of British Architects.

50/51 Ansicht des Theseions auf der Agora von Athen. Aquarell von J. Stuart, 1751. Ebd.

52/53 Ansicht des Hadriansbogens in Athen. Aquarell von J. Stuart, 1751. Ebd.

54/55 Stuart zeichnet das Odeion des Herodes Atticus. Aquarell von J. Stuart, 1751. Ebd.

56/57 Ruinen eines Bauwerks aus Hadrianischer Zeit. Stich von Le Bas nach Le Roys „Les Ruines des plus beaux monuments de la Grèce considérées du côté de l'Histoire et de l'Architecture", Paris 1758, 2. Ausg. 1770. Foto: Bibl. nat., Paris.

58 Ansicht der Stadt Athen. Aquarellierte Zeichnung von Louis François de Cassas. Château d'Azay-le-Ferron. Foto: Arsicaud, Tours.

59 Zeichnende Frauen in einer pittoresken Landschaft mit antiken Ruinen. Aquarell von Hubert Robert. Paris, Cabinet des Dessins, Louvre. Foto: Réunion des Musées nationaux, Paris (= RMN).

60 Der Affe als Antikenhändler. Zeichnung von Jean-Baptiste Chardin. Tours, Musée des Beaux-Arts.

61 Portrait des Johann Joachim Winckelmann von Anton Raphael Mengs, um 1761. New York, Metropolitan Museum of Art.

Fünftes Kapitel

62 Die Statue der Venus von Milo (Aphrodite von Melos). Um die Mitte des 2. Jh. v. Chr. Paris, Louvre Inv. 399/400. Foto: RMN.

63 Laomedon. Gefallener Krieger aus dem Giebel des Aphaiatempels, Ägina. München, Glyptothek. Foto: Bildarchiv, Berlin.

64/65 Ludwig I. von Bayern als Kunst- und Antikensammler. Fresko von Wilhelm von Kaulbach, 1848. München, Alte Pinakothek. Foto: Artothek, München.

66 Erste Präsentation des Laokoon im Louvre. Malerei auf Sèvres-Porzellan. Manufaktur von Sèvres. Foto: RMN.

67 Gesims- und Säulenfragmente. Aquarellierte Federzeichnung von Louis François Sébastien Fauvel. Paris, Bibl. nat.

68 (links) Das Haus des französischen Konsuls M. Fauvel in Athen. Lithographie von Louis Dupré, 1819. Foto: Bibl. nat., Paris.

68 (rechts) Skulptierte Stele. Aquarellierte Zeichnung von L. F. S. Fauvel. Paris, Bibl. nat.

69 (oben) Das Löwentor von Mykene (Ausschnitt). Aquarell von Fauvel. Ebd.

69 (Mitte) Der Parthenon im Jahr 1801. Zeichnung von William Gell. London, British Museum.

69 (unten) Der Parthenon von Südosten aus gesehen. Aquarell von John Cam Hobhouse in „Journey", 1813. Foto: Ebd.

70/71 Die Südwest-Ansicht des Erechtheion. Aquatinta, 1830. Nach einer Zeichnung von Edward Dodwell, 1801–1805. Foto: Archiv für Kunst und Geschichte, Berlin.

72 Portrait Byrons. Gemälde von Th. Philips. London, National Portrait Gallery. Foto: Edimédia, Paris.

72/73 Frei erdachte Ausstellung der Elgin-Marbles im British Museum. Kolorierte Zeichnung von J. Stepanhoff, 1819. London, British Museum.

74 Provisorische Ausstellung der Parthenon-Skulpturen im British Museum im Jahr 1819. Gemälde von A. Archer. Ebd.

75 (oben) Unterschrift der Mitglieder der „Xeneion"-Gesellschaft. Foto: Gallimard, Paris.

75 (links unten) Charles Robert Cockerell in Eleusis (1811). Bleistiftzeichnung von Karl Haller von Hallerstein. Nürnberg, Von Hallersche Familienstiftung. Foto: Ebd.

75 (rechts unten) Portrait von K. Haller von Hallerstein. Bleistiftzeichnung von Otto Magnus von Stackelberg. Foto: Ebd.

76/77 (unten) Der Fries im Apollontempel von Bassai. Stich nach einer Zeichnung von O. M. von Stackelberg. Foto: Ebd.

77 (oben) Ansicht des Apollotempels von Bassai. Aquarell von John Foster, 1846. London, British Museum.

77 (rechts) Kopf der Athena aus dem Westgiebel des Aphaiatempels, Ägina. München, Glyptothek. Foto: RMN.

78/79 Blick in das Innere des Apollontempels von Bassai. Zeichnung von C. R. Cockerell aus „Die Tempel von Ägina und Phigalia", London 1860. Foto: Bibl. nat., Paris.

79 (oben) Ägina, Aphaiatempel. Rekonstruktionszeichnung von C. R. Cockerell. Foto: Gallimard, Paris.

80 Neptun auf dem Streitwagen. Aquarellierte Zeichnung aus „Jupiter olympien" von Quatremère de Quincy, 1814. Foto: Ebd.

81 Die Walhalla. Entwurf für ein öffentliches Preisausschreiben auf Einladung von Ludwig I. von K. Haller von Hallerstein, 1813–1817. Vorbild war der Parthenon. Feder über Bleistift, aquarelliert. München, Bayerische Staatsbibliothek, Handschriftenabteilung. Foto: Ebd.

82/83 Die Akropolis in Athen. Ölgemälde von Leo von Klenze, 1846. München, Neue Pinakothek. Foto: Arthothek, München

Sechstes Kapitel

84 Portrait des Nikolaki Mitropolos aus dem Jahre 1821. Lithographie von L. Dupré. Foto: Bibl. nat., Paris.

85 Frontispitz der „Expéditions scientifiques de Morée". Stich von Blouet. Paris, 1831. Foto: Ebd.

86 Palikare. Lithographie von Lodovico Lipparini.

Foto: Bibliothèque du musée des Arts décoratifs, Paris.

87 Einzug von König Otto I. in Athen. Lithographie von A. Grasset. Foto: Gallimard, Paris.

88/89 „Die Blüte Griechenlands" von Karl Friedrich Schinkel, 1816. Berlin. Staatliche Museen Preußischer Kulturbesitz. Foto: Bildarchiv, Berlin.

90 Blick auf den Niketempel während der Restaurierungsarbeiten. Lithographie von Christian Hansen in „Die Akropolis von Athen" von Ludwig Ross, Berlin 1839. Foto: Bibl. nat., Paris.

91 (links) Titelseite der Erstausgabe der „Revue der Archäologischen Gesellschaft Athen", 1838. Athen, Griechische Archäologische Gesellschaft.

91 (rechts) Portraitfoto von M. C. S. Pittakis. Ebd.

92 (oben) Das Heiligtum des Apollon von Delos im Zustand von 1882 (Ausschnitt). Aquarell von Henri-Paul Nenot (Foto). Paris, Bibliothèque de l'Ecole nationale supérieure des Beaux-Arts.

92 (unten) Das Grab von Pydna. Lithographie aus: L. Heuzey und H. Daument, „Mission archéologique de Macédonie", Paris 1876. Foto: Gallimard, Paris.

92/93 wie oben. Foto: Ebd.

93 (oben) Löwenkopf-Wasserspeier vom Parthenon. Aquarell von Marcel Lambert, 1877. Paris, Bibliothèque de l'Ecole nationale supérieure des Beaux-Arts.

93 (unten) Das Grab von Pydna. Lithographie aus: „Mission archéologique de Macédonie"… a. a. O.

94/95 Rekonstruierter Schnitt durch den Zeustempel in Olympia. Aquarell von Victor Laloux, 1883. Paris, Bibliothèque de l'Ecole nationale supérieure des Beaux-Arts.

96/97 Perspektivische Rekonstruktionszeichnung des Apollonheiligtums von Delphi. Aquarell von A. Tournaire, envoi de 1894. Ebd.

98 Der Apoxyomenos. Marmorkopie nach einem Bronzeoriginal des Lysipp, um 330/20 v. Chr. Rom, Vatikanische Museen. Foto: Artephot/Nimatallah, Paris.

99 Herakles fängt den kretischen Stier. Metope vom Zeustempel, Olympia, um 460 v. Chr. Paris, Louvre. Foto: Gallimard, Paris.

Siebtes Kapitel

100 „Die Ausgrabung von Mykene". Aquarell von William Simpson, 1877. London, Royal Institute of British Architects.

101 Die Nike von Samothrake. Marmorstatue um 190 v. Chr. Paris, Louvre 2369. Foto: RMN.

102 Reisende werden von Räubern in einem griechischen Gebirge angegriffen. Illustration von Gustave Doré aus: Edmont About, „Le Roi des montagnes", 1882. Foto: Bibl. nat., Paris.

103 Grabräuber auf einem antiken Friedhof am Isthmus von Korinth. Stich aus: „The Illustrated London News", 1877. Foto: Gallimard, Paris.

104 Ein Archäologe bei der Übertragung von Inschriften an der Polygonalmauer in Delphi. Foto, 1896. Foto: Ebd.

105 (links) Entdeckung der Statue des Wagenlenkers von Delphi. Foto, 1896. Athen, Ecole Française d'Archéologie.

105 (rechts) Der Wagenlenker von Delphi im Jahr 1904, in Athen (heute Museum Delphi). Foto aus der Sammlung Albert Kahn, Boulogne.

106 Gruppenfoto der auf Delos arbeitenden Architekten und Archäologen aus dem Jahr 1910. Von links nach rechts: Gabriel, Poulsen, Picard, Maar, Hatzfeld, Durrbach, Vallois. Foto: Gallimard, Paris

107 Die Mitarbeiter der Grabung von Daphni, 1891 (Foto). Athen, Griechische archäologische Gesellschaft.

108 Instandsetzung des Parthenon im Jahr 1896. Foto: Gallimard, Paris.

109 Marmorstatue einer Kore von der Akropolis. Athen, Akropolismuseum. Foto: Artephot/Nimatallah, Paris.

110 (oben) Portrait von Sophia Schliemann mit Schmuck aus dem „Schatz des Priamos". Foto: Ullstein Bilderdienst, Berlin.

110 (unten) Portrait von Heinrich Schliemann, um 1870. Foto: Bildarchiv, Berlin.

111 Das Löwentor in Mykene. Foto: Roger Viollet, Paris.

112 (oben) Totenmaske aus Goldblech, sog. Maske des Agamemnon, aus einem Grab in Mykene. Athen, Nationalmuseum.

112 (unten) Der Archäologie Wilhelm Dörpfeld schaut aus einem Pithos. Foto, aufgenommen in Troja, 1894. Paris, Gallimard.

113 Nordeingang des Palastes von Knossos, Kreta. Foto: Ebd.

114 (oben) „Die blauen Damen". Fresko aus dem Palast von Knossos (Ausschnitt). Archäologisches Museum Heraklion. Foto: Artephot/Nimatallah, Paris.

114 (unten) Sir Arthur Evans in Knossos. Foto: Oxford, Ashmolean Museum.

115 Plakat der ersten Olympischen Spiele in Athen im Jahr 1896. Foto: Presse-Sports, Paris.

Achtes Kapitel

116 Fred Boissonas auf seiner Leiter vor dem Parthenon. Foto: Archives Gad Borel-Boissonas.

117 Der Reiter vom Kap Artemision. Bronzestatue aus dem 2. Jh. v. Chr. Athen, Nationalmuseum. Foto: Gallimard, Paris.

118/119 Statuenfunde auf der Insel Delos. Foto von Fred Boissonas. Foto: Ebd.

119 Portraitfoto von Semni Karouzou. Foto: Griechische Archäologische Gesellschaft, Athen.

120 Restaurierungsarbeiten an den Skulpturen des Zeustempels von Olympia anläßlich der Olympischen Spiele in Berlin 1936. Foto, 1935. Foto: Archiv für Kunst und Geschichte, Berlin.

121 Darstellung des Atlas auf einer Lekythos des Athenamalers. Athen, Nationalmuseum. Foto: Artephot/Nimatallah, Paris.

122 Archaischer Kopf, sog. „Reiter Rampin". Paris. (zugehöriger Torso im Akropolismuseum, Athen). Um 550 v. Chr. Foto: RMN.

123 Sog. Kore Lyon von der Akropolis, Athen. Lyon, Musée des Beaux-Arts.

124/125 Aufnahmen von der Amerikanischen Grabung auf der Agora von Athen im Jahr 1931. Foto: Gallimard, Paris.

126/127 Voratskammer mit Krügen von Akrotiri (Thera/Santorin). Foto: Dagli Orti, Paris.

128 Das Boxerfresko aus Akrotiri (Thera/Santorin). Foto: Dagli Orti, Paris.

Zeugnisse und Dokumente

129 Spon und Wheler in Athen. Stich aus: Jacob Spon und George Wheler, „Reise durch Italien, Griechenland und die Levante", Amsterdam 1680. Paris, Bibl. nat.

130 Griechischer Glockenkrater. Zeichnung. Paris, Gallimard.

135 Opferzug vom Südfries des Parthenons. Foto: Silvia Reißner-Jenne.

137 Dionysostheater am Südhang der Akropolis in Athen. Foto: Ebd.

141 Dorische Säulen des Apollontempels in Bassai. Foto: Ebd.

143 Schematische Darstellung des dorischen Stils. Aus: Heiner Knell, Architektur der Griechen. 2. verbesserte Auflage 1988. Abb. 1 und 3. © 1980 Wissenschaftliche Buchgesellschaft, Darmstadt.

144 Schematische Darstellung einer ionischen Säule. Ebd.

146 Karte von Italien: © Silvia Reißner-Jenne.

148 Die Bronzen von Riace. Statue A (links) und Statue B (rechts). Museo Nazionale di Reggio Calabria.

150 Portrait von Heinrich Schliemann. Foto: Ullstein Bilderdienst, Berlin.

153 Tempel des Apollon Epikurios in Bassai. Foto: Silvia Reißner-Jenne.

157 Schatzhaus des Artreus in Mykene. Foto: Ebd.

160 Der junge Lord Elgin. Zeichnung. Foto: Gallimard, Paris.

165 Die Akropolis in Athen: Erechtheion. Foto: Silvia Reißner-Jenne.

168 Monemvasia, Peloponnes. Foto: Ebd.

175 Die Akropolis (von der Agora aus gesehen). Foto: Ebd.

178 Theater von Epidauros. Ebd.